D1662901

LA BUREAUTIQUE

Outils et applications

DU MÊME AUTEUR CHEZ LE MÊME ÉDITEUR

Les enjeux-clés de la bureautique

Jean-Paul de BLASIS

Professeur associé
au Centre HEC-ISA

LA BUREAUTIQUE

Outils et applications

Nouvelle édition

1985

les éditions d'organisation

5, rue Rousselet, 75007 PARIS

ISBN : 2-7081-0676-7

Table des matières

CHAPITRE III
LE TRAITEMENT DE TEXTE

CHAPITRE IV
LES TÉLÉCOMMUNICATIONS DE BUREAU : LA TÉLÉBUREAUTIQUE

Avant-propos

Cet ouvrage a pour objectif de sensibiliser et de préparer tous ceux qui travaillent dans un bureau, aux concepts, technologies et méthodes de la bureautique. Que vous soyiez employé de bureau, secrétaire, comptable, ingénieur d'études, cadre technique ou professionnel de la gestion, vous avez déjà — ou vous aurez dans un avenir proche — à connaître de la bureautique. Malgré son nom quelque peu barbare, la bureautique ne doit pas vous effrayer, ni vous laisser indifférent.

La bureautique s'inscrit dans le cadre de l'informatisation progressive de notre société en s'appliquant spécifiquement aux activités de bureau. Il ne s'agit pas d'une révolution fracassante de nos méthodes de travail dans les bureaux, mais d'une évolution adaptant les moyens technologiques modernes aux multiples tâches que nous y accomplissons. L'objectif est d'améliorer la qualité et la rapidité du travail de bureau, son efficience voire sa productivité en tirant parti des possibilités de l'électronique, de l'informatique, des télécommunications, etc., pour diminuer la fatigue physique et la tension nerveuse, pour éviter au maximum les travaux répétitifs et fastidieux.

Avant toute chose, l'optique de la bureautique est de privilégier l'Homme sur les machines. Les technologies modernes ont ceci de merveilleux qu'elles permettent aux machines d'être utilisées simplement, sans apprentissage très long et qu'ainsi l'utilisateur peut les maîtriser lui-même rapidement pour en faire ce qu'il souhaite. Fini les intermédiaires professionnels spécialistes à qui l'on devait obligatoirement s'adresser pour satisfaire certains besoins dans l'accomplissement de son travail. Aujourd'hui, les « outils » ne sont plus l'apanage des spécialistes, ils sont descendus dans les bureaux, banalisés, à la portée des usagers eux-mêmes. Même si ce n'est pas encore véritablement le cas dans tous les domaines d'activité du bureau, c'est bien la tendance, et elle se poursuivra dans les années à venir. Traitement de données, traitement de texte, traitement de la voix, traitement des images sont des domaines où les technologies modernes sont mises à contribution directement sur le poste de travail.

Cet ouvrage concerne les « nouveaux outils » du travail de bureau, c'est-à-dire les principales technologies qui sont désormais utilisées pour « traiter l'information » — dans son sens le plus général et sous ses formes les plus variées. En effet, le travail de bureau consiste dans une large mesure à saisir, à créer, à enrichir, à transmettre, à stocker, à retrouver des informations. Les volumes concernés sont généralement importants, les délais tendent de plus en plus à se raccourcir, et le nombre des intermédiaires à augmenter. Des raisons évidentes de compétitivité économique conduisent les organisations à porter une attention toute particulière à l'efficience de leur système d'information, il y va de leur survie même, quel que soit leur secteur d'activité : industries, services, administrations, etc.

Dans la vaste panoplie des procédés, techniques et systèmes utilisables dans l'environnement des bureaux d'aujourd'hui et de demain, il a bien évidemment fallu effectuer un choix. Nous avons donc sélectionné ceux qui connaissent déjà un retentissement certain dans les entreprises, et ceux qui nous paraissent devoir se développer rapidement. Le langage adopté se veut le plus simple possible, banissant autant que faire se peut tout jargon inutile. Néanmoins, certains termes techniques sont importants et doivent être assimilés par tous ceux qui souhaitent s'impliquer dans la bureautique comme utilisateurs, prescripteurs, organisateurs, etc. Nous estimons qu'à travers l'examen des technologies et méthodes de la bureautique, un bon moyen de formation personnelle consiste à bien assimiler certains termes techniques, d'ailleurs d'usage de plus en plus courant, mais parfois employés à tort et à travers. C'est la raison pour laquelle nous avons choisi de renvoyer le lecteur à un *glossaire* étoffé chaque fois que l'un de ces termes se présentait.

Sans prétendre à l'exhaustivité, cet ouvrage se veut aussi complet que possible, tâche Ô combien difficile compte tenu de l'étendue des domaines concernés ! La description parfois simplificatrice de certaines technologies pourra paraître abusive aux spécialistes. Mais Paul Valéry ne disait-il pas : « Ce qui est simple est toujours faux, mais ce qui ne l'est pas est inutilisable ».

Néanmoins, cet ouvrage ne se veut pas futuriste. Tous les systèmes présentés, toutes les technologies décrites sont disponibles aujourd'hui commercialement sur les marchés internationaux. Dans de rares occasions nous mentionnons des produits en cours de développement ou encore au stade de la recherche, et chaque fois, cela est clairement indiqué. Également pour lever toute ambiguïté quant aux dates de disponibilité et de grande diffusion de certains produits, nous indiquons un calendrier prévisionnel chaque fois que cela est possible.

Il est clair que l'apparition des nouveaux outils bureautiques dans l'environnement des bureaux entraîne des modifications non seulement sur les activités de bureau elles-mêmes, mais également sur les personnels qui les accomplissent. La bureautique a donc des implications non négligeables sur les plans économiques, humains, sociaux, organisationnels, etc. Par exemple, les aspects liés à l'évolution des conditions de travail, à la formation, aux carrières, à l'organisation des tâches, aux résistances psychologiques, à l'emploi, sont autant de questions fondamentales qu'il convient d'aborder lorsque l'on envisage de mettre en place une organisation bureautique. Ces points sont tellement importants qu'ils demandent un examen approfondi. Aussi, pour éviter de rendre les choses confuses, nous avons pris le parti de ne pas aborder directement ces questions dans cet ouvrage. Nous y avons consacré un ouvrage distinct aux Éditions d'Organisation : « *Les enjeux-clés de la bureautique* ».

Enfin, qu'il me soit permis de remercier ici les responsables du Centre HEC-ISA de Jouy-en-Josas, et notamment les directeurs de l'École des Hautes Études Commerciales, de l'Institut Supérieur des Affaires et du Centre de Formation Continue qui m'ont soutenu dans mes actions bureautiques dès 1977, ainsi que les nombreux élèves d'H.E.C. et participants I.S.A. ou C.F.C. qui m'ont permis d'améliorer le contenu pédagogique des cours « bureautiques » que j'anime depuis cette date. Je tiens également à remercier tous mes collègues du *Collège de bureautique de l'A.F.C.E.T.*, avec lesquels j'ai partagé tant d'entretiens enrichissants, aussi bien dans les groupes de travail qu'au cours des réunions du Bureau depuis 1978-1979. Il ne m'est malheureusement pas possible de les citer tous, aussi qu'ils trouvent chacun ici l'expression de ma sincère gratitude.

Chapitre premier

PLACE ET RÔLE DE LA BUREAUTIQUE

1. Des évolutions technologiques aux contraintes économiques des bureaux : le décor de la bureautique.

Depuis quelques années déjà, l'informatique et certaines de ses technologies associées sont apparues dans l'environnement des bureaux. Bien sûr, l'informatique en tant que telle est utilisée depuis une bonne vingtaine d'années par les entreprises, à des degrés divers, et il y a donc longtemps qu'elles en connaissent les avantages... et les inconvénients ! Là n'est pas l'innovation. Le fait nouveau est que l'informatique s'intéresse non seulement aux activités traditionnelles d'automatisation de procédures administratives classiques (paie, comptabilité, facturation, etc.), mais également — depuis peu — aux activités individuelles des bureaux eux-mêmes (préparation de documents, communications, gestion de dossiers, agencement de réunions, etc.).

L'arrivée des technologies de l'électronique dans les bureaux n'est pas vraiment une révolution, mais plutôt une évolution. La miniaturisation et la baisse considérable des coûts de ces technologies ont, pour effet, entre autres, d'accélérer l'informatisation de notre société à tous les niveaux. C'est ainsi que des domaines peu ou pas encore concernés par les technologies nouvelles sont progressivement envahis depuis quelque temps : par exemple le foyer domestique et le bureau. A la maison, on assiste à la prolifération de microprocesseurs* dans de nombreux appareils électroménagers, de la machine à laver à la chaîne hi-fi, et à l'avènement des « ordinateurs individuels »* pour les loisirs d'un nombre, chaque jour plus important, d'adeptes passionnés. Au bureau, le même phénomène est en train de se dérouler avec la prolifération des microprocesseurs insérés dans les équipements que l'on trouve habituellement dans le paysage des bureaux : de la machine à écrire au téléphone ou au photocopieur.

Grâce aux microprocesseurs, l'informatique en tant que technique s'insère dans tous ces équipements, rendant ainsi possible la communication d'informations entre des machines aux fonctions jusqu'alors distinctes. Dans certains cas, l'intégration de plusieurs fonctions en une seule et même machine devient également réalisable, comme ces nouveaux « copieurs intelligents »* qui assurent non seulement les photocopies classiques, mais aussi la reproduction de documents

---

Note : les termes repérés par un astérique (*) font l'objet d'une explication dans le glossaire en fin d'ouvrage.

enregistrés sur des supports magnétiques, et même la transmission rapide et à grande distance de ces documents au moyen de lignes téléphoniques. Les microprocesseurs, associés à d'autres technologies nouvelles comme le laser ou les fibres optiques* par exemple, permettent de réaliser de telles machines multifonctions, qui, tout à la fois, copient, dupliquent, impriment, communiquent et distribuent les documents.

Si l'exemple précédent illustre bien l'évolution technologique que connaît actuellement le bureau, il n'en reste pas moins que l'introduction de telles machines n'ira pas sans poser un certain nombre de problèmes, notamment aux personnels des bureaux, peu préparés aux innovations technologiques, souvent dérangeantes. Il faut bien voir qu'au cours des cent dernières années, le monde des bureaux n'a connu que trois innovations majeures qui ont affecté son fonctionnement : le téléphone (1876), la machine à écrire (vers 1890), et le copieur bon marché (dans les années 50). Aujourd'hui, les choses se précipitent avec l'invasion des microprocesseurs qui transforment en « systèmes multifonctions », par combinaison de plusieurs technologies différentes, des opérations qui, autrefois demandaient divers personnels spécialisés.

D'autre part, sous la pression des contraintes économiques que connaît aujourd'hui notre monde occidental, les chefs d'entreprises s'intéressent de plus en plus près aux bureaux, longtemps délaissés au profit des ateliers. L'objectif est de rationaliser leurs méthodes — souvent désuètes —, d'améliorer leur productivité, et partant, d'en réduire les coûts de fonctionnement. Dans ce contexte, l'arrivée d'« outils » plus performants pour exécuter les travaux de bureau, représente un des moyens pour y parvenir, d'autant plus que les coûts des bureaux sont essentiellement des coûts de main-d'œuvre. Il devient donc tentant de remplacer la main-d'œuvre par des machines chaque fois que cela est possible, notamment dans le cas de tâches répétitives et fastidieuses. Bien évidemment, cela n'ira pas sans poser des problèmes d'emploi, de qualification, de carrière, de formation, et bien d'autres encore, pour l'ensemble des personnels travaillant dans les bureaux, et à tous les niveaux de hiérarchie, des cadres aux employés et secrétaires.

Voilà brièvement planté le décor dans lequel les bureaux évoluent et vont évoluer demain, confrontés aux innovations technologiques, aux pressions économiques, aux contraintes d'organisation, aux réticences psychologiques et aux implications sociales suscitées par leur transformation. Un bureau est en train de disparaître, et un autre va prendre sa place. Ce *« bureau du futur »*, comme on l'appelle quelquefois, sera davantage un processus que la juxtaposition de produits nouveaux. Ce processus par lequel des technologies, souvent existantes aujourd'hui, sont mises au service du bureau et de ceux qui y travaillent, constitue la Bureautique, domaine aux multiples facettes. Par le nombre de personnes concernées, les relations à établir entre les utilisateurs et les équipements nouveaux, et les changements de structures qui seront rendus nécessaires dans l'organisation du travail, la bureautique est autant un phénomène d'évolution technologique que d'évolution de notre société en général.

Les responsables et gestionnaires d'aujourd'hui doivent se préparer à la bureautique car, tout comme l'informatique — son aînée —, la bureautique va considérablement affecter la façon dont les organisations fonctionnent, et cela à tous les niveaux. En fait, nous sommes de plus en plus nombreux à travailler dans les bureaux, et la bureautique nous concerne donc tous : chefs d'entreprises, gestionnaires, ingénieurs, cadres administratifs, secrétaires, employés de bureau, car elle concerne tout le système d'information et de communication de l'entreprise ou de l'administration dans laquelle nous travaillons. Il convient de s'y préparer pour en maîtriser les outils et en canaliser les effets sur nos méthodes de gestion, nos emplois, nos carrières, nos conditions de travail, etc.

C'est l'ambition de cet ouvrage que de contribuer à faire comprendre la bureautique, ses concepts, technologies, méthodes et applications, pour permettre de mieux maîtriser les choix techniques qu'elle suppose.

Les implications organisationnelles, humaines et sociales que la bureautique entraîne, et qui sont extrêmement importantes pour maîtriser le changement et les enjeux en cours dans les bureaux et dans leur environnement, ne sont pas directement abordées dans cet ouvrage. Les lecteurs sont invités à se reporter à notre **ouvrage complémentaire : « *Les enjeux-clés de la bureautique* » aux Éditions d'Organisation, 1985.**

2. Qu'est-ce que la bureautique ?

Le concept de bureautique a fait son apparition aux États-Unis au début des années 70 avec l'expression « Office Automation ». L'équivalent français serait « automatisation du bureau » ou « automatisation du tertiaire » ! Ces expressions ne sont pas très heureuses et surtout, elles véhiculent une connotation lourde de sens pour le milieu des « cols blancs » qui voit toujours d'un mauvais œil toute tentative d'« automatisation » de son travail. Pour avoir été personnellement exposé à ce concept aux États-Unis entre 1974 et 1976 en tant qu'enseignant-chercheur à la Wharton School of Business de l'Université de Pennsylvanie, il m'est rapidement apparu que les Américains eux-mêmes avaient des réactions négatives lorsqu'on évoquait le terme « Automation » devant eux. Aussi, quand, de retour en France, Pierre BERGER — alors rédacteur en chef de la revue « *Informatique et Gestion* » — nous a sollicités, un collègue Louis NAUGÈS, et moi-même, pour préparer un « dossier » introduisant le concept d'« Office Automation » en France [1], il a bien fallu que nous traduisions cette expression.

Après avoir envisagé plusieurs traductions possibles, et en attendant que l'usage... ou l'Académie française offre un meilleur mot, le parti a été pris d'utiliser le néologisme « Bureautique ». Le terme fut donc lancé par *Informatique et Gestion* en avril 1977 et fut généralement reconnu à partir de la mi-77 du fait que l'I.R.I.A. [2] l'adopta pour un séminaire spécialisé et que la Convention Informati-

1. « Dossier bureautique », *Informatique et Gestion*, n° 86, avril 1977.
2. I.R.I.A., aujourd'hui I.N.R.I.A. (Institut national de la recherche en informatique et automatique.) L'I.N.R.I.A. a préféré adopter l'orthographe « burotique », semble-t-il pour des raisons d'exportation du terme, notamment dans les pays de langue germano-slave.

que lui donna une large audience. Par la suite, le rapport de Simon NORA et Alain MINC sur *l'Informatisation de la Société* [1], officialisait le terme en janvier 1978. Dès le mois de mars suivant, le premier Congrès bureautique était organisé à l'université de Grenoble avec le concours de l'I.R.I.A. et de l'A.F.C.E.T. [2]. Depuis le Congrès bureautique se tient en France sur une base annuelle. Enfin, le Journal Officiel consacrait le terme de 17 juillet 1982 [3].

2.1. DÉFINITION DE LA BUREAUTIQUE

Comme souvent lorsqu'un concept est d'origine récente, il n'est pas très aisé d'en donner une définition simple et précise qui puisse satisfaire tout le monde. Ce constat est typique d'une discipline dont les frontières sont difficiles à cerner, et surtout dont on veut éviter d'éliminer — *a priori* — des domaines d'application possibles dans les années à venir, compte tenu des développements technologiques prévisibles. Certains ont tendance à définir la bureautique comme « l'électronique des bureaux » pour être brefs. D'autres, considérant ses développements actuels et futurs, tendent à opter pour une formule assez large du type suivant : l'utilisation de manière cohérente et intégrée d'un ensemble de technologies et de techniques indépendantes visant l'amélioration de la qualité et de la productivité des activités de bureau.

De son côté, le rapport de Simon NORA et Alain MINC sur « *l'Informatisation de la Société* », cité précédemment, donne la définition suivante de la bureautique :

> « *Avec l'informatique et les techniques audiovisuelles, les modes de travail traditionnels dans les bureaux sont appelés à être profondément modifiés. Dans cette perspective, le terme "bureautique" désigne l'ensemble des techniques et des procédés visant à faire exécuter par des matériels tout ou partie des tâches de bureau.* »
>
> « *La bureautique recouvre donc les équipements de traitement de texte, de l'image et de la parole, et fait appel aux moyens de télécommunications les plus variés.* »
>
> « *Elle vise une gestion plus efficace des documents et permet d'imaginer à terme une conception du bureau "sans papier".* »

Les auteurs en arrivent ainsi à concevoir un nouveau type de secrétariat qui aura une influence dramatique sur l'emploi des 800 000 personnes travaillant dans des bureaux en France. Ils considèrent que les employés seront rendus encore plus vulnérables « par leur dispersion et leur isolement au sein de leur entreprise ». Ils poursuivent ainsi : « le développement des réseaux, la télécopie, les possibilités offertes par l'introduction des microprocesseurs dans les machines à écrire dessinent un nouveau type de secrétariat, dont les tâches seront davantage de surveillance que d'exécution ».

1. Simon NORA et Alain MINC, *L'informatisation de la Société*, La Documentation Française, janvier 1978.

2. A.F.C.E.T. : Association française pour la cybernétique économique et technique, 156, boulevard Péreire, 75017 Paris.

3. « La bureautique désigne l'ensemble des techniques et des moyens tendant à automatiser les activités de bureau et principalement le traitement et la communication de la parole, de l'écrit et de l'image. »

Comme on le constate, cette définition veut envisager la bureautique dans une perspective d'utilisation relativement large. Pourtant, c'est sur un plan peut-être un peu étroit que les auteurs se placent en estimant que la bureautique *vise seulement* à faire exécuter par des matériels tout ou partie des tâches de bureau. Il semblerait que la composante humaine soit minimisée au profit des techniques et des procédés, et que leur propos vise surtout les activités de secrétariat proprement dit et non pas l'ensemble des activités des bureaux [1].

Pour notre part, nous estimons que la bureautique s'applique à toutes les activités de bureau, et qu'elle est autant concernée par les conséquences humaines et sociales qu'elle entraîne que par les outils et procédures qu'elle met en jeu. Ceci nous conduit à donner la définition suivante de la bureautique :

La bureautique désigne l'assistance aux travaux de bureau, procurée par des moyens et des procédures faisant appel aux techniques de l'informatique, des télécommunications et de l'organisation administrative et, de façon générale, à tout ce qui concourt à la logistique du bureau et de son environnement (voir fig. 1.1.).
Plus conceptuellement, la bureautique intéresse le système d'information individuel de toute personne travaillant dans un bureau, sans exiger d'elle d'autres connaissances que celles de son savoir-faire professionnel [2].

Il s'agit donc d'une discipline dont l'objet principal est centré sur les activités de bureau effectuées par des cadres et des employés disposant d'équipements et de locaux, utilisant des procédures et des systèmes, et évoluant dans une structure et une organisation ouvertes sur leur environnement (voir fig. 1.1.).

Dans cette perspective, la bureautique englobe l'étude des divers facteurs mis en jeu dans les activités de bureau qu'elle affecte :
— implications sur les tâches administratives et leur traitement ;
— implications sur les individus dans l'exécution et le contrôle des travaux ;
— implications sur la gestion dans la planification des activités et l'affectation des ressources ;
— implications sur les communications de l'entreprise, l'information et la coordination ;
— implications sociales sur les conditions de travail, les qualifications, les carrières, la formation, l'emploi, etc.

Dans cette définition élargie de la bureautique, nous avons tendance à inclure l'étude de ses propres conséquences sur le bureau, ses activités et ses acteurs : évolution du poste de travail, formation et qualifications nouvelles, transformation des carrières, impact sur l'emploi, voire sur la société dans son ensemble, etc.

La bureautique doit être considérée comme un tout cohérent, c'est-à-dire un ensemble de moyens techniques, de procédures administratives, et surtout d'êtres humains. Quiconque veut s'impliquer dans un « projet bureautique » au sein de son organisation se doit d'être attentif — sinon compétent — à tous ces aspects qui font de la bureautique une véritable discipline « socio-technique ». C'est à cette condition que la bureautique connaîtra un développement harmonieux, au

1. Jean-Paul de BLASIS, « Que cache l'iceberg bureautique », *Bureau Gestion*, n° 10, décembre 1978.
2. Définition élaborée avec le concours du bureau du Collège de bureautique de l'A.F.C.E.T.

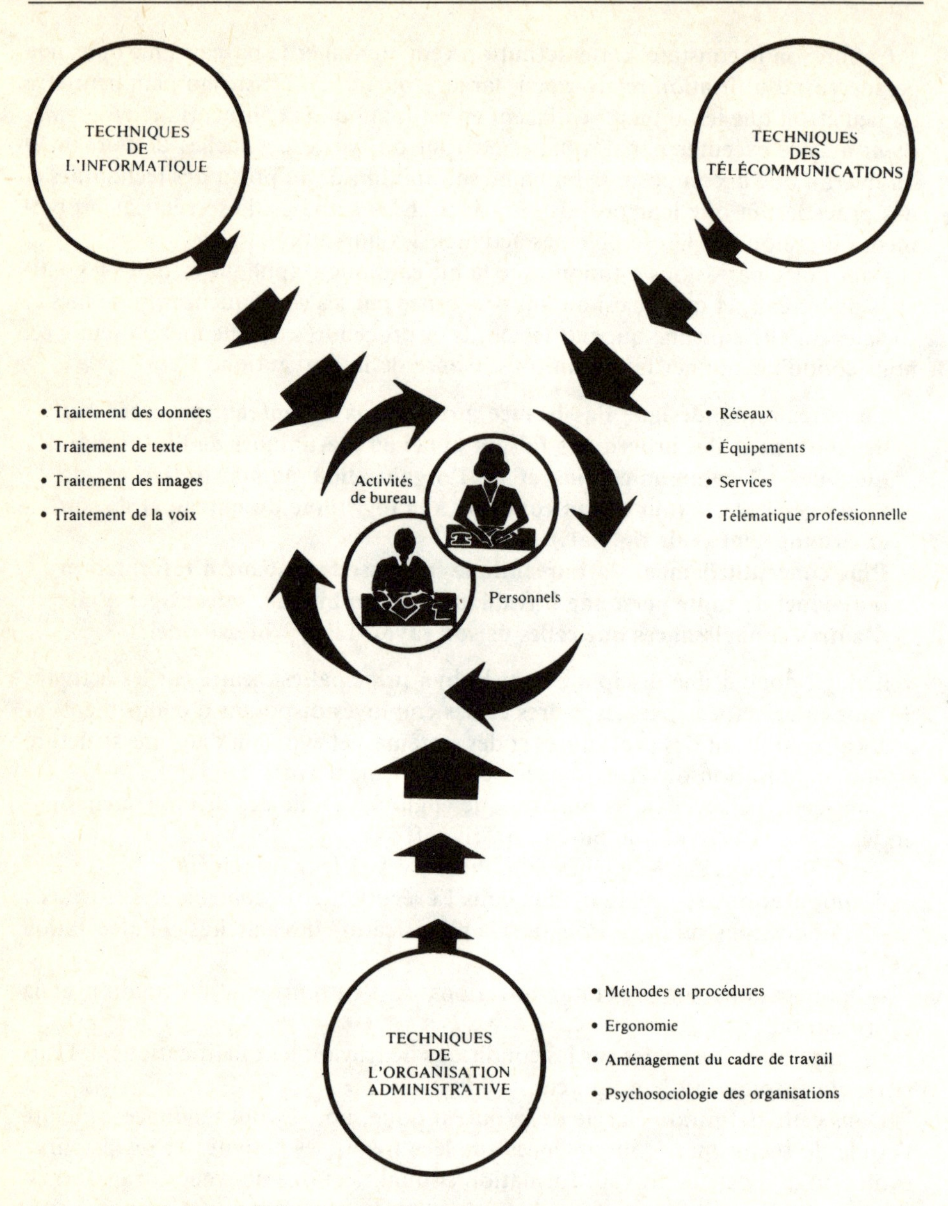

Fig. 1.1. La bureautique : des outils au service du bureau
— une discipline socio-technique —
où la focalisation se fait sur la prise en compte des éléments humains.

service de ses utilisateurs et non pas le contraire. N'oublions pas les difficultés que l'informatique a trop souvent rencontrées dans les entreprises parce qu'elle n'a été considérée que sous son aspect technique, et que les conditions organisationnelles et humaines de son insertion ont été négligées.

La bureautique implique donc non seulement des technologies, mais également la mise en œuvre de techniques d'organisation classique, telles que l'agencement des procédures, l'aménagement des structures, la reconversion des méthodes de travail, la formation du personnel, l'ergonomie des postes de travail, la prise en compte de critères psychologiques, sociaux, etc. Répétons-le, cette caractéristique est fondamentale, et trop souvent ignorée ou délaissée dans le débat actuel au seul profit des aspects technologiques. C'est la raison pour laquelle nous y avons consacré un ouvrage distinct [1].

Les principaux domaines d'application de la bureautique à l'heure actuelle concernent des activités se déroulant typiquement dans des bureaux. Encore faut-il se mettre d'accord sur une définition du bureau.

2.2. QU'EST-CE QU'UN « BUREAU » ?

Un « bureau » typique est une cellule de l'organisation ayant une activité commune s'apparentant à un « service ». Sa dimension est réduite dans l'espace (quelques pièces tout au plus) et en nombre de personnes (une douzaine environ). Un même bureau peut comprendre diverses catégories de personnel : cadres, techniciens, agents, employés, secrétaires, dactylos. Leurs postes de travail sont en général voisins. C'est son « activité » qui fait l'unité du bureau, même si les tâches accomplies par les divers acteurs sont de natures différentes. Dans notre esprit, un « bureau » dispose d'une relative autonomie pour l'accomplissement de ses activités, qu'elles soient de production, de transformation, de création, ou autres. Autrement dit, un bureau est une cellule suffisamment autonome pour prendre lui-même en charge la responsabilité de l'accomplissement de ses activités : ajustement de son rythme de travail à la charge, définition de la qualité des travaux, etc.

Si le bureau a de nombreuses fonctions, Stafford BEER [2] en distingue deux essentielles, différentes à un point surprenant. La première est de garder trace de ce qui se passe : savoir ce qui est arrivé dans le passé, et bien entendu pouvoir le retrouver en temps utile.

La deuxième est de piloter les actions, et c'est la tâche des gestionnaires de faire des plans et d'affecter des ressources.

La première fonction du bureau, stocker et retrouver l'information, n'a de sens qu'au service de la fonction de planification ainsi entendue. Or, le bureau d'aujourd'hui est un anachronisme car il ne participe plus du tout au processus de planification. Stocker, faire circuler et restituer l'information sont devenus les principaux objectifs des bureaux, dont on attend effectivement qu'ils possèdent « toute » l'information sur le mouvement des affaires, qu'ils soient capables de reconstituer le passé à tout moment et dans tous les détails. Dans cette optique, le bureau est censé offrir aux gestionnaires la « base de données » nécessaire à la prise de décisions pertinentes et opportunes. Mais, un gestionnaire s'intéresse assez peu au passé dont l'enregistrement correspond surtout à des obligations légales ou quasi légales. Les véritables besoins de la gestion — au sens de la planification — sont en avant, sur le front des affaires.

Le bureau est donc anachronique, ne faisant que répéter les pratiques de l'administration d'autrefois. « Il faut le repenser dans le langage de l'ordinateur

1. Jean-Paul de BLASIS, *Les enjeux-clés de la bureautique*, les Éditions d'Organisation, 1982, 83, 85.
2. Stafford BEER, « Interview sur la bureautique », *Informatique et Gestion*, n° 86, avril 1977.

et non dans le latin de la plume d'oie », affirme Stafford BEER. Pourtant, l'ordinateur n'a pas eu l'effet bénéfique escompté sur les bureaux, car il n'a fait pratiquement qu'automatiser les processus administratifs traditionnels, sans repenser les bureaux. La comptabilité informatisée, la paie, la facturation, etc. sont autant de constats posthumes, et si les gestionnaires ne devaient piloter leur organisation qu'avec cela, ce serait équivalent à leur demander de conduire une automobile les yeux fixés au rétroviseur ! [1]

Aujourd'hui, la bureautique est en mesure de sortir le bureau de son monde d'hier, de regarder vers l'avant en construisant le système d'information individuel mieux adapté à chaque gestionnaire. Avec les équipements des technologies nouvelles, de plus en plus simples à utiliser et « amicaux », les gestionnaires iront eux-mêmes rechercher les informations dont ils ont besoin. Et surtout, ils sauront identifier directement dans chaque information saisie, ce qui est vraiment intéressant, sans s'embarrasser des mille et une informations non pertinentes que la mécanique opaque de l'informatique leur dissimulait. Ainsi, avec la bureautique, chaque gestionnaire peut bâtir *son* système d'information pertinent, correspondant aux critères définis par Russell ACKOFF au début des années 60 [2], dans lequel les informations sont filtrées et condensées. Mais, y parviendra-t-on ? La bureaucratie, la routine de classement et de recherche, la machinerie administrative dépeinte par Courteline, la crainte de tous ceux qui vivent dans et autour des bureaux, de voir leur rôle radicalement remis en cause, ne seront-elles pas finalement les plus fortes ? Auquel cas, le bureau s'enfoncera encore davantage dans le passé. Mais faisant preuve d'optimisme, gageons que le bureau saura s'organiser pour tirer parti des nouveaux outils dans la voie du progrès... pour une meilleure efficacité.

2.3. PRINCIPAUX DOMAINES D'APPLICATION DE LA BUREAUTIQUE

Par nature, la bureautique prend en compte les divers types d'informations qui circulent dans les bureaux, et que l'on peut classer en quatre grandes catégories :

— textes (documents rédactionnels de toutes natures) ;

— données (informations numériques* et codages alphanumériques) ;

— images (informations visuelles fixes ou animées sous forme de graphiques, dessins, photographies, etc., monocolores ou multicolores) ;

— voix (informations vocales ou sonores servant à la communication entre personnes ou entre machines et personnes).

Dans cette perspective, la bureautique s'applique à :

— la préparation de documents, domaine du *traitement de texte** et du *traitement des images* ;

— l'échange d'informations sous diverses formes, domaine des *(télé)communications de bureau* ;

1. Jean-Paul de BLASIS, « Pour une meilleure utilisation de l'informatique : les bases de données », *Revue Française de Gestion,* septembre-octobre 1978.

2. Russell L. ACKOFF, « Management Misinformation Systems », *Management Science,* vol. 14, n° 4, décembre 1967.

— la diffusion de documents, domaine de la *reprographie* électronique* ;
— au classement, à l'archivage et à l'accès de dossiers, domaine de la *micrographie* automatisée* ou des *bases de données « numérisées »** sous forme magnétique ou optique ;
— l'agencement des activités de bureau, domaine de la *gestion des emplois du temps,* des aide-mémoires, de la modélisation des procédures ;
— la manipulation de données numériques, domaine de la *programmation informatique* ;
— l'aide à la décision, domaine des *systèmes interactifs d'aide à la décision**, et de la modélisation en recherche opérationnelle ;
— la sécurité et au contrôle des activités de bureaux, domaine des *procédures d'organisation administrative* et de l'*audit* ;
— la conception des postes de travail et à l'aménagement de leur environnement, domaine de l'*ergonomie** et de l'*architecture intérieure* des bureaux (voir fig. 1.2.).

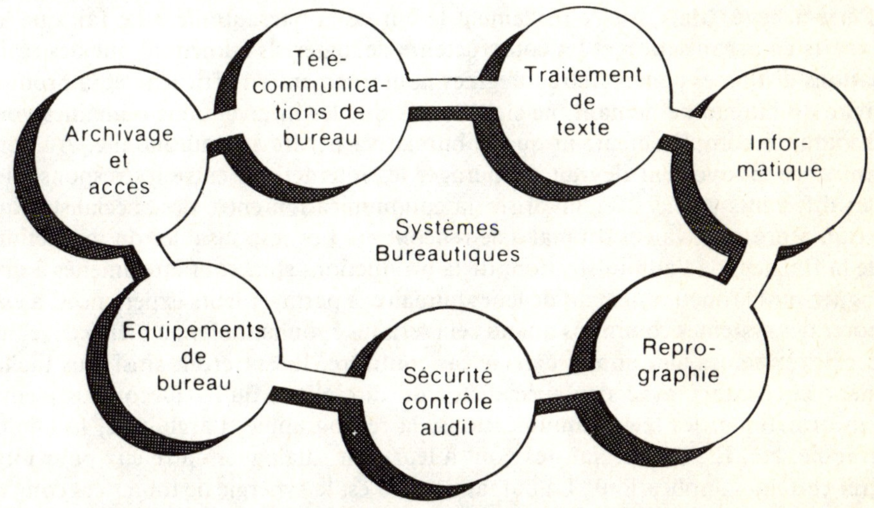

Fig. 1.2. Principaux domaines d'application de la bureautique.

2.4. VERS L'INTÉGRATION DES TECHNOLOGIES

Le programme de la bureautique est donc relativement vaste et fait intervenir bon nombre de technologies distinctes, mais néanmoins apparentées. Pourtant, comme on l'a mentionné précédemment, il n'y aura « application bureautique » au sens propre du terme que si au moins deux technologies sont « intégrées ». Autrement dit, il ne s'agira véritablement de « bureautique » que lorsqu'il existera un « échange électronique » d'information — le plus souvent par des moyens de télécommunications — entre au moins deux des domaines identifiés précédemment. Par exemple, un document archivé dans un système de traitement de texte* est transmis électroniquement à une autre machine éloignée (cas du télétex*), ou bien un graphique élaboré sur un système de traitement d'images est transmis à un copieur intelligent* pour insertion dans un document rédactionnel provenant lui-même d'un système de traitement de texte. Dans ces cas-là, il s'agit effectivement d'applications « bureautiques », sinon on parlera d'application isolée de micrographie*, de reprographie*, de traitement de texte*, de télécopie*, etc.

D'un point de vue strictement technique, la bureautique est donc l'intégration, la communication entre des technologies diverses, qui ont leurs propres règles de fonctionnement, leurs propres corps de connaissance, leurs propres spécialistes. C'est la raison pour laquelle il est difficile de parler véritablement de technologie bureautique spécifique, la bureautique empruntant aux autres technologies sa dimension technique. En revanche, ce qui en fait l'originalité, c'est l'intégration qu'elle génère au profit des activités de bureau, et dans une forme adaptée aux besoins des personnels de bureau. Cette dimension humaine dans les applications bureautiques est fondamentale, faut-il le souligner.

A l'heure actuelle, l'intégration commence à être réalisée dans quelques domaines seulement, et le « bureau du futur » entièrement automatisé est encore loin d'être achevé. Mais, est-ce réellement le but de la bureautique ? Le fait que les experts en organisation et les constructeurs de matériels admettent que des réalisations distinctes peuvent être intégrées pour augmenter l'efficacité et la productivité du bureau de demain, ne signifie pas que les interventions humaines vont disparaître complètement, ni que le bureau va perdre son autonomie. Au contraire, ce mouvement devrait encourager les interactions entre les responsables des différents services, et favoriser la communication entre des spécialistes qui jusqu'à présent avaient du mal à se rencontrer. Les responsables du marketing, de la finance, de l'administration, de la production, etc., vont être amenés à dialoguer sur le fonctionnement de leurs bureaux, à partager leurs expériences, à élaborer des systèmes communs quand cela sera jugé souhaitable, ou bien à développer des systèmes autonomes dans le cas contraire. Ils entreront ainsi plus facilement en contact avec des spécialistes de disciplines qu'ils méconnaissaient : l'informatique, les télécommunications, la reprographie, l'archivage, la micrographie, etc. Et, ces spécialistes vont à leur tour, dialoguer entre eux pour intégrer certaines applications. La bureautique, c'est la synergie de toutes ces compétences au service du bureau.

2.5. BUREAUTIQUE « LOURDE » ET BUREAUTIQUE DE « SUPPORT »

Dans l'optique du « bureau » définie précédemment, les systèmes bureautiques qui seront mis en place seront à la mesure des cellules concernées de l'organisation. Il ne s'agira donc pas des mêmes systèmes qui équiperont par exemple la Bibliothèque nationale et notre bureau pour l'archivage de ses documents ! Il conviendra de distinguer la « bureautique lourde » et la « bureautique de support », en fonction de la nature des activités qui sont accomplies dans tel ou tel bureau.

Par exemple, un service de préparation de documents techniques dans l'industrie aéronautique, élaborant la documentation d'un Airbus ou d'un Concorde, qui représente souvent plusieurs volumes de milliers de pages, aura des besoins en traitement de texte bien différents du service commercial d'une P.M.E. traitant une vingtaine de lettres par jour. Les systèmes utilisés ne seront d'ailleurs pas les mêmes. Dans le premier cas, il s'agit d'un *environnement de « production »* de textes nécessitant des équipements « lourds », professionnels et requérant des intermédiaires spécialisés : clavistes pour la photocomposition, graphistes et photographes industriels pour les dessins et gravures, maquetteurs pour la mise en page, informaticiens pour l'élaboration de programmes spéciaux sur ordinateur, etc.

Même si les textes de base sont « saisis » par des « opératrices » sur matériels de traitement de texte, le travail en continu, parfois posté, et l'environnement de production de ce « bureau » se démarquent très nettement de l'utilisation occasionnelle d'une machine de traitement de texte dans le « bureau » commercial de la P.M.E. où la secrétaire préparera le courrier du jour en y passant à peine 20 % de son temps. En dehors du courrier, la secrétaire accomplit bien d'autres activités, telles que répondre au téléphone, classer les dossiers, prendre les rendez-vous, organiser les dates de réunion, et bien d'autres encore. La bureautique peut l'assister — ainsi que les cadres — dans toutes ces activités, mais la bureautique n'est pas une fin en soi pour eux, seulement un moyen de travailler plus confortablement et plus efficacement. La bureautique constitue alors *« l'environnement de support »* de leur travail quotidien.

C'est essentiellement cette « bureautique de support » qui fait l'objet principal de cet ouvrage, aussi bien dans ses aspects techniques que dans ses méthodes et applications. Autrement dit, il ne sera question ici que des technologies suffisamment évoluées et « démocratisées », qui ont quitté le domaine des professionnels pour pouvoir s'utiliser dans les bureaux sans intermédiaires spécialisés. Ceci dit, les équipements professionnels demeurent et se perfectionnent chaque jour, mais en tant qu'outils de production, ils ne font pas directement partie de « l'arsenal technologique » de la bureautique de support. Par exemple, les imprimeurs professionnels, les éditeurs, la presse, utilisent des équipements de photocompositon, de photogravure, d'offset, etc., qui n'ont que peu de rapport avec une photocomposeuse compacte reliée à un système de traitement de texte d'un petit service de documentation, ou à une offset de bureau. Les dimensions, les problèmes de mise en œuvre, de formation, de qualification, etc., ne sont pas du tout les mêmes. Aussi, le lecteur intéressé souhaitant approfondir les technologies de l'informatique, de la photocomposition ou des télécommunications par exemple, est-il invité à consulter les ouvrages spécialisés correspondants.

3. L'iceberg bureautique

Si, à l'heure actuelle, le traitement de texte est le domaine qui gagne le plus en visibilité dans le paysage des bureaux, il faut bien voir qu'il n'est que le sommet de l'iceberg bureautique (voir fig. 1.3).

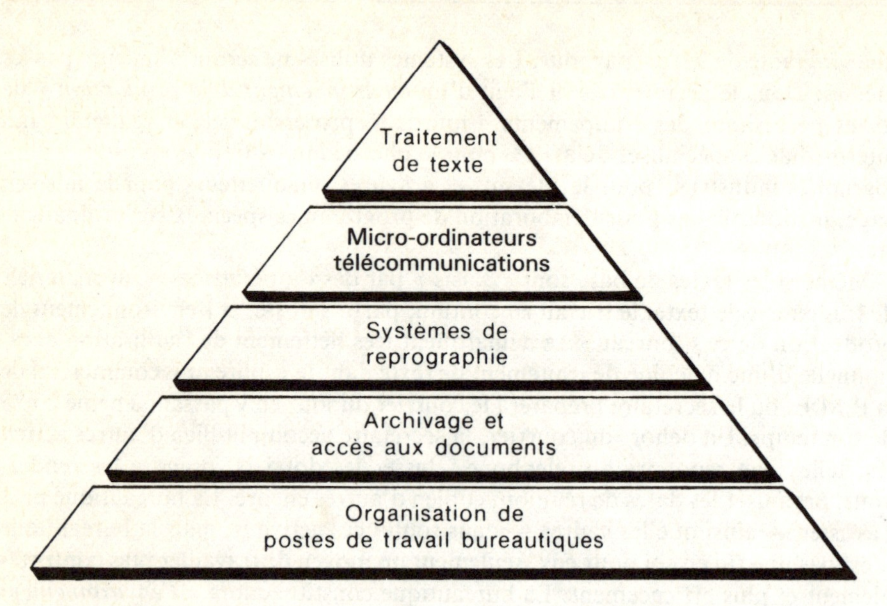

Fig. 1.3. Le traitement de texte n'est que le sommet de l'iceberg bureautique.

Cet iceberg se compose de plusieurs couches représentant les différentes composantes technologiques de la bureautique, regroupées en grandes catégories. L'évolution de la bureautique se fait le long de ses lignes, du haut vers le bas. Avant d'aborder plus en détail chacune de ces composantes dans les chapitres suivants, il convient de les présenter brièvement, dans l'ordre habituel de leur intégration.

Après le traitement de texte, le domaine qui a pris de l'importance ces dernières années dans les bureaux, est celui des micro-ordinateurs et des télécommunications. Si le téléphone est devenu habituel dans le paysage des bureaux, il est de plus en plus utilisé à d'autres fins que les simples conversations, par exemple pour transmettre des messages textuels, des documents, des images et des graphiques, des conversations entre plusieurs groupes de personnes disséminées sur tout un territoire, etc. Il faut alors parler de messagerie électronique*, de courrier électronique*, de téléconférence*, de téléinformatique*, et plus généralement de télématique*.

Puis, ce sont les systèmes évolués de reproduction qui contribuent à l'enrichissement de la bureautique. Ces systèmes intègrent en fait plusieurs technologies telles que la xérographie, le laser, les fibres optiques*, la photographie, l'optique, etc., avec celles de l'électronique, des microprocesseurs et de l'informatique ; ce qui leur permet de communiquer en amont, notamment avec le traitement de texte. Dans ce cas, il faut parler d'imprimante électronique*, de tirage* par laser bon marché. de photocomposeuse* électronique, etc.

Ensuite, ce sont les systèmes d'archivage et d'accès aux documents qui constituent l'élément « mémoire » de la bureautique. Alliant à nouveau l'informatique et les télécommunications, ces systèmes commencent à apparaître dans les bureaux pour mémoriser et retrouver dossiers, contrats, nomenclatures et autres documents, et sont d'un emploi simple, adapté aux personnels des bureaux. L'archivage peut être soit électronique avec les bases* ou banques* de données et de textes archivant les informations sous forme magnétique (disques, disquettes), soit micrographique* (microfilms, microfiches), soit encore optique (vidéodisques, disques optiques numériques*).

Enfin, comme il n'est pas possible d'avoir une multitude d'appareils divers, plus ou moins incompatibles les uns les autres, dans un bureau pour saisir, mémoriser, traiter, communiquer et reproduire les documents, les messages et autres dossiers, les constructeurs commencent à mettre enfin sur le marché des *postes de travail bureautiques intégrés.* Cela va bouleverser assez sensiblement la façon dont on travaille dans les bureaux, et l'analyse des implications de ces systèmes sur les méthodes, les procédures, les tâches individuelles et collectives doivent déboucher sur l'organisation de postes de travail nouveaux. C'est la base même de l'iceberg bureautique, et... le plus important.

A l'instar de ce qui s'est passé dans les usines, il y a un siècle, des machines apparaissent plus visiblement aujourd'hui dans l'environnement des bureaux. Certaines ne sont que de simples « outils », prolongeant la main de l'homme, alors que d'autres sont de véritables « systèmes » exécutant automatiquement une série d'opérations parfois complexes.

En fait, il faut bien voir la « révolution » technologique en cours, où la baisse considérable des coûts de la microélectronique, met déjà sur les bureaux des « cols blancs » des équipements très puissants. Le tableau 1.1 montre par exemple qu'en 1985, on dispose de postes de travail bureautiques ayant des capacités de traitement et de mémorisation que seules certaines grandes entreprises pouvaient acquérir en 1970 pour équiper leurs services informatiques. Ces « gros ordinateurs » de 1970 se trouvent sur le bureau d'un employé ou d'un cadre en 1985, pour un coût très abordable, même pour les petites P.M.E. !

Ces outils visent à saisir, traiter, communiquer, dupliquer, mémoriser, retrouver les informations qui circulent dans les bureaux.

Sans avoir l'ambition de dresser un inventaire exhaustif et détaillé de l'ensemble des équipements et procédés disponibles aujourd'hui, il convient malgré tout d'en présenter certains. La sélection opérée se fonde sur leur caractère novateur et sur leur impact potentiel, qui paraissent symptomatiques quant aux changements que connaît et que va connaître le travail de bureau.

Les équipements et procédés sélectionnés sont les suivants :

— les micro-ordinateurs professionnels et leurs applications bureautiques ;
— le traitement de texte ;
— les télécommunications de bureau ;
— les technologies de reproduction et d'archivage, et les postes de travail bureautiques intégrés.

Les principaux outils utilisables dès aujourd'hui dans un environnement bureautique sont résumés dans le tableau 1.2.

A prix constant, les performances des équipements informatisés augmentent considérablement.

Classes de matériel	1978	1985 (prévisions)
« Ordinateur domestique » 4-5 000 F*	— 16 KO Ram — Cassette — Écran	— 128 KO Ram — 256 KO disquette — Écran — Imprimante thermique
« Ordinateur individuel professionnel » 12-15 000 F*	— 32 KO Ram — 80 KO mini-disquette — Écran — Imprimante thermique	— 512 KO Ram — 1 MO disquette — Écran — Imprimante impact
« Poste de travail bureautique » 40-50 000 F*	— 64 KO Ram — 0,5 MO disquette — Écran — Imprimante impact	— 1 MO Ram — 10 MO disque fixe — 2 MO disquette — Écran — Imprimante impact
« Petit ordinateur de gestion » 120-150 000 F*	— 128 KO Ram — 10 MO disque — Écran — Imprimante impact	— 4 MO Ram — 80 MO disque fixe — 8 MO disquette — Écran — Imprimante impact

* Prix aux U.S.A.

Source : Portia ISAACSON & Egil JULINNSEN, « Window on the 80's », *Computer magazine,* janvier 1980.

Tableau 1.1 : Évolution des systèmes
1978-1985

ENTRÉE
— Machines à écrire électroniques ;
— Écrans-claviers (type informatique ou traitement de texte) ;
— Lecteurs optiques (de caractères dactylographiques, typographiques, manuscrits, etc.) ;
— Vocodeur (saisie de commandes vocales) ;
— Caméras numériques (pour saisie d'images de pages) ;
— Tablettes à codage d'écriture manuscrite ;
— Etc.

ARCHIVAGE
— Supports magnétiques (disquettes, disques) ;
— Supports microformes (microfiches et microfilms) ;
— Supports optiques (disques optiques numériques) ;
— Etc.

RESTITUTION-DUPLICATION
— Imprimantes électromécaniques variées (marguerites, aiguilles, jet d'encre...) ;
— Imprimantes électrostatiques ;
— Imprimantes laser ;
— Photocopieurs intelligents ;
— Unités de restitution vocales ;
— Lecteurs de microformes ;
— Tables traçantes ;
— Etc.

TRANSMISSION
— Téléphones ;
— Télex ;
— Télécopieurs ;
— Télétex ;
— Terminal annuaire
— Autocommutateurs ;
— Etc.

Tableau 1.2. Classification des équipements et procédés bureautiques par étapes logiques des flux d'information.

Chapitre II

LES MICRO-ORDINATEURS ET LEURS APPLICATIONS BUREAUTIQUES

L'ordinateur personnel d'IBM.
Photo IBM France.

Le Macintosh d'Apple.
Photo Apple-Seedrin.

L'invasion progressive de la micro-informatique prend la forme d'un double marché : d'un côté l'informatique à vocation grand public ou domestique, de l'autre l'informatique professionnelle. Acteurs et objectifs de ces deux marchés sont encore distincts, mais il faut bien voir qu'ils relèvent au fond du même phénomène et qu'ils finiront par se rejoindre dans quelques années.

1. Distinction entre informatique traditionnelle et micro-informatique

Le mouvement vers la micro-informatique tient au fait que l'informatique traditionnelle, lourde et la plupart du temps centralisée, habituée à traiter des données répétitives, des volumes de masse, avec des applications telles que la facturation, la comptabilité ou la paye, a du mal à résoudre les besoins individuels des services, par nature très diversifiés, comme le traitement de texte, la manipulation de tableaux de chiffres, la réalisation de graphiques de gestion ou la tenue de petits fichiers.

Ainsi, la micro-informatique, bien à la mesure des individus — pris au sens d'un petit service par exemple —, a permis le développement d'applications de productivité personnelle par contraste avec l'informatique centrale, centralisée ou non, préoccupée davantage de la productivité de l'organisation et garante des ressources *collectives*. Sur micro-ordinateur comme sur ordinateur central, il est possible de développer des applications « collectives » comme la gestion des commandes, la facturation ou la comptabilité. Mais cela s'applique alors à des

P.M.E./P.M.I. Pour ce qui nous concerne ici, nous nous intéressons essentiellement aux applications « individuelles » pour des personnes dont les besoins en traitement d'applications administratives classiques sont déjà assurés par un service informatique professionnel. (Voir schéma.)

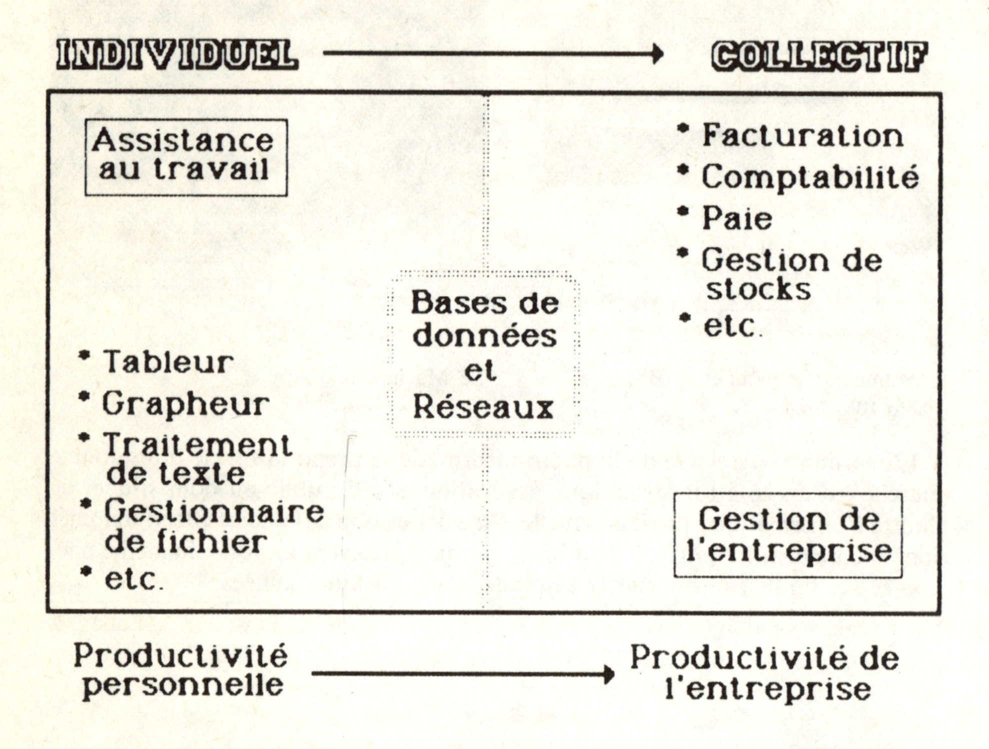

Fig. 2.1. Les Applications de la micro-informatique professionnelle.

Bien évidemment, micro-informatique et informatique sont complémentaires à terme, même si lors des phases d'apprentissage, il semble ne pas y avoir recherche de cette complémentarité, les individus souhaitant être (enfin) autonomes et libres de manipuler leurs propres informations comme bon leur semble. En fait, on s'aperçoit qu'au fur et à mesure que les individus, cadres notamment, gagnent en maîtrise de leur micro-ordinateur et de leurs applications, leur besoin devient de plus en plus pressant de faire référence aux données centrales contenues dans les volumineux fichiers ou bases de données gérées par l'informatique. Cela prend environ six mois à un an pour qu'ils formulent de telles demandes. Ils chercheront ainsi à se connecter à l'ordinateur pour extraire certaines données et les insérer dans leurs propres petits fichiers « sur mesure » ou dans les tableaux qu'ils manipulent avec leur tableur par exemple.

1.1. A TERME, MICRO-INFORMATIQUE SIGNIFIE COMMUNICATION DANS L'ENTREPRISE

On utilise en micro-informatique des techniques qui sont celles de l'informatique classique, mais c'est avec l'apport de techniques qui ne sont pas l'apanage des informaticiens, en particulier les techniques de télécommunications, que l'ordinateur apportera un avantage décisif : « personnel » ou « individuel » mais surtout capable de communiquer à l'intérieur ou à l'extérieur de l'entreprise par des réseaux locaux ou des réseaux publics.

La plupart des informations pourront être gérées par des individus mais elles devront l'être par des procédures qui découlent de ce que l'on appelle classiquement l'organisation administrative. Le phénomène réellement nouveau que permet aujourd'hui le progrès technologique, réside moins dans un changement radical de méthodes que dans le regroupement de certains équipements universellement utilisés dans les entreprises : outils d'écriture, de reproduction, de communication, d'archivage, de classement, etc.

C'est l'intégration progressive de ces outils que permet l'insertion de microprocesseurs dans les machines à écrire, les micro-ordinateurs, les photocopieurs, les téléphones ou les minitels, et bien d'autres encore.

1.2. LES MICRO-ORDINATEURS POUR DES APPLICATIONS BUREAUTIQUES

Le micro-ordinateur professionnel type, pour une application bureautique par exemple, que l'on annonçait en 1980 avec un million de caractères de mémoire vive, 2 millions sur disquette et 10 millions sur disque pour 1985, était déjà commercialisé en 1983 ! Et les prix des matériels de ce niveau-là passaient l'année suivante en-dessous de la barre des 10 000 dollars aux États-Unis. Cela signifie que ces postes de travail distribués aujourd'hui pour moins de 50 000 francs français, possèdent désormais une puissance de traitement considérable qui autorise des applications encore inimaginables sur de si « petits » matériels il y a seulement quelques années : gestion de bases de données relationnelles ou archivage vocal par exemple. A titre indicatif, on peut rappeler qu'avant 1970 un seul ordinateur en France avait une capacité équivalente.

Parallèlement à ces développements matériels, les logiciels ont aussi enregistré des progrès, même s'ils sont moins spectaculaires. Par suite du constat que les programmes recherchés par la majorité des usagers de micro-ordinateurs étaient des programmes appartenant à quelques domaines bien identifiés, l'idée est venue de mettre au point des programmes pour plusieurs utilisateurs différents. D'où l'arrivée sur le marché des « *progiciels* » (*pro*duits lo*giciels*), « ensemble complet et documenté de programmes conçu pour être fourni à plusieurs utilisateurs, en vue d'une même application ou d'une même fonction » (définition du J.O. du 17-01-82). Un progiciel est à l'industrie du logiciel ce que le « prêt à porter » est à l'industrie du vêtement. Les programmes « sur mesure » destinés à un usage unique deviennent dès lors un luxe très onéreux.

Il existe sur le marché deux types de progiciels : ceux dit « verticaux » et ceux dit « horizontaux ». (Voir schéma.) Les progiciels verticaux consistent en programmes spécifiquement adaptés à un domaine professionnel déterminé : progiciels pour les experts-comptables ou les dentistes, etc. Les progiciels horizontaux sont des programmes destinés à divers usagers œuvrant dans toutes sortes de domaines, et destinés à satisfaire leurs besoins dans une classe d'application donnée où les problèmes sont généralement peu structurés et peu répétitifs. On les appelle quelquefois « progiciels ouverts » pour signifier que c'est à l'usager d'y faire « entrer » son problème pour s'aider à le résoudre. C'est dans cette catégorie qu'entrent les progiciels de traitement de texte, tableurs, grapheurs et autres gestionnaires de fichiers, et c'est essentiellement de ces types de progiciels dont il sera question par la suite.

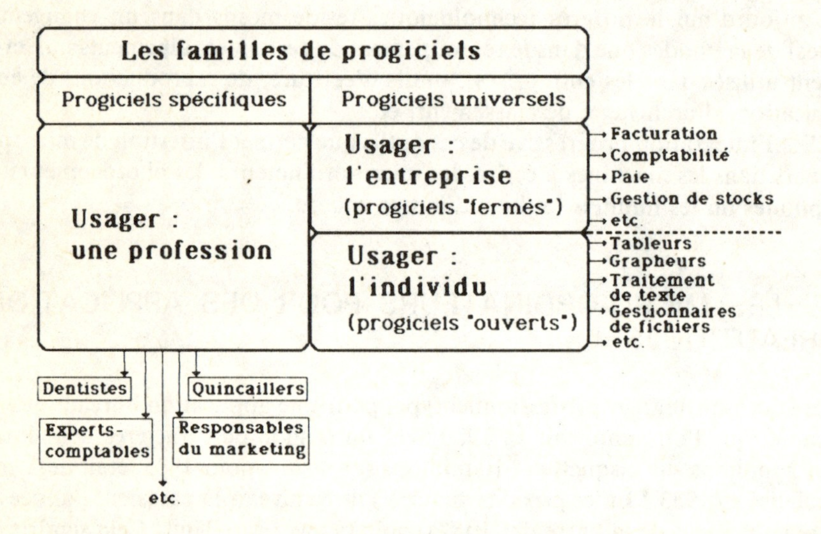

Fig. 2.2. Les familles de progiciels

2. L'incidence de la bureautique sur la productivité administrative

Dans le même temps, chacun sait qu'une courbe ne cesse de grimper, celle des frais de personnels. L'idée vient donc naturellement à n'importe quel responsable d'entreprise d'essayer de remplacer une certaine proportion des personnes qu'il emploie, ou qu'il devrait employer pour faire face à son expansion, par des machines...

Raisonnement simple, trop peut-être, mais le phénomène est déjà largement engagé. La preuve en est que l'on compte environ un poste de travail électronique pour dix personnes en 1985 en moyenne aux États-Unis dans les entreprises de plus de 50 salariés, l'Europe se situant encore en retard dans ce domaine.

2.1. QUELQUES EXEMPLES

L'incidence d'un tel mouvement sur la productivité administrative notamment, et les prix de revient, est encore difficile à mesurer avec précision. Elle est cependant indéniable. Le traitement d'un sinistre par une compagnie d'assurances revient aujourd'hui environ dix fois moins cher avec la micro-informatique qu'un traitement manuel. Une grande banque multinationale estime qu'elle économise cinq millions de francs d'heures de travail par an avec la seule messagerie électronique. Le coût d'un graphique de gestion obtenu sur un micro-ordinateur à partir de volumineux rapports statistiques revient à environ 50 francs, comparés aux 500 francs minimum nécessaires s'il devait être exécuté par un graphiste professionnel, sans parler des délais...

On pourrait multiplier de tels exemples qui montrent que le nombre de postes de travail informatisés a une influence considérable sur les prix de revient. Il est désormais clair que l'introduction de la micro-informatique professionnelle cohérente est un facteur de réussite de l'entreprise, et ceux qui en resteront au traitement manuel auront du mal à survivre ; il s'agit bien d'une question de productivité et de compétivité.

Tout cela a une traduction en termes budgétaires que l'on perçoit clairement : baisse des coûts des matériels, hausse des salaires, des dépenses en logiciels, et augmentation considérable des dépenses de télécommunications. Il est donc crucial de situer dans quels secteurs et pour quelles catégories de personnel la micro-informatique pourra amener l'efficacité et donc les gains de productivité les plus vitaux.

2.2. LA BUREAUTIQUE : UNE AFFAIRE DE CADRES

Dans les dépenses administratives d'une entreprise, la part des salaires des personnels représente en moyenne les deux tiers du budget. Pour les secrétariats qui consacrent en moyenne 20 à 25 % de leur temps à la dactylographie, et dont les salaires ne représentent que 6 % des coûts salariaux, même une automatisation totale cette fonction par le traitement de texte n'aurait qu'une influence de 1,2 % sur le budget global. Bien que le traitement de texte ne soit pas à négliger, ce n'est pas auprès de cette catégorie de personnels que se situe le maximum des gains potentiels.

En revanche, du côté des cadres[1] dont les salaires représentent les deux tiers des coûts salariaux, le moindre gain de productivité a potentiellement davantage de répercussion. Plusieurs études ont montré que les cadres passent environ 60 % de leur temps en réunions planifiées et 10 % en réunions spontanées ; au total, la communication au sens large occupe 75 % de leur temps. Un meilleur système de communication peut donc leur faire gagner un temps très appréciable. On estime que le gain potentiel apporté par la micro-informatique (traitement de données,

(1) On désigne par « cadres » ici l'ensemble des dirigeants, managers, gestionnaires, administrateurs, professionnels techniques et non techniques, ingénieurs, agents de maîtrise et assimilés.

textes et graphiques) associée à un système d'intercommunication (messagerie et courrier électroniques, coordination d'agendas, interrogation de banques de données) peut aller jusqu'au tiers du temps des cadres (potentiellement 2 heures 45 par jour)[1].

Perspective théorique dira-t-on, mais on imagine le gain réalisé si seulement une heure de travail est gagnée. Cela est vrai aussi bien pour les cadres opérationnels que pour ceux d'études. Reste évidemment à savoir ce que les cadres feront de ce temps gagné... Pourtant, il n'est pas rare de voir des micro-ordinateurs professionnels dont le coût avoisine 50 000 francs être amortis dans l'année par nombre de cadres pour des applications administratives.

3. Que font les cadres des micro-ordinateurs professionnels ?

Essentiellement quatre types d'applications bureautiques recueillent l'enthousiasme des cadres qui « se sont mis à la micro » :

— la préparation et la manipulation de tableaux chiffrés avec un « *tableur* » (ou « chiffrier ») ;

— la réalisation, à partir de ces tableaux le plus souvent, de graphiques de gestion avec un « *grapheur* » ;

— la rédaction à l'écran de petites notes, compte rendus ou mémos avec un progiciel de *traitement de texte* ;

— la tenue de fiches ou de petits fichiers à l'aide d'un progiciel « *gestionnaire de fichier* ».

D'autres applications sont possibles grâce aux milliers de progiciels disponibles pour les micro-ordinateurs disposant des systèmes d'exploitation les plus répandus (familles des CP/M, MS-DOS, Prologue, et Unix notamment).

3.1. LES TABLEURS ET GRAPHEURS POUR L'AIDE A LA DÉCISION

Dans la plupart des cas, le cadre a choisi son micro-ordinateur en priorité pour préparer des tableaux chiffrés (classiquement des budgets, plans de financement, suivis de statistiques commerciales ou de production, etc.), et s'aider à simuler diverses situations au moyen d'un « *tableur électronique* » de type Visicalc, Multiplan ou Lotus 123. Un tableur, une fois bien maîtrisé, est un outil puissant pour manipuler toutes sortes d'informations pouvant se représenter sous forme d'un

(1) Voir Jean-Paul de Blasis, *Les Enjeux-Clés de la bureautique,* les Éditions d'Organisation, 1985.

tableau à double entrée avec des lignes et des colonnes. En fait, c'est un langage de programmation « orienté applications », relativement facile à mettre en œuvre par un cadre (après formation), et dont les usages ne sont limités que par la capacité d'imagination de celui qui est derrière le clavier.

Ces types de progiciels présentent à l'écran une feuille de calcul avec lignes et colonnes. Chaque intersection, appelée « cellule », peut contenir soit une valeur numérique, soit un libellé, soit une formule, soit une variable logique. Chaque cellule est reliée aux autres de sorte que l'introduction d'une nouvelle donnée dans une cellule entraîne la modification instantanée de toutes les cellules qui lui sont logiquement reliées. On peut par exemple réaliser des factures ou des bulletins de paie, des suivis de portefeuilles boursiers ou de parts de marchés, etc. Les principaux utilisateurs des tableurs se rencontrent surtout dans les services de contrôle de gestion, de finance et de comptabilité, mais également au marketing et à la gestion commerciale, ou bien encore aux achats ou à la production.

Tout cadre aujourd'hui se devrait de connaître et de travailler avec ce type de progiciel, comme le font pratiquement tous les étudiants dans les écoles de gestion de par le monde, les tableurs remplaçant avantageusement l'apprentissage d'un langage de programmation comme BASIC par exemple.

Parfois, les tableaux peuvent devenir volumineux et complexes. Il devient alors difficile d'y voir clair et de repérer d'un coup d'œil les tendances ou l'évolution des masses. Le cadre peut alors avoir recours à un progiciel de représentations graphiques ou « *grapheur* » pour visualiser les valeurs numériques de son tableau sous forme de courbes, graphes à secteurs (« camemberts » ou « tartes »), histogrammes de toutes sortes ou autres. En dehors du couplage naturel tableur-grapheur, on rencontre souvent des applications de « présentations » où le cadre a besoin de graphiques plus ou moins sophistiqués pour présenter au moyen de transparents ou de diapositives des éléments chiffrés lors d'une réunion avec des clients, des confrères ou même ses propres équipes de vente. Le grapheur s'avérera alors un outil puissant de mise en forme des données, de mise à jour souple par l'usager lui-même, ne nécessitant aucun recours à des professionnels graphistes extérieurs pour obtenir un résultat de qualité suffisante, pour un coût et des délais sans commune mesure avec l'organisation du travail traditionnelle.

3.2. LE TRAITEMENT DE TEXTE POUR CADRES

Apparus au début des années 70, les programmes de traitement de texte ont été développés au départ par les programmeurs pour eux-mêmes, pour leur simplifier la création et la modification des programmes qu'ils écrivaient. Avec le temps, ces programmes se sont améliorés par la simplification de leur accès aux non-informaticiens et par l'étendue de leurs possibilités de *manipulation* de textes : effacements, rajoûts, déplacements, recherches et remplacement de lettres, mots, phrases, paragraphes ou pages, etc., ainsi que du contrôle de *l'édition* et du *stockage* de toutes sortes de documents textuels.

Les logiciels de traitement de texte se trouvent :

— soit implantés dans des machines « dédiées », spécialisées pratiquement que pour cette application (machines de traitement de texte monopostes ou multipostes de type Alcatel, IBM, Philips, Rank Xerox, Wang ou machines Télétex) et sont généralement bien adaptées au personnel de secrétariat ;

— soit « chargés », le plus souvent à partir de disquettes, sur des micro-ordinateurs polyvalents de type IBM/PC, Macintosh d'Apple, HP 150, Commodore, etc. Selon leur souplesse et leurs performances, ces programmes sont généralement accessibles, sous certaines réserves d'apprentissage plus ou moins long, aussi bien aux cadres qu'aux secrétaires. C'est essentiellement de ce type de logiciel dont il s'agira ici ;

— soit encore « chargés » sur des ordinateurs centraux (« mainframes ») et accessibles par des terminaux aux usagers. Dans ce cas, si ces logiciels sont sophistiqués et très puissants, ils sont la plupart du temps difficiles à utiliser par du personnel non qualifié et supposent une formation assez approfondie pour les exploiter correctement (c'est le cas notamment de XEdit, Script, ATMS, TSO d'IBM ou des éditeurs et formateurs de texte tels que Edit, Teco, Runoff chez d'autres fournisseurs).

Si les progiciels de *traitement de texte* sur micro-ordinateurs sont parfois très puissants et sophistiqués (comme Epistole, Textor, Word, Macwrite, Wordperfect ou Wordstar par exemple), il faut savoir qu'ils ne sont pas destinés en priorité aux secrétaires-dactylographes professionnelles, mais plutôt aux usagers des micros, rédacteurs plus ou moins occasionnels, rédigeant directement leurs textes sur l'écran-clavier.

Souvent, un ingénieur, un chercheur, un contrôleur de gestion, un analyste marketing préférera taper lui-même un texte court, un rapport technique avec formules mathématiques, graphiques ou tableaux complexes, plutôt que de rédiger un manuscrit, expliquer à la dactylo ce qu'il souhaite obtenir, relire, corriger, expliquer à nouveau, etc., sans parler des délais ! En règle générale, cela ne posera pas trop de problèmes aux cadres déjà familiarisés avec les commandes courantes de leurs micros, même si certains de ces progiciels ne sont pas si simples d'emploi qu'on pourrait le souhaiter !

En matière de choix de progiciel, il convient de privilégier un traitement de texte *français* ou du moins très bien francisé (commandes et jeu de caractères au clavier et à l'écran, ainsi que les manuels et la documentation). Selon les besoins, on s'orientera vers un produit permettant d'obtenir des textes « enrichis » : typographie variable, formules mathématiques, composition de tableaux, mixage avec des graphiques, etc. Pour un cadre, la disponibilité d'un bon « traitement de texte » n'est souvent qu'un « plus » contribuant à l'assister dans son travail, mais un « plus » qui s'avère vite indispensable dès qu'il en maîtrise les possibilités : gain en termes de temps économisé et de présentation de ses textes pour peu que son micro-ordinateur soit équipé d'une imprimante de qualité suffisante, ce qui est encore trop rarement le cas.

3.3. LA GESTION DE FICHIERS ET DE « BASES DE DONNÉES »

Progiciels dérivant des « utilitaires de fichiers » utilisés depuis longtemps par les professionnels en informatique et qui ont été affinés du point de vue de leur

« interface humaine » pour être d'emploi relativement aisé par des non-informaticiens. Les langages-utilisateurs de ces progiciels s'apparentent à des commandes (en anglais le plus souvent) spécialisées pour les opérations à effectuer sur des fichiers de tailles généralement restreintes à quelques centaines d'articles en visant à remplacer les traditionnels bacs à « fiches » : enregistrement, mise à jour, tri, fusion, interrogation, sélection, édition, etc.

Tout cadre, à un moment ou à un autre, a besoin de constituer des fichiers pour son usage personnel ou celui de son service en vue d'une consultation ultérieure. Ce sont souvent des « fiches » indépendantes ou non des fichiers centraux gérés par les professionnels informaticiens.

La différence entre les « *gestionnaires de fichiers* » et les « *systèmes de gestion de bases de données* » se fait sur la sophistication des traitements possibles sur les enregistrements, sur le nombre de fichiers accessibles simultanément et sur la conception de l'architecture interne des progiciels : organisation en enregistrements indexés le plus souvent pour les premiers, et organisation des enregistrements par un « schéma de données » (« hiérarchique », « en réseaux », ou « relationnel ») pour les seconds, qui offrent ainsi plus de souplesse dans la manipulation des données mais souvent au détriment de la simplicité.

Les progiciels disponibles sur les micro-ordinateurs actuels permettent de définir selon ses propres besoins des fichiers de données, facilitant par la suite leur exploitation. Ils autorisent les recherches sélectives selon divers critères et disposent de commandes de mise en forme souvent puissantes (générateurs de rapports). Certains assurent même des calculs de types statistiques sur les enregistrements, des relations entre les champs des enregistrements ou bien encore entre plusieurs fichiers. Les plus sophistiqués comportent de véritables langages de programmation, puissants mais nécessitant une formation approfondie. Des plus simples aux plus complexes on peut citer : PFS File & Report, DB Master, File, ABC Base, Omnis, CX Base 200 et CX Macbase, Filevision, dBase II et dBase III, etc.

3.4. AUTRES APPLICATIONS

En dehors des quatre applications examinées précédemment, et souvent « intégrées » dans un seul progiciel comme on le verra plus loin, de nombreux autres logiciels visant à assister les utilisateurs non informaticiens dans leurs travaux, au sens bureautique, existent sur le marché, et connaissent des succès variés auprès des usagers. Il s'agit de progiciels de *conception graphique* comme Paint, Draw, Energraphics... ou d'*agendas électroniques* comme Habadex, Q-Date, Time Manager... ou de *planification de travaux* comme The 25th Hour, Project, Visischedule... ou de gestion de *répertoires téléphoniques* comme LogOn, Habadex, Magic Phone,... ou de *calculs statistiques* comme Microstat, Maxistat, Stat-Pak,... ou d'*aide à la décision financière* comme Optimizer, Financial Analysis, Money Decision, Micro-modeler... ou bien même de *jeux* comme Transylvania, Millionnaire, Zork..., et dans bien d'autres domaines encore comme TKSolver pour la résolution d'équations mathématiques ou ThinkThank pour l'organisation des idées...

3.5. LES LOGICIELS « INTÉGRÉS »

Comme les besoins des cadres en matière d'applications bureautiques avec un micro-ordinateur sont généralement satisfaits à 80 % avec les quatre types de logiciels horizontaux vus précédemment, les concepteurs de ces produits ont eu l'idée de les regrouper en un seul ensemble. Ainsi, les « *logiciels intégrés* » comportant généralement tableur + grapheur + traitement de texte + gestionnaire de fichier auxquels se joint parfois un logiciel de communication, ont beaucoup de succès. En effet, ils évitent d'avoir à acheter trois, quatre ou davantage de produits différents, ayant chacun leur logique de commande et de fonctionnement. Ils autorisent aussi le transfert des données d'une application à l'autre. Par exemple, des données contenues dans un fichier peuvent alimenter un tableau manipulé avec le tableur et peuvent assez facilement être transférées au grapheur pour une représentation sous forme d'histogramme. De la même manière, quelques lignes de texte préparées à l'aide du module de traitement de texte, et destinées à commenter les hypothèses faites dans le tableau peuvent venir s'y insérer.

D'autre part, le coût d'un logiciel intégré est moins élevé que ce qu'il faudrait payer pour des produits séparés, à fonctionnalité équivalente. Pourtant, il faut savoir qu'aucun « intégré » n'est aussi performant dans toutes ses composantes que des produits spécifiques indépendants. Le plus souvent, l'intégré est bâti autour d'un produit performant dans une fonction, les autres fonctions annexées à ce noyau de base ayant des performances plus modestes. Lotus 1-2-3 par exemple qui est un des plus célèbres progiciel, « intègre » un excellent tableur, un grapheur moyen et un gestionnaire de fichier simplifié.

Les principaux logiciels intégrés sur le marché se nomment Enable, Framework, Golden Gate, Integrated 7, Jazz, Knowledge Man, Lotus 1-2-3, Multilog2i, Open Access, Symphony, XChange, etc.

Enfin, il faut signaler une autre manière d'intégrer plusieurs logiciels d'applications au moyen d'un « intégrateur », un progiciel de plus haut niveau autorisant le transfert de données d'un produit indépendant à un autre. Cette méthode, si elle est parfois plus onéreuse, offre l'avantage de laisser choisir à l'usager le logiciel le plus adapté à ses besoins, tout en assurant la « compatibilité » entre des logiciels de diverses origines. C'est notamment le cas du « Finder » du Macintosh d'Apple, un précurseur en ce domaine et un modèle de simplicité de mise en œuvre, suivi de MS-Windows, VisiOn et de TopView, plus complexes à manipuler malgré tout.

4. Du micro-ordinateur professionnel au poste de travail multifonctions

L'arrivée dans les bureaux de véritables « outils individuels de communication » : micro-ordinateurs, copieurs, télécopieurs, messagerie électronique textuelle et vocale, et autres systèmes d'archivage devrait être décisive.

Ce que l'on nomme aujourd'hui micro-ordinateur professionnel est appelé à devenir progressivement un outil banalisé sous la forme d'un poste de travail (ou « station ») multifonctions. Bien que le marché de la micro-informatique offre encore beaucoup de produits, il est vraisemblable que se dégageront progressivement des matériels banalisés dans l'entreprise — bas de gamme, moyenne gamme et haut de gamme — utilisables pour des fonctions différentes qu'elles soient techniques, administratives ou d'aide à la décision et à la gestion.

Comment se présentera le poste de travail de demain ? Il aura encore vraisemblablement un écran, sûrement le graphique et la couleur ; il utilisera un système de pointage qui diminuera le recours au clavier : ce clavier, il le conservera sans doute, mais on l'utilisera de moins en moins au profit de commandes et de réponses vocales ; il sera équipé de dispositifs de communications intégrés et pourra traiter aussi bien les données numériques ou les textes que les graphiques, les images ou la voix.

L'évolution technologique, encore plus rapide que prévue, et la baisse relative des prix permettent d'envisager à court terme la banalisation de tels matériels. La micro-électronique est pratiquement la seule industrie qui connaisse des baisses de prix allant jusqu'à 40 % par an pour les circuits de mémoire par exemple. Si en fait, les produits finis ne baissent que peu en francs courants, ce sont les possibilités des machines qui s'accroissent dans de telles proportions.

Les constructeurs sont au travail et préparent l'intégration des fonctions sur un même poste pour y traiter données numériques, textes, graphiques, images, informations vocales, qu'elles soient techniques, financières, commerciales ou administratives. Ces machines devront être — et seront — d'un abord simple, utilisables par des usagers qui ne veulent pas changer de métier et se transformer en informaticiens. Ils devront être capables de les mettre en œuvre sans intermédiaire, voire même de les dépanner le cas échéant pour des interventions simples sans le recours d'un service traditionnel de maintenance, la machine diagnostiquant ses propres pannes. On préférera d'ailleurs souvent acheter quelques machines supplémentaires « en secours » pour le cas où il faudra rapporter celle en panne dans la boutique où l'on a achetée.

5. Des implications humaines et sociales non négligeables

Dans la mesure où il s'agit avant tout de communication, les aspects humains seront primordiaux. Sans doute verra-t-on moins d'informaticiens dans l'entreprise, ainsi qu'une diminution de l'emploi pour les dactylos, les sténos, les graphistes... et d'une manière générale pour tous les emplois peu qualifiés à faible valeur ajoutée. Cela suppose d'entreprendre sans tarder des programmes de formation et de reconversion pour préparer les personnels aux mutations que connaissent leurs tâches. Outre ces problèmes d'emploi, on peut s'attendre à une certaine querelle de générations avec l'arrivée de jeunes cadres rompus à l'utilisation permanente du micro-ordinateur, que ce soit pour des calculs prévisionnels, des fichiers de prospection, la tenue de leur agenda, les messages à leurs collègues et même la rédaction de leurs notes et courriers.

On sait que les mutations radicales dans les habitudes professionnelles sont considérées comme très difficiles à accepter au-dessus 40 ans. Et ces aînés doivent être considérés en quelque sorte comme des « handicapés des technologies nouvelles » pour lesquels il est grand temps de mettre en place, là aussi, les programmes de rééducation et de formation adéquats, sous peine de voir le fossé se creuser davantage entre eux et les plus jeunes formés dès l'école.

Il conviendra également d'organiser l'arrivée dans l'entreprise de la micro-informatique pour des applications bureautiques de façon à éviter une dispersion d'équipements plus ou moins compatibles, et surtout d'applications et de modes de travail incompatibles. Car c'est, à terme, la cohésion du système d'information et de communication de l'entreprise qui est en jeu.

Tout le monde, d'une manière ou d'une autre, est concerné par les micro-ordinateurs dans l'entreprise. Pour cette raison, l'arrivée de ces outils et par conséquent la « culture bureautique » qui en résultera ne pourra se faire qu'à la vitesse de l'appropriation technologique par ceux qui seront devant ces écrans. La micro-informatique sera donc plus évolution qu'une révolution, et davantage un phénomène sociologique que technologique.

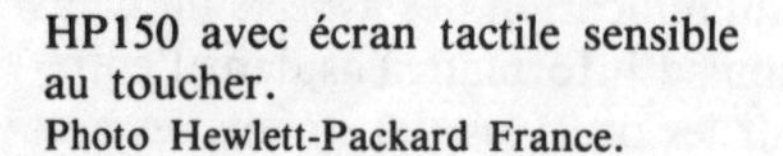

HP150 avec écran tactile sensible au toucher.
Photo Hewlett-Packard France.

Micro-ordinateur professionnel Micral de Bull.
Photo Bull.

Chapitre III

LE TRAITEMENT DE TEXTE

Si le traitement de texte n'est que le sommet de l'iceberg bureautique, il demeure pourtant à l'heure actuelle, le domaine le plus développé. En fait, c'est essentiellement l'aspect « gestion des textes » qui retient l'attention de nombreux utilisateurs, ... et constructeurs, puisque le marché est très porteur pour l'instant. Il en résulte que pour beaucoup, la bureautique n'est que le traitement de texte, ce qui est une conception bien trop étroite. Il est vrai que c'est dans ce domaine que la bureautique a su se démarquer franchement de l'informatique, et des ordinateurs utilisés jusqu'alors pour « traiter des textes ». Les petites machines, souvent autonomes, s'apparentent en effet davantage aux machines à écrire qu'à des ordinateurs, et peuvent être utilisées directement par des secrétaires ou des dactylographes, voire par les rédacteurs eux-mêmes, sans intermédiaire spécialisé.

1. Définition

Qu'est-ce que le traitement de texte ?

Il s'agit de la prise en compte au sens large du processus de production de documents rédactionnels, depuis la création par l'auteur — manuscrite ou dictée —, l'enregistrement sur matériel spécialisé, la manipulation, la mise en forme, l'édition, l'archivage, la reproduction, jusqu'à la distribution du document final.

(Voir fig. 3.1.).

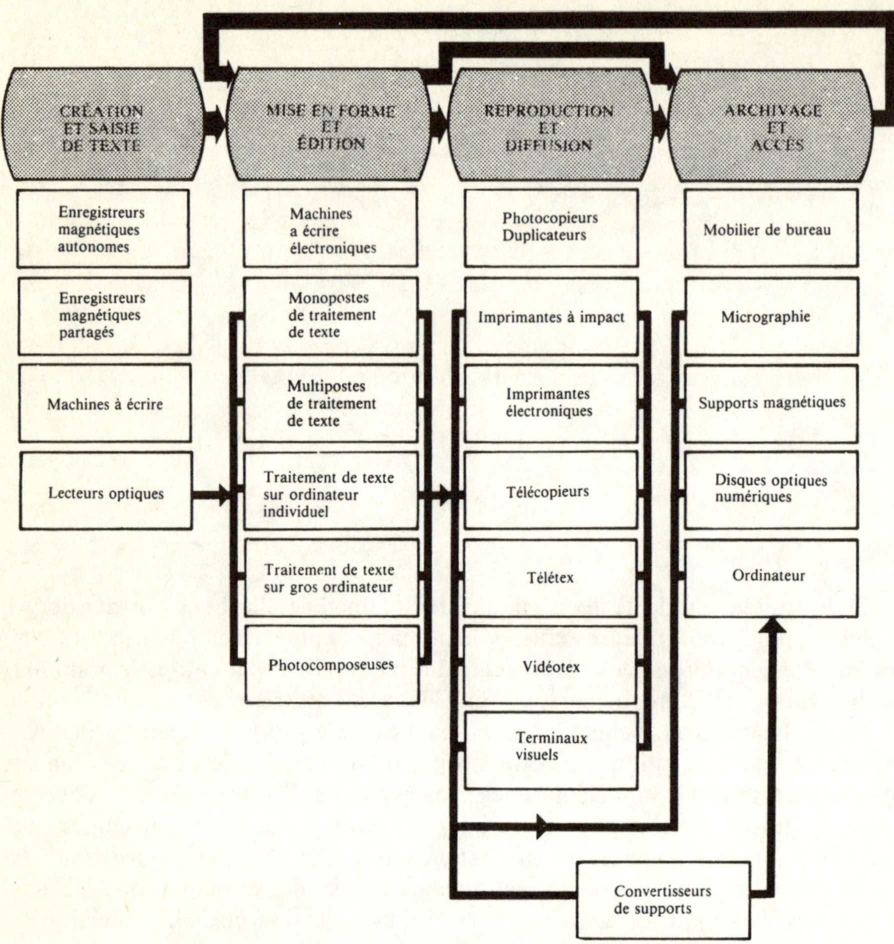

Fig. 3.1. Flux du processus de traitement de texte et principaux équipements correspondants.

Le traitement de texte vise donc à faciliter la production de documents imprimés comprenant aussi bien des textes courts tels que lettres, notes de service, mémorandums, contrats, etc., que des documents plus volumineux comme des rapports, articles, notices et manuels techniques, nomenclatures, annuaires, brochures, livres, etc.

2. Historique succinct

« Traiter » du texte a commencé avec l'apparition des premières machines à écrire, il y a un peu plus d'un siècle. S'il existe un débat quant à savoir exactement qui a inventé la première machine à écrire[1], tout le monde s'accorde pour dire que le concept de *traitement de texte* est apparu chez I.B.M. Allemagne en 1964 avec l'expression « Textverarbeitung », coïncidant avec la sortie des premières machines à écrire à mémoire à bande magnétique. L'expression a été transférée aux États-Unis sous le vocable « Word Processing », pour finalement être traduite en français par « traitement de texte » après quelques autres essais de traduction restés infructueux (traitement des mots, relation écrite, ...). Ce concept a commencé véritablement à prendre son essor vers 1975, après l'apparition des premiers « systèmes de traitement de texte » monopostes à écran cathodique pouvant se connecter à d'autres machines. Aujourd'hui, ces systèmes sont de véritables petits ordinateurs, dotés de microprocesseurs puissants, de mémoires souvent importantes, d'unités de mémorisation additionnelle sur disques souples ou « durs » de capacité de plus en plus grande, et de fonctions « intelligentes » de saisie, de traitement et de communications. (Voir fig. 3.2.)

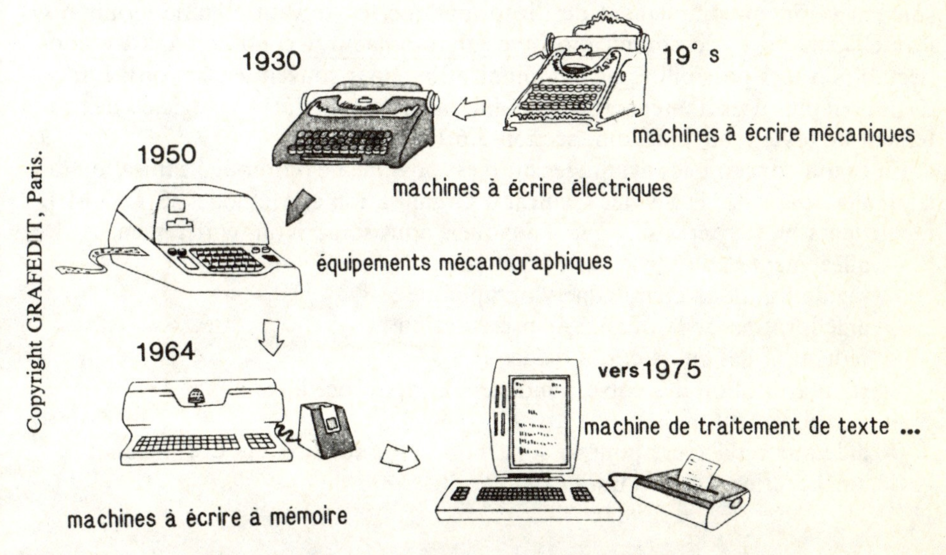

Fig. 3.2. L'évolution des systèmes de traitement de texte.

Le traitement de texte trouve donc son origine dans la convergence des technologies entre les équipements dactylographiques et l'informatique. Comme il a déjà été signalé, le traitement de texte n'est qu'un des aspects de la bureautique, avec laquelle il ne doit pas être confondu (cf. « le sommet de l'iceberg »). D'autre part, il se démarque de la dactylographie traditionnelle par la possibilité de *mémorisation des textes* sur des supports magnétiques, et par l'*exécution automatique* d'un grand nombre de fonctions dactylographiques.

Le traitement de texte se distingue également de l'informatique, essentiellement par le fait qu'il peut être mis en œuvre par du personnel non spécialiste en informatique. En fait, il n'est même pas nécessaire de savoir taper à la machine...

1. Georges GALLOU, « Réflexions à propos de traitement texte », *Bureau et Informatique*, mars 1979.

et, *a priori,* tout le monde est capable d'utiliser une machine de traitement de texte, notamment les cadres. Ceci dit, quelqu'un ayant appris à dactylographier sera d'autant plus à l'aise pour utiliser le clavier. Traditionnellement, on distinguait un système de traitement de texte d'un (mini)ordinateur du fait que l'un « traite » des textes et l'autre des données numériques. Cette nuance tend à s'estomper avec l'apparition de matériels pouvant réaliser indifférement les deux traitements : certains systèmes de traitement de texte savent « calculer », et de nombreux ordinateurs « traitent des textes » ! En réalité, les ordinateurs traitent des informations textuelles depuis longtemps en gestion : fichiers clients, fichiers article, fichiers personnel, etc., sont autant de « chaînes de caractères » — comme l'on dit en jargon informatique — sur lesquelles l'ordinateur n'effectue pratiquement pas de « calculs ». Par conséquent, de nombreux informaticiens « traitent des textes » depuis longtemps sans le savoir, comme Monsieur Jourdain...

Néanmoins, il faut noter que les équipements de traitement de texte peuvent souvent venir en complément de l'informatique, en servant comme terminaux « intelligents »* en communication avec un ordinateur, à condition d'être « connectables » (ces possibilités de communication étant souvent en option). Enfin, de plus en plus d'ordinateurs (micro, mini, ou gros) sont dotés de logiciels de traitement de texte (voir plus loin, section 5.6.).

En ce qui concerne les avantages qu'il est possible de retirer de l'utilisation du traitement de texte, le Service Central d'Organisation et Méthodes (S.C.O.M.), identifie les huit critères suivants [1], auxquels nous souscrivons entièrement :

— allégement de la tâche des opérateurs ;
— régulation de la charge dactylographique ;
— amélioration de la qualité de présentation ;
— réduction des coûts et des délais ;
— standardisation des correspondances et des procédures ;
— accroissement de la productivité ;
— aide aux rédacteurs pour la conception et la révision des documents ;
— amélioration des conditions de travail.

3. Présentation générale d'une machine de traitement de texte

Pour faciliter la compréhension des différentes étapes du processus de traitement de texte, et avant de détailler les caractéristiques des matériels proposés sur le marché, il paraît indispensable de préciser de manière générale comment se présente une machine de traitement de texte. La plupart du temps, elle se compose :

— d'un *clavier* français accentué (AZERTY) comportant un nombre variable de touches de fonctions pour commander les manipulations du texte, son enregistrement, son impression, etc. ;

1. S.C.O.M., *Méthodologie d'emploi du traitement de texte,* disponible à la Documentation Française, 2e édition, 1981.

— d'un *écran* (généralement), de taille variable allant de la visualisation d'une partie de ligne jusqu'à une double pleine page permettant d'apprécier la présentation du texte ;

— d'une *unité logique centrale* (microprocesseurs) généralement programmable comprenant également une mémoire interne de travail dans laquelle le contenu de l'écran est stocké temporairement avant transfert sur un support magnétique périphérique ;

— d'une *unité de lecture-enregistrement magnétique* de capacité variable (de quelques pages à plusieurs centaines) sur support généralement amovible (le plus souvent des disques souples ou disquettes*) ;

— d'une *imprimante de qualité « courrier »* plus ou moins rapide (environ 50 caractères par seconde) munie d'un élément d'écriture interchangeable (« marguerite » le plus souvent) permettant l'impression de plusieurs polices de caractères.

— de *logiciels* (programmes) de traitement de texte* interactifs ainsi que parfois de certains logiciels spécialisés (calculs, graphiques, gestion de fichiers, etc.), fournis par le constructeur, en option la plupart du temps.

(Voir fig. 3.3.)

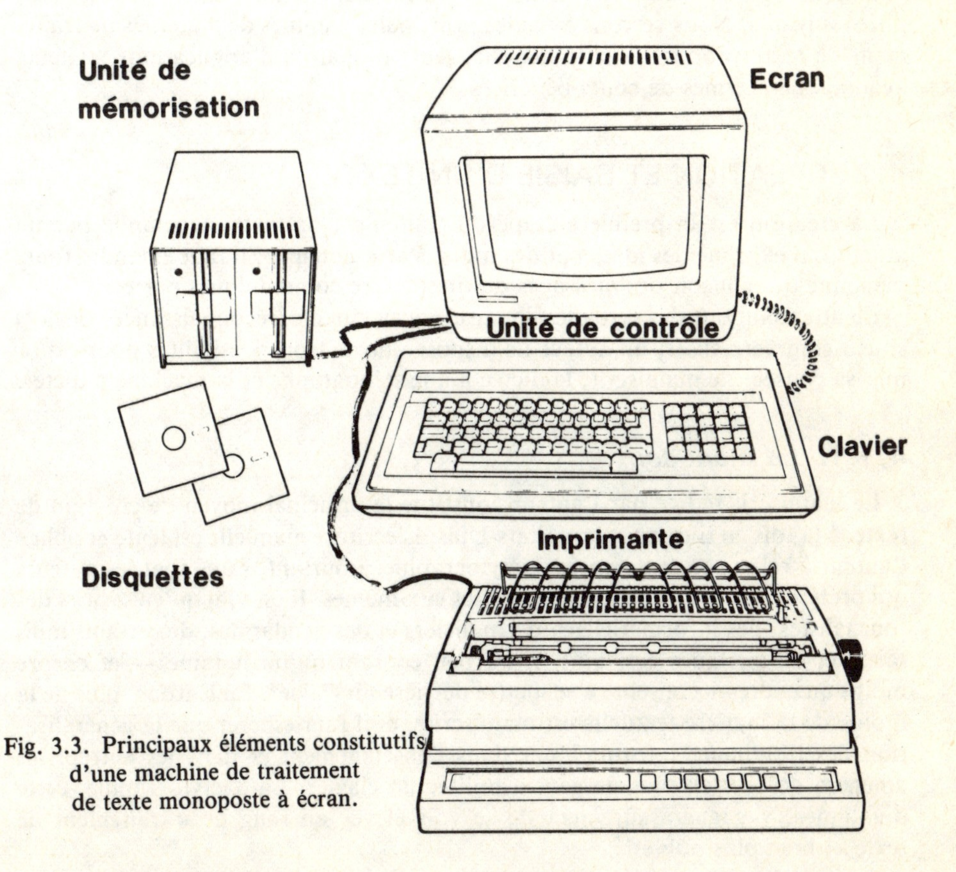

Fig. 3.3. Principaux éléments constitutifs d'une machine de traitement de texte monoposte à écran.

4. Les étapes du processus de traitement de texte

Dans le flux des opérations de traitement de texte, il est possible de distinguer quatre grandes étapes du processus d'élaboration d'un texte (voir fig. 3.4) :

— sa création et sa saisie ;
— sa mise en forme et son édition ;
— sa reproduction et sa diffusion ;
— son archivage pour accès ultérieur.

L'idée véhiculée par l'expression « traitement de texte » est contenue dans ces différentes étapes, depuis la création d'un texte par un auteur, jusqu'à la communication ou la diffusion de son message à ses destinataires. Un bon nombre d'intermédiaires et de spécialistes sont habituellement requis pour assurer la bonne fin des opérations. Or, c'est une caractéristique de la bureautique que de tendre à minimiser le nombre d'interventions extérieures spécialisées par l'intégration des diverses tâches. Les systèmes de traitement de texte proprement dits, ne concernent essentiellement que les deux premières étapes. Ce sont celles qui vont nous intéresser dans ce chapitre, les autres étapes étant traitées dans les chapitres suivants. Nous verrons aussi les principales gammes de matériels de traitement de texte proposés sur le marché, leurs domaines d'applications, et leurs avantages en termes de coûts-bénéfices.

4.1. CRÉATION ET SAISIE D'UN TEXTE

La création est la première étape du traitement de texte, accomplie par un auteur qui exprime des idées par des mots. Par « auteur », il faut entendre toute personne qui conçoit des messages destinés à être communiqués par écrit.

En attendant que des systèmes de saisie vocale directe (reconnaissance vocale*) soient commercialisés, un auteur ne dispose que de trois possibilités pour exprimer sa pensée : le manuscrit, la dictée à une sténographe et la machine à dicter.

4.1.1. *Le manuscrit*

Le manuscrit rédigé par l'auteur constitue le principal moyen de création de texte, à la fois en Europe et aux États-Unis. L'écriture manuelle est lente et oblige l'auteur à relire son texte après dactylographie. Pourtant, rares sont les auteurs qui préfèrent dactylographier leurs textes eux-mêmes. Il est vrai qu'en dehors des journalistes, des informaticiens, des policiers et des gendarmes, de certains militaires et de quelques écrivains, il est peu courant qu'un homme — et encore moins un cadre — consente à se mettre derrière un clavier. En Europe, plus de la moitié de la matière textuelle est manuscrite, et il faut espérer que la généralisation des terminaux informatiques dans l'enseignement et dans les entreprises amènera de plus en plus de gens à utiliser un clavier. La dactylographie, cette mal-aimée, y gagnera sûrement de se voir élevée au rang de « traitement de texte », bien plus noble !...

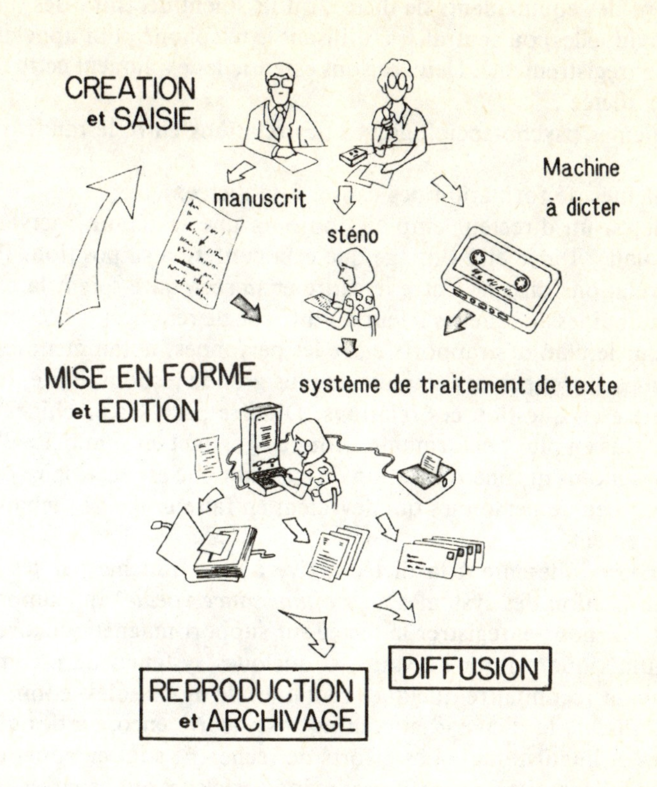

Fig. 3.4. Flux des opérations de traitement de texte.

4.1.2. *Dictée à une sténographe*

La dictée sténographique est un compromis qui tend à disparaître, heureusement ! Car, si elle est plus rapide que le manuscrit, elle est la moins performante sur le plan du coût, en mobilisant deux personnes et en exigeant toujours une recopie au propre et une relecture. D'autre part, la tendance actuelle s'oriente vers un moindre emploi de sténographes, ne serait-ce que parce qu'il devient très rare de pouvoir recruter des personnes formées et expérimentées convenablement.

4.1.3. *Machine à dicter*

L'utilisation d'une machine à dicter — ou « dictaphone » — pour la création d'un texte est la plus rationnelle à bien des égards. Elle est environ six fois plus rapide que l'écriture à la main, peut se faire pratiquement n'importe où, et autorise une grande souplesse d'utilisation, comme bloc-notes par exemple. Pourtant, on sait combien elle a de la difficulté à s'implanter, en France notamment, où à peine un cadre sur dix l'utilise. En Allemagne en revanche, plus d'un tiers des auteurs utilisent des équipements de dictée, qu'ils soient décentralisés (machines portatives individuelles) ou centralisés (utilisant le téléphone pour appeler un service central d'enregistrement). Deux raisons essentielles expliquent cette réticence des cadres à la dictée :

— les problèmes psycho-sociologiques des relations entre le tandem auteur-secrétaire, et

— les problèmes de formation des cadres à la dictée.

Par exemple, si un directeur emploie toujours une secrétaire-dactylographe, c'est qu'il se plaît à l'idée et à l'image que cela confère à sa position. Il semble aussi que les relations directes entre le cadre et *sa* secrétaire soient la source de satisfactions humaines auxquelles il leur est difficile de renoncer [1]. L'évolution de notre société sur le plan des rapports entre les personnes, notamment les aspirations des femmes à occuper des emplois de plus grande responsabilité, devraient tendre à remettre en question ces relations. D'autre part, les machines à dicter deviennent de plus en plus performantes, tout en gagnant en simplicité d'emploi. Il n'en reste pas moins qu'une formation de base minime est nécessaire pour bien s'en servir, trop peu de personnes qui devraient en faire usage ne sachant pas les utiliser effectivement.

Si cette barrière inhérente à la dictée arrive à être franchie par les auteurs, l'idéal sera l'utilisation des systèmes à *reconnaissance vocale** qui supprimeront l'étape de la saisie pour enregistrer la dictée sur support magnétique directement sous forme numérique*. Pour l'instant, si quelques systèmes de « commandes vocales » pouvant reconnaître quelques centaines de mots isolés, commencent à être commercialisés [2], la dictée « en continu » se heurte encore à des difficultés technologiques et linguistiques. Les efforts de recherche sont en cours de par le monde dans les laboratoires universitaires et industriels, et ont progressé de façon spectaculaire ces derniers temps après une période de désenchantement.

4.1.4. *L'environnement de création*

D'une manière générale, au moment de la conception de son texte, l'auteur a bien souvent besoin d'un « environnement » propice à la création dans lequel il va puiser son inspiration. En effet, rares sont les auteurs qui « créent » un texte sans rien autour d'eux qu'une simple feuille de papier blanc. La plupart du temps, il faut se référer à une documentation : rapports anciens, modèles, sources bibliographiques, dossiers, etc. Là aussi, un système de traitement de texte évolué permet d'assister l'auteur dans son travail, par la constitution et la gestion d'une base documentaire personnelle dans laquelle il pourra puiser. Il sélectionnera et extraira tout ou partie des textes mémorisés pour les fusionner éventuellement avec celui qu'il élabore. De la même manière, son système de traitement de texte peut lui permettre d'accéder par télécommunication à des banques de don-

1. Donald SUPER, « La secrétaire : une profession ou plusieurs ? », *Actes du Congrès bureautique*, A.F.C.E.T.-I.M.A.G., 1979.
2. Quelques systèmes de reconnaissance vocale de mots isolés sont commercialisés par des sociétés telles que Nixdorf, Siemens, Threshold Technologies (filiale du groupe Xerox), etc.

nées documentaires extérieures pour en extraire statistiques, références bibliographiques, résumés, etc.

Tout ceci suppose, évidemment, que l'auteur lui-même se mette au clavier de sa machine, et s'il craint de faire mauvaise figure, ne serait-ce que parce qu'il — ou elle — a peur de faire des fautes de frappe (ou d'orthographe !), il faut savoir que de plus en plus de machines de traitement de texte comportent un « dictionnaire électronique » permettant de les corriger.

4.1.5. *La frappe au clavier*

En matière de saisie proprement dite, le texte est le plus souvent dactylographié sur un clavier, peu importe que ce clavier soit celui d'une machine à écrire électronique, d'un système de traitement de texte, d'un terminal d'ordinateur ou d'une photocomposeuse. Il y a beaucoup à dire sur les claviers, souvent de façon anecdotique. Par exemple, contrairement à l'opinion très répandue, la disposition des touches sur le clavier français (AZERTY), ou américain (QWERTY) ou dans les autres langues, ne correspond pas à une disposition optimisant la frappe, bien au contraire. Cette disposition a été adoptée à l'origine pour ralentir les dactylographes qui, sinon, allaient trop vite et les barres de leurs machines s'entremêlaient (voir Encadré 1). Et aujourd'hui, à l'ère de l'électronique, alors que les claviers n'ont pratiquement plus de pièces mécaniques en mouvement, on se retrouve avec une disposition des touches peu pratique et pénalisante pour tous. C'est essentiellement la crainte d'avoir à changer tous les claviers de machine à écrire et à recycler rapidement les dactylographes qui a freiné le remplacement des claviers actuels par des claviers plus ergonomiques. Pourtant, des études sérieuses ont montré qu'il serait possible d'accroître sensiblement la productivité dactylographique avec de nouveaux claviers simplifiés ou syllabiques [1]. En tous les cas, si rien n'est fait en ce domaine, il est fort probable que la norme américaine (QWERTY) s'imposera à cause de la domination des constructeurs Outre-Atlantique sur tous les matériels informatiques et bureautiques. Cette domination est même renforcée du fait que tous les micro-ordinateurs* et autres ordinateurs individuels* sont importés directement sans modification des claviers, car de toutes façons ils s'adressent à une population ne sachant pas dactylographier *a priori :* jeunes scolaires et étudiants, cadres, professions libérales, etc. [2]

Pour des textes déjà dactylographiés et que l'on souhaiterait « saisir » à nouveau pour les enregistrer sur un système de traitement de texte, il existe des moyens de lecture optique* permettant de le faire dans certaines conditions sans avoir à les dactylographier à nouveau (voir plus loin section 5.7.).

1. Jean-Jacques MALEVAL, « Et si on touchait au clavier AZERTY », *Informatique et Gestion,* n° 82, novembre 1976.
2. Il faut d'ailleurs savoir qu'en France, la norme officielle AFNOR NF E 55061 de décembre 1978 recommande l'usage du clavier *QWERTY modifié* (dit « clavier universel ») pour s'aligner sur la plupart des pays étrangers... (Voir encadré 2).

Encadré 1

Pourquoi AZERTY ?

Contrairement à ce que l'on croit souvent, le choix de la disposition des touches du clavier français — dit « AZERTY » — représenté ci-dessous, n'a pas été dicté par le souci de bien répartir les lettres les plus fréquemment utilisées dans notre langue sur les doigts les plus habiles. Au contraire ! Vers les années 1870, les concepteurs des premières machines à écrire ont choisi cette disposition pour ralentir la frappe. En effet, en allant trop vite, les barres portant les caractères s'entremêlaient, et les dactylographes perdaient du temps à les débloquer. Pour l'éviter, ils ont donc choisi de mettre les lettres les plus fréquemment utilisées (A, E, S, R, T, etc.) sur la main gauche et de préférence sur les doigts les moins habiles (auriculaire et annulaire). La preuve ? Essayez de faire taper la phrase suivante à une dactylographe professionnelle, et observez bien ; elle n'utilisera que sa main gauche :
« Cette vaste réserve d'arbres a été dévastée », (ou bien « At base we saw batters stare daggers at a referee », ou encore « Castrated cats evade brave rats », pour les anglophones avec le clavier QWERTY !...).
Les touches utilisées sont identifiées en grisé sur le clavier.

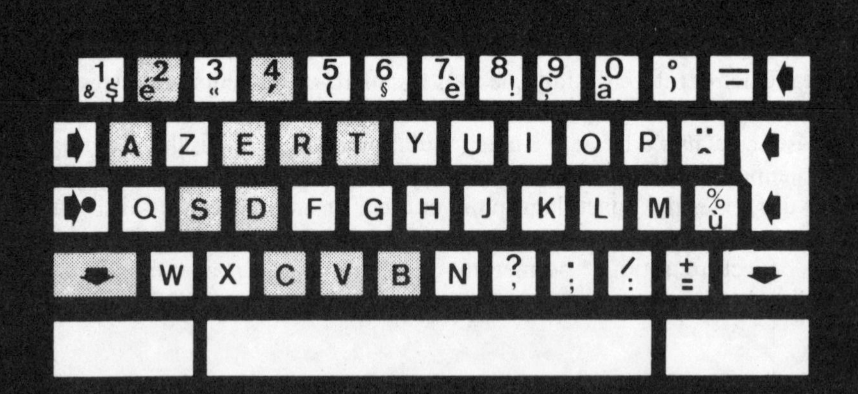

Encadré 2

Le clavier français normalisé est un... QWERTY !

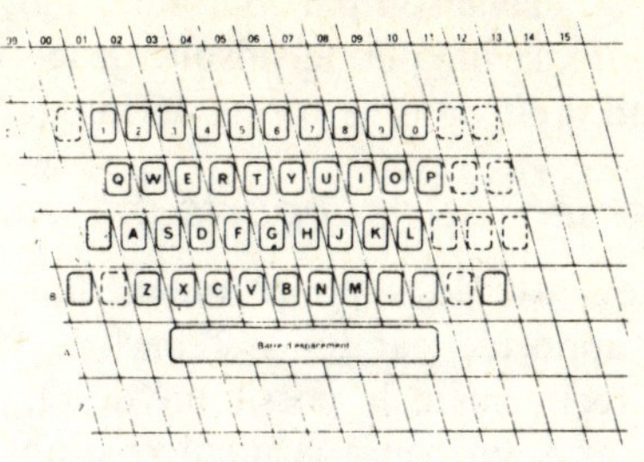

NF E 55061 Disposition des caractères

Note : le système de repérage des touches, indiqué sur la figure, n'a d'autre objet que de faciliter leur désignation.

DISPOSITION DE BASE POUR LA SECTION ALPHANUMÉRIQUE DES CLAVIERS MANŒUVRES AVEC LES DEUX MAINS

La normalisation internationale des claviers est un sujet qui a fait couler beaucoup d'encre. L'I.S.O. (Organisation internationale de normalisation) a publié trois normes à ce propos, et l'A.F.N.O.R. (Association française de normalisation) a édité une norme (NF E 55-061) en décembre 1978, qui « devrait permettre d'harmoniser d'une part les dispositions des claviers français entre eux (claviers de machines à écrire, de machines comptables, d'ordinateurs de bureau, de téléimprimeurs, de terminaux, etc.), d'autre part ces dispositions avec celles adoptées ou devant l'être dans d'autres pays ».

« La normalisation d'une disposition de base comportant les caractères les plus fréquemment utilisés est très importante car il est difficile pour un (ou une) dactylographe confirmé(e) d'en changer alors qu'il lui sera relativement facile de s'adapter à un clavier légèrement différent si la place des lettres, des chiffres et des principaux signes de ponctuation est inchangée. »

La norme NF E 55-061 fixe donc la disposition d'un certain nombre de touches qui mettent en œuvre des caractères graphiques ou leur représentation codée.

Le jeu de base comprend les 26 lettres majuscules de l'alphabet latin (A à Z) ; les 10 chiffres (0 à 9) ; les deux symboles : virgule (,) et point (.) ; l'espace (caractère graphique non imprimant) et peut comprendre les 26 lettres minuscules de l'alphabet latin (a à z). La disposition de base est indiquée sur la figure, en ce qui concerne le clavier sans motion.

Les dispositions suivantes s'appliquent aux claviers à simple motion :

— les dix chiffres et les deux symboles sont associés à la motion basse des touches correspondantes ;

— pour les touches alphabétiques il est admis : soit d'associer les lettres minuscules à la motion basse et les lettres majuscules à la motion haute, soit d'utiliser seulement les lettres majuscules en motion basse comme en motion haute.

(Source : *Bureau Gestion* n° 11, janvier/février 1979).

4.2. MANIPULATION ET ÉDITION DU TEXTE

Une fois le texte saisi au clavier ou par tout autre moyen, il est automatiquement enregistré en mémoire, ce qui permet ensuite de le « manipuler » à volonté, puis de l'imprimer quand il est dans sa forme définitive.

4.2.1. *L'enregistrement sur supports magnétiques*

La mémorisation du texte sur des supports magnétiques constitue l'innovation technologique majeure apportée par les systèmes de traitement de texte. Le « magnétique » offre effectivement la possibilité de rappeler le texte enregistré aussi souvent que nécessaire, un peu à la manière d'un magnétophone où l'on peut « rejouer » les enregistrements autant de fois que l'on veut. Et surtout, il est très facile de modifier le texte à l'endroit désiré, sans être obligé de tout retaper. Enfin, les supports magnétiques étant le plus fréquemment amovibles, cela peut faciliter l'échange d'informations entre systèmes, pour autant que les supports soient compatibles.

Mises à part les machines à écrire électroniques de bas de gamme, la plupart des systèmes de traitement de texte comportent désormais des unités de disquettes* (petits disques souples) d'une capacité allant d'une trentaine de pages à plus d'une centaine selon les constructeurs. Quelquefois, des disques « durs » commencent à être utilisés, et la capacité de stockage peut alors dépasser le millier de pages.

En matière de mémorisation, les besoins des utilisateurs sont variés. La capacité de stockage *réellement utilisable* varie d'un système à l'autre, et oblige parfois à des manipulations fastidieuses — source de perte de temps — pour « réorganiser l'espace disque », c'est-à-dire pour agencer le ou les documents sur la disquette de façon à dégager de la place. Parfois, les opérations de mémorisation obligent à utiliser des codes trop contraignants pour les utilisateurs des bureaux, qui ne sont pas informaticiens, et ne veulent pas le devenir. Il arrive souvent que ces codes soient dus à la « francisation » de la machine d'origine étrangère, pour tenir compte des particularités de notre langue : accents circonflexes, trémas, cédilles, etc., qui risquent d'entraîner des erreurs au moment de la césure des mots en bout de ligne dans le cas d'un texte « justifié » (c'est-à-dire dont la marge de droite est bien alignée verticalement, à la manière des colonnes d'un journal — ou du texte que vous êtes en train de lire).

D'autre part, le système doit permettre de cataloguer simplement les textes enregistrés, au moyen d'un index à accès rapide et facile à consulter par exemple. Pratiquement tous les utilisateurs ont aussi connu des déboires causés par la fiabilité insuffisante de certaines disquettes ou de leurs unités de lecture-enregistrement, des textes entiers étant « effacés » par suite d'une panne. Cela est rare heureusement, mais peut arriver, il faut le savoir. Enfin, la confidentialité des textes enregistrés fait encore peu l'objet de dispositifs particuliers pour éviter que des personnes non-autorisées puissent y avoir accès. Pour l'instant, un seul constructeur propose des badges d'identification sous forme de *cartes à mémoire** indélébile permettant une certaine sécurité pour l'utilisation de leurs machines de traitement de texte (cartes Télépass à microprocesseur sur TTX 80 de CII Honeywell Bull).

4.2.2. *La mise en forme du texte*

L'un des attraits essentiels du traitement de texte est de permettre aisément toute correction ou modification d'un texte enregistré. Encore faut-il moduler cette assertion, la facilité d'emploi variant d'une machine à l'autre, de même que l'étendue des possibilités de manipulation. Tous les constructeurs sont d'ailleurs enclins à apporter constamment des améliorations — souvent de détail — dans les programmes de mise au point des textes sur leurs systèmes pour se démarquer de la concurrence. Néanmoins, tous les systèmes réalisent les fonctions de manipulation de base suivantes :

— mise au point sur le contenu du texte :

- effacement et rectification de caractères par retour arrière ;
- suppression de mots, phrases et paragraphes ;
- insertion pratiquement illimitée de mots, phrases ou paragraphes ;
- substitution de tout ou partie de texte, et
- déplacement de lignes, paragraphes, pages d'un endroit à un autre du texte.

— mise au point sur la présentation du texte :

- tabulation automatique ;
- cadrage des marges ;
- centrage automatique de titres ;
- soulignement automatique ;
- alignement en colonne à gauche, à droite ou à la virgule décimale ;
- césure semi-automatique des mots en bout de ligne ;
- justification du texte.

Ces fonctions sont généralement suffisantes pour réaliser les manipulations habituelles de saisie de texte, de correction, et de mise en forme. D'autres fonctions plus sophistiquées peuvent être trouvées sur certaines machines, comme par exemple :

- remise en page ;
- pagination automatique ;
- gestion automatique des en-têtes, des renvois de bas de page, de la table des matières, de la numérotation des chapitres, d'un index en fin de texte, etc. ;
- recherche globale d'un mot ou d'une phrase pour remplacement automatique ;
- assemblage d'un document à partir de paragraphes pré-enregistrés ;
- gestion d'une « bible » de paragraphes ;
- césure automatique des mots en bout de ligne ;
- correction automatique ou semi-automatique de l'orthographe au moyen d'un dictionnaire enregistré (voir encadré) ;
- sélection de variables par critères pour la préparation de courriers répétitifs personnalisés par exemple ;
- d'autres fonctions de traitement tel que calculs, graphiques, tri et fusion de fichiers, etc.

Détection des fautes d'orthographe sur écran grâce au « dictionnaire électronique » d'une capacité de 50 000 mots (150 000 par dérivation) de l'I.B.M. Visiotexte.

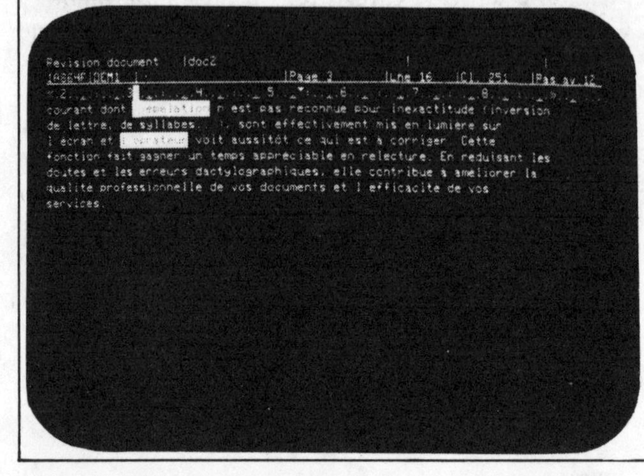

Source :
Document I.B.M. France.

4.2.3. *Les traitements proprement dits*

Cette rubrique concerne les opérations qui dépassent les simples corrections ou modifications de texte abordées précédemment. Ces traitements ne sont disponibles que sur certains modèles de machines.

C'est le cas de l'utilisation d'une « bible » ou « clausier » de paragraphes pré-enregistrés qui peuvent être ensuite rappelés et assemblés dans n'importe quel ordre en fonction des besoins. Certains des paragraphes autorisent l'insertion de textes nouveaux, contribuant à la préparation de lettres personnalisées, de devis, de contrats, et de tout document ayant une certaine répétitivité dans son contenu, mais dont la forme doit être adaptée aux circonstances pour obtenir un résultat de présentation impeccable. Les utilisations les plus courantes se trouvent dans la banque (contrats de prêts), dans l'assurance (contrats multirisques), dans les services commerciaux (devis et courriers clientèle), dans le notariat (contrats répétitifs divers), etc.[1, 2]

Un autre exemple de traitement est l'élaboration de tableaux chiffrés, souvent la « bête noire » des dactylographes, ainsi que la mise en forme de listes bibliographiques. Dans ces cas, le traitement est d'une grande utilité, car il permet de manipuler à volonté les colonnes ou les lignes d'un tableau financier par exemple, de les déplacer, de substituer l'une à l'autre, de mettre à jour le tableau par adjonction d'une colonne supplémentaire, et d'aligner automatiquement les virgules décimales. Certains systèmes peuvent même effectuer les calculs pour établir les totaux verticaux et horizontaux.

En dehors de logiciels de traitement de texte sur ordinateurs, on ne trouve pratiquement pas encore de machines autonomes assurant un bon traitement des

1. Monique FOURNIER, « Une expérience bureautique chez Gras-Savoye S.A. », Journées d'étude sur la bureautique, *C.E.S.A.-C.F.C., Doc. I.580.D.81,* juin 1981.
2. Fortuné BELLION, « L'amélioration d'un service marketing par le traitement de texte », *Actes du congrès bureautique,* A.F.C.E.T.-I.M.A.G., 1979.

index ou des tables de matières automatiquement pour des textes longs. En revanche, par suite de l'accroissement de la puissance de traitement et d'enregistrement, il devient envisageable de préparer des textes plus volumineux que par le passé, de l'ordre de quelques centaines de pages selon les systèmes. Pour des documents très volumineux et des traitements plus complexes (notations mathématiques dans les textes, insertions de schémas, graphiques et mise en page sophistiquée), les simples machines de traitement de texte actuelles sont insuffisamment puissantes. Il faut alors se tourner soit vers l'ordinateur (voir plus loin section 5.6.), soit encore mieux vers les nouveaux postes de travail bureautique intégrés sur lesquels — outre le clavier — on trouve d'autres moyens pour positionner le curseur ou désigner un endroit particulier de l'écran : « souris », tablette graphique, « stylo électronique », etc., permettant également de dessiner (voir plus loin chap. V).

4.2.4. *Édition du texte*

Les commandes de mise en page et d'édition du texte sont en général préparées en dehors du texte lui-même. Elles portent sur :

— la définition des dimensions de la page ;

— les paramètres typographiques (échappement ou espaces entre les caractères [1], l'interlignage, le corps des caractères (surtout en photocomposition), la justification, etc.) ;

— les commandes de mise en page proprement dite (tabulation, renfoncements, alinéas, sauts de lignes et de page, centrage des titres, soulignage, etc.).

Le fait que ces commandes soient conservées indépendamment du texte, permet en les changeant, d'éditer le texte en autant de présentations différentes que l'on souhaite. Les étudiants savent très bien le faire quand il s'agit de modifier les paramètres de présentation de leurs textes pour « tirer un rapport » de dix pages d'une rédaction n'en comportant au mieux que cinq, en jouant sur les espaces entre titres, sur les interlignes, et sur la dimension des marges... !

Une fois l'édition terminée à l'écran, et le texte jugé satisfaisant, il convient généralement de l'imprimer sur des feuilles de papier. Dans cette phase d'impression, les critères importants sont liés à l'imprimante utilisée : vitesse, qualité de l'impression, variété des caractères, alimentation automatique de papier en continu ou en « feuille à feuille », impression de plusieurs styles de caractères sans changement manuel de l'élément d'écriture, etc. et surtout sa fiabilité et son bruit... !

Il faut savoir que la plupart des imprimantes dont sont équipés les systèmes de traitement de texte, sont pratiquement équivalentes en ce qui concerne les imprimantes à roues porte-caractères, dites « marguerites ». En effet, il n'y a guère que trois constructeurs au monde fournissant ce type d'imprimante (Diablo, Qume et N.E.C.). Il existe d'autres types d'imprimantes, plus rapides, plus silen-

1. Les échappements les plus classiques sont le « pica » (10 caractères par pouce ou 10 cpi), l'« élite » (12 cpi), le « micron » (15 cpi) et l'espacement proportionnel dans lequel chaque caractère occupe un espace proportionnel à sa dimension.

cieuses, plus riches en polices de caractères, mais aussi bien plus chères, comme les imprimantes à jet d'encre, ou les récents copieurs intelligents.

Les commandes d'impression d'un texte enregistré se font généralement à partir de touches de fonctions sur le clavier. La plupart du temps, l'impression est désaccouplée du clavier-écran. Autrement dit, il est possible d'imprimer un texte pendant qu'un autre est préparé à l'écran, élément essentiel pour gagner du temps.

Dans un système de traitement de texte monoposte, l'imprimante coûte cher, souvent plus du tiers du prix total. Or, elle est assez peu utilisée en règle générale. Le plus clair du temps est passé à saisir le texte et à le mettre au point à l'écran, dans un rapport de l'ordre de 80-20. Aussi, dans le cas de plusieurs postes de travail, il est souvent avantageux de pouvoir partager l'imprimante entre plusieurs claviers-écrans. D'ailleurs, des systèmes bi-postes ou des systèmes « en grappe » de trois postes de travail ou plus sont désormais proposés par les constructeurs. Évidemment, ces configurations de matériels supposent que l'organisation du travail permette un tel partage de l'imprimante. Ce n'est donc à conseiller que dans le cas où de petites équipes collaborent étroitement ensemble.

5. Principales catégories de systèmes de traitement de texte

Les différentes catégories de systèmes commercialisés se définissent d'abord à partir des éléments qui les composent et des relations qui existent entre ces éléments. Les éléments déterminants sont :

— le type d'écran utilisé, s'il y en a un (visualisation d'une partie de ligne à deux pages complètes), et

— le type de support de mémorisation utilisé (carte magnétique, bande, cassette, disquette, disque).

Tous les anciens supports d'enregistrement sont progressivement abandonnés au profit des supports à accès direct tels que disquettes et disques magnétiques. La classification retenue ici ne tient compte que des familles d'équipements les plus récents, à savoir :

— les machines à écrire électroniques connectables ;

— les machines de traitement de texte monopostes ;

— les systèmes multipostes.

La grande majorité de ces matériels étant programmable, les constructeurs peuvent faire évoluer leurs fonctions par de nouveaux programmes.

Dans la première catégorie, seules les machines à écrire électroniques *connectables* ont été retenues, et non pas l'ensemble des matériels s'apparentant à cette catégorie. Les machines à écrire électroniques bénéficiant de la technologie moderne des microprocesseurs, ne sont ni plus ni moins que les machines à écrire d'aujourd'hui. Par conséquent, on ne les considère pas comme de véritables

« systèmes » bureautiques si elles ne sont pas connectables à un réseau pour accéder à d'autres fonctions que la simple dactylographie. Ceci dit, les machines électroniques de bas de gamme sont d'excellentes machines, constituant un premier pas vers le traitement de texte. D'ailleurs, à notre époque, ceux qui achètent encore des machines à écrire électriques d'un prix de l'ordre de 7 000 F H.T. sont volontairement rétrogrades — ou très mal informés —, car ils pourraient acheter à la place une machine à écrire électronique coûtant environ 8 500 F H.T., et dont les possibilités améliorent considérablement à la fois le confort d'utilisation et l'efficacité dactylographique. C'est un peu comme si une ménagère achetait encore aujourd'hui une machine à laver à essorage manuel, alors que pour pratiquement le même prix, elle pourrait acquérir une machine à laver électronique programmable ! Heureusement, dans le domaine du bureau, de plus en plus d'entreprises l'ont compris et ont donné des instructions pour ne plus acheter de machines à écrire électriques, même à boule et à ruban effaceur !

5.1. LES MACHINES A ÉCRIRE ÉLECTRONIQUES CONNECTABLES

Ces machines ressemblent beaucoup aux machines à écrire traditionnelles avec leur clavier et leur système d'impression (voir encadré). Elles comportent parfois une ou plusieurs unités de mémorisation (mini-disquettes), un système de commande assurant les liaisons entre le clavier, l'unité d'enregistrement externe et la mémoire interne de la machine, et le plus souvent un mini-écran permettant de visualiser une partie de la ligne en cours de frappe (une vingtaine de caractères). La plupart disposent de toutes les fonctions de base de traitement de texte décrites précédemment (insertion, suppression, substitution, etc.). En outre, elles peuvent comporter éventuellement des dispositifs particuliers tels que sélection de paragraphes pré-enregistrés, numérotation automatique, tabulation décimale, soulignement automatique, justification du texte, écriture renforcée et inversée (blanc sur noir), et bien sûr, une interface* de communication pour traitement à distance. Ces machines permettent non seulement d'enregistrer un texte de quelques pages, de le corriger avant de l'imprimer en le faisant défiler sur la ligne d'écran, mais aussi de transmettre et de recevoir des textes via des lignes de communication. Moins coûteuses que les machines de traitement de texte, les machines à écrire électroniques ne peuvent se substituer à elles car elles n'offrent pas les mêmes capacités de stockage, ni les mêmes possibilités de traitement. L'un des principaux avantages des machines à écrire électroniques est qu'elles semblent être les moins « dérangeantes » pour les personnes habituées aux machines à écrire traditionnelles, tout en contribuant ainsi à les familiariser avec « l'électronique ». Enfin, avec l'option communication, n'importe quel poste de travail de secrétariat peut se transformer facilement en « terminal »* servant dans un réseau de messagerie électronique*. Le lecteur trouvera en référence [1], un tableau résumant les caractéristiques des principales machines à écrire électroniques de haut de gamme actuellement sur le marché.

1. Daniel MANSION, « Tout savoir sur les machines à écrire électroniques », *Bureau Gestion*, n° 32, mars 1981.

Exemples de machines à écrire électroniques de haut de gamme.

Olivetti ET 231. Photo JPdB.

Xerox 630. Photo Rank Xerox.

I.B.M. 75. Photo JPdB.

5.2. LES MACHINES DE TRAITEMENT DE TEXTE MONOPOSTES

Une machine de traitement de texte monoposte autonome comporte (voir encadré) :

— un clavier (de préférence détachable), standard AZERTY, doté le plus souvent de touches de fonctions spéciales et d'un mini-clavier numérique indépendant ;

— un écran cathodique de taille variable (généralement 24 lignes de 80 colonnes, ou bien « pleine page »), et de couleur variable (caractères verts sur fond noir, noirs sur fond blanc ou blancs sur fond noir, etc.), pourvu ou non de caractéristiques telles que réglage de luminosité, surbrillance de caractères, vidéo inverse, etc. ;

Exemples de machines de traitement de texte monopostes à écran.

Bull TTX 35. Photo Bull.

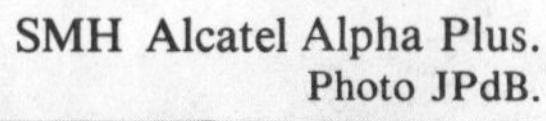

SMH Alcatel Alpha Plus. Photo JPdB.

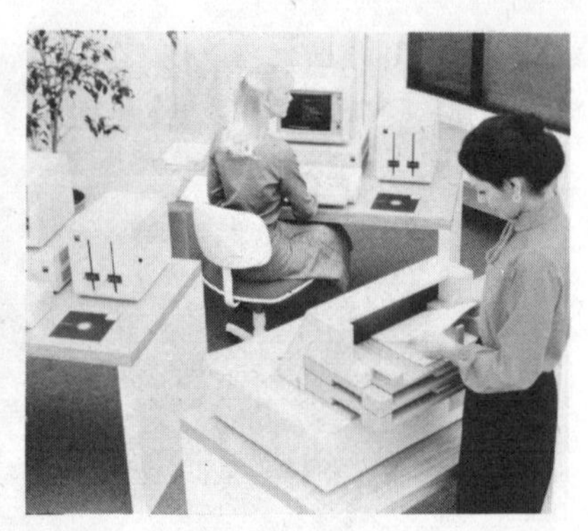
I.B.M. Visiotexte. Photo I.B.M.

Xerox 860. Photo Rank Xerox.

Olivetti ETS 1010. Photo JPdB.

Wang Wangwriter. Photo JPdB.

— une unité logique centrale de volume mémoire variable (quelques centaines à plusieurs milliers de caractères) et de puissance de traitement également variable d'une machine à une autre ;

— une unité de mémorisation externe, généralement deux unités de disquettes magnétiques (simple ou double densité, simple ou double face) permettant d'enregistrer entre une trentaine et plusieurs centaines de pages ;

— une imprimante de qualité courrier à impact (« marguerite » ou aiguilles) ou sans impact (jet d'encre), de largeur simple ou double, à une ou deux têtes d'impression, et pouvant disposer de plusieurs types d'alimentation en papier (continu, feuille à feuille, enveloppes) ;

— des options éventuelles de communication vers une autre machine de traitement de texte, un ordinateur, un lecteur optique, une photocomposeuse, une unité télex, etc. (Voir le diagramme schématique d'une machine de traitement de texte : fig. 3.5.)

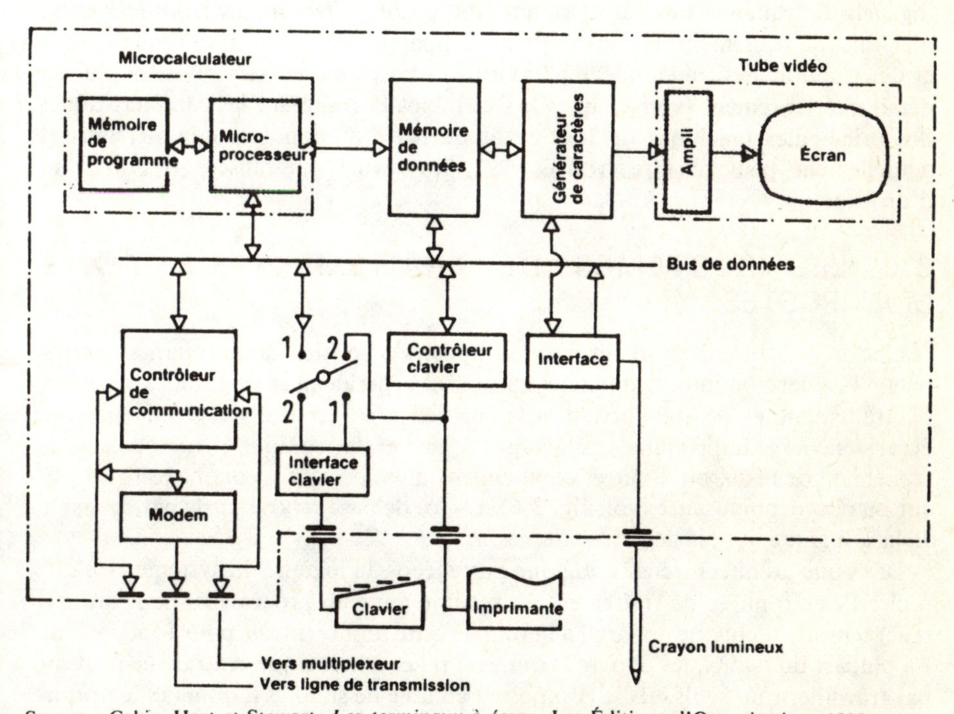

Source : Cakir, Hart et Stewart, *Les terminaux à écran*, Les Éditions d'Organisation, 1980.

Fig. 3.5. Diagramme schématique d'une machine de traitement de texte. Autour de sa mini unité centrale, on remarque des équipements correspondant à diverses fonctions. En entrée, un clavier et un « crayon lumineux » ; en sortie, une imprimante locale et des points de connexion pour communiquer à distance avec des machines analogues.
D'autres combinaisons pourraient être envisagées, par exemple une entrée par lecteur optique ou une sortie par voix synthétique. La technique offre déjà beaucoup de telles possibilités et d'autres feront leur apparition dans un proche avenir : à chaque bureau ou secrétariat de déterminer quelle version de base et quelles options lui seront vraiment utiles.

Ce qui différencie ces machines autonomes des machines électroniques de la catégorie précédente, tient surtout au travail sur l'écran et à la capacité supérieure de traitement et de mémorisation des textes. L'écran permet de visualiser confortablement le texte, d'en apprécier la présentation générale et d'y apporter éventuellement des modifications ou des corrections avant de l'enregistrer sur les disquettes. Le travail de préparation du texte à l'écran s'en trouve considérablement simplifié par rapport au travail sur papier, et par conséquent la productivité dactylographique est bien plus importante.

Les machines autonomes de traitement de texte représentent actuellement le segment de marché le plus actif, avec des annonces de nouveaux matériels ou d'améliorations d'anciens modèles pratiquement tous les mois. Non seulement les logiciels de traitement de texte s'améliorent, mais les machines sont de plus en plus souvent dotées d'autres logiciels spécialisés permettant de s'en servir pour tenir à jour des fichiers pas trop volumineux, des statistiques, voire même une petite comptabilité. D'un autre côté, des constructeurs d'ordinateurs individuels ou de mini-ordinateurs mettent fréquemment à la disposition des utilisateurs des logiciels de traitement de texte, ce qui tend encore à réduire les frontières entre machines de traitement de texte et petits ordinateurs. L'intégration des fonctions et des technologies, phénomène majeur de la bureautique, sera abordée plus en détail ultérieurement (voir chap. V). Des tableaux résumant les caractéristiques des principales machines de traitement de texte monopostes commercialisées actuellement peuvent être trouvés dans les revues spécialisées (voir en fin d'ouvrage).

5.3. LES SYSTÈMES DE TRAITEMENT DE TEXTE MULTIPOSTES

Une architecture de système en « multipostes » consiste à mettre un « contrôleur » — micro ou mini-ordinateur, disposant généralement de grandes capacités de traitement et de mémorisation, pour relier et gérer divers équipements : écrans-claviers, imprimantes, machines à écrire électroniques, monopostes de traitement de texte, ou d'autres équipements plus spécialisés comme lecteur optique ou photocomposeuse (voir fig. 3.6). L'idée de base repose sur le partage, soit de la « logique », soit des « ressources ».

Dans une architecture en « logique partagée », la logique du système — c'est-à-dire l'électronique de traitement — se situe dans un processeur (petit ordinateur) central, et chaque appareil a besoin de cette unité centrale pour fonctionner. La plupart du temps, les appareils qui sont reliés à la logique centrale ne peuvent pas travailler tout seuls. Ils se composent comme de simples terminaux, empruntant tout ou partie de la puissance du processeur central pour accomplir les traitements souhaités. L'avantage en est le coût réduit par poste de travail au-delà d'un certain nombre de postes (habituellement six ou sept) par rapport à l'investissement nécessaire pour équiper le même nombre de postes en machines autonomes. L'inconvénient — de taille — est que si l'organe central tombe en panne, comme il est normal que cela arrive de temps en temps, tous les postes de travail s'arrêtent. Il faut alors que le personnel attende la remise en fonction de l'unité centrale pour continuer à travailler, ce qui contribue parfois à désorganiser complètement les services. Aussi, depuis quelque temps, les systèmes à « ressources partagées » sont préférées aux systèmes « à logique partagée » (voir fig. 3.7)[1].

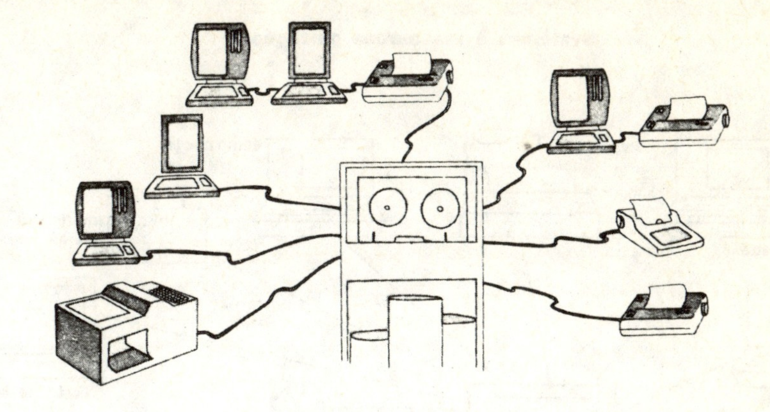

Fig. 3.6. Système de traitement de texte multipostes à ressources partagées.

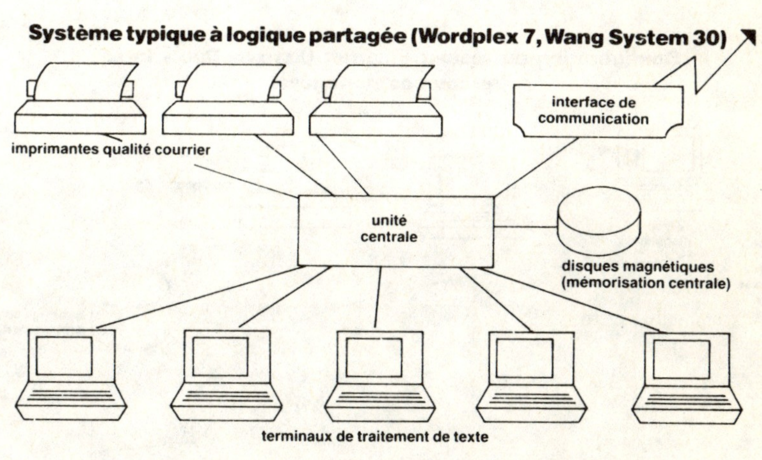

Fig. 3.7. Exemples d'architecture de systèmes de traitement de texte multipostes.

1. Jean-Paul de BLASIS, « L'entrée officielle de la bureautique aux États-Unis », *Bureau Gestion*, n° 26-27, juillet-août 1980.

Fig. 3.7.(Suite)

Systèmes à ressources partagées

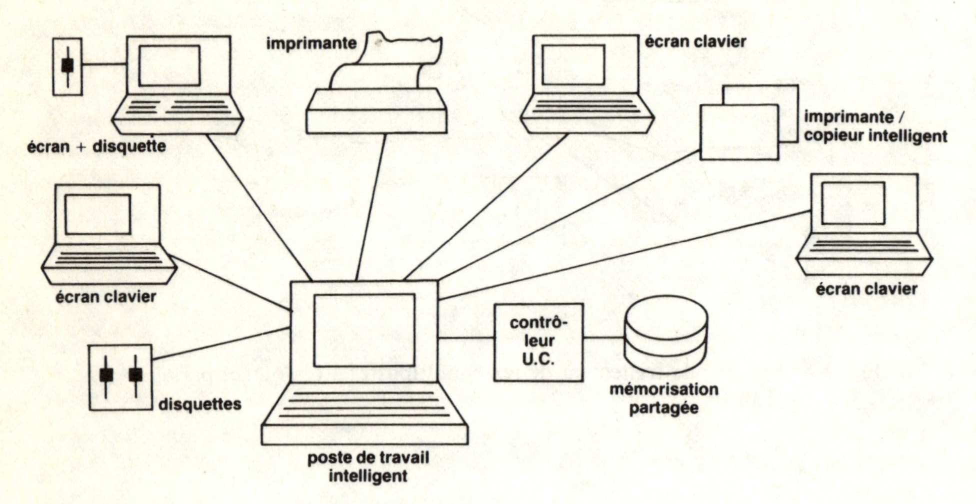

(type WANG Office Information System)

Configuration du réseau Ethernet (Xerox - Dec - Intel) (ressources partagées)

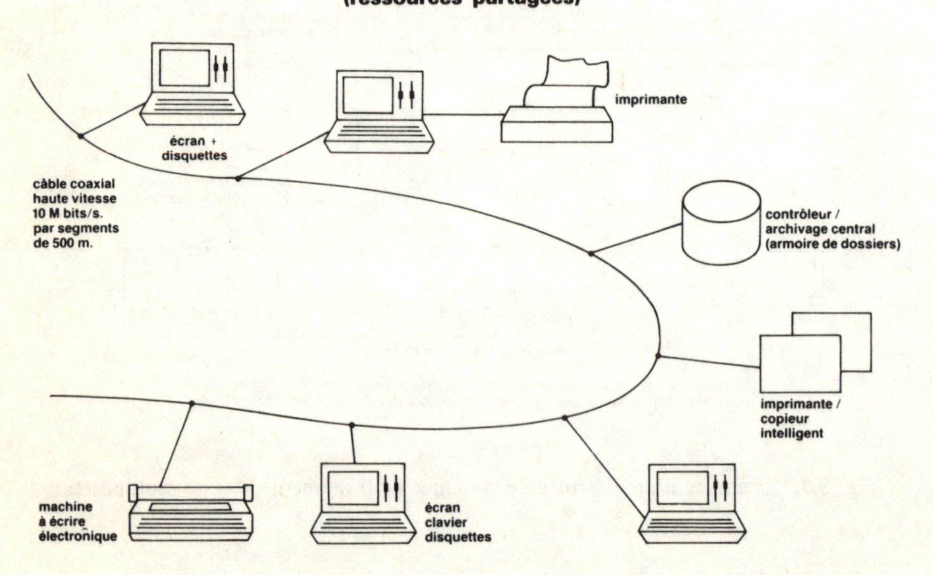

Source : *Bureau Gestion,* n° 26-27, août-septembre 1980.

Dans une architecture en « ressources partagées », chaque poste de travail dispose de sa propre capacité de traitement en autonome, mais il peut accéder aussi à des ressources communes telles que de plus grandes capacités de stockage sur disques « durs » ou des traitements spécialisés sur le processeur central, des imprimantes diverses, ou d'autres équipements généralement onéreux qu'il est plus avantageux de partager. Le coût global est un peu supérieur au système précédent, mais la sûreté de fonctionnement est bien plus grande, car en cas de panne du processeur central, les postes de travail, peuvent continuer de fonctionner de façon autonome. Cela bien sûr, à condition que l'organisation du travail ait été prévue de sorte que le personnel puisse le faire. Si l'essentiel de l'activité est concentré sur un travail nécessitant par exemple, l'accès à un gros fichier maintenu par le processeur central, et que ce dernier s'arrête de fonctionner, sans que des recopies partielles aient été faites au préalable sur les disquettes des machines autonomes, il est bien évident que, dans ce cas, le travail en cours devra être interrompu. Au mieux, les postes autonomes pourront faire autre chose pendant le temps de l'interruption.

D'un point de vue d'utilisation, les systèmes de traitement de texte multipostes s'adressent surtout aux grandes organisations ayant des besoins importants d'édition de documents techniques volumineux. Néanmoins, des entreprises de dimensions plus modestes, ou certains services, peuvent envisager d'acquérir un tel système s'ils justifient d'un nombre minimum de postes de travail (environ quatre, compte tenu des prix actuels). Cela leur coûtera environ le même prix que de s'équiper en machines autonomes, mais ils y trouveront l'avantage d'un système aux performances bien plus attrayantes.

Pour davantage de détails sur les matériels et logiciels de traitement de texte, le lecteur intéressé peut se reporter aux ouvrages spécialisés référencés en note [1], tout en sachant bien que les produits de traitement de texte évoluent très vite : nouvelles annonces, nouvelles caractéristiques, nouveaux prix, etc., et... suppressions d'anciens modèles ou disparitions de distributeurs... Il conviendra donc de consulter les documents les plus récents et *à jour,* notamment par la lecture des revues spécialisées [2], la fréquentation des expositions (par exemple Bureautique A.F.C.E.T.-S.I.C.O.B.), et les contacts directs avec les fournisseurs.

1. « Catalogue des systèmes et des progiciels de traitement de texte », Éditions du C.X.P. « Encyclopédie des équipements de bureau et matériels d'informatique », tome 1 : Installations, moyens d'écriture, *Éditions du C.I.M.A.B.* (avec mise à jour).
2. Voir liste détaillée en fin d'ouvrage.

5.4. L'ARCHITECTURE DES SYSTÈMES DE TRAITEMENT DE TEXTE

Selon les équipements et les configurations choisis, un système de traitement de texte peut s'apparenter aux trois architectures suivantes : centralisée, décentralisée ou distribuée, impliquant une réflexion préalable quant aux modes d'organisation et d'utilisation que l'on envisage (voir plus loin section 6.7). Leurs principales caractéristiques sont résumées dans le tableau 3.1.

Exemples d'architectures de systèmes de traitement de texte.

Système I.B.M. Visiotexte (configuration en grappe).
Source : Document I.B.M. France.

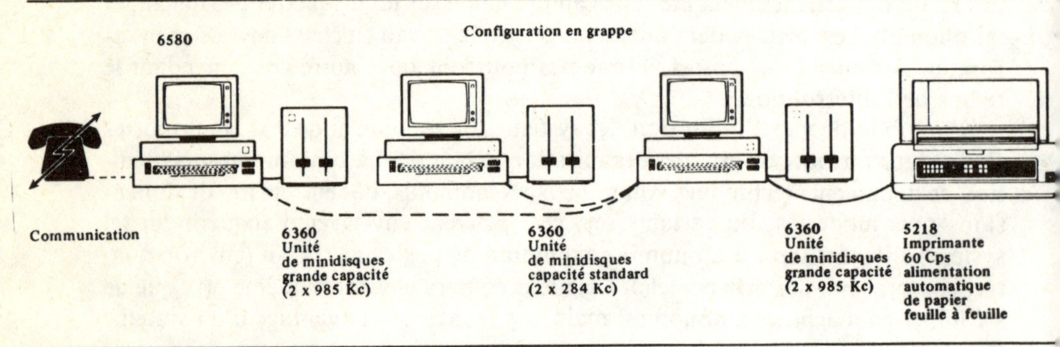

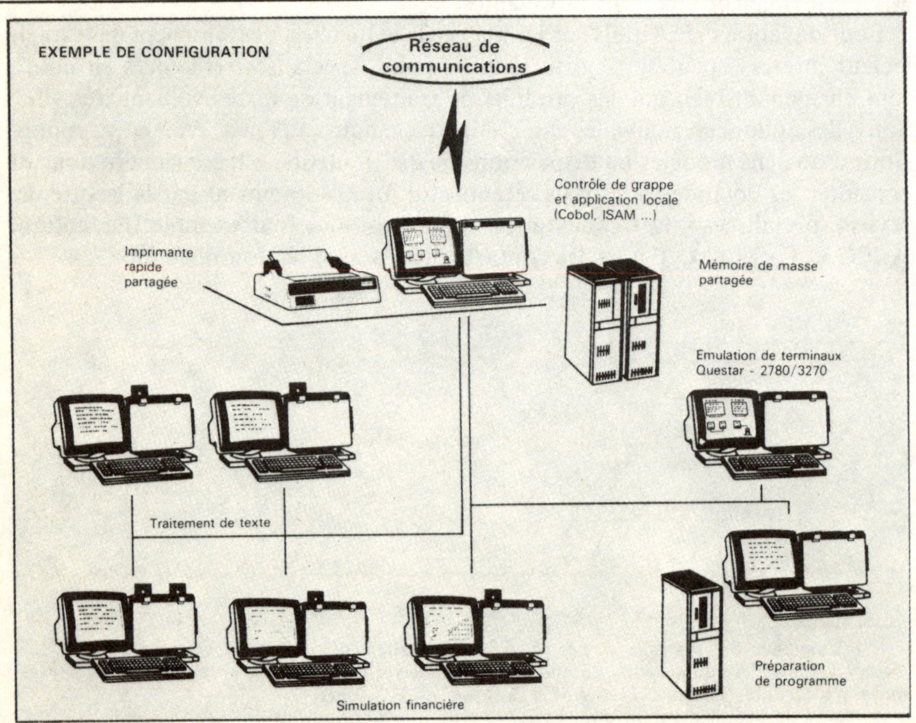

Stations de travail bureautiques Bull Corail B4000 organisées en grappes.
Source : **Document Bull.**

Tableau 3.1. Caractéristiques des architectures de systèmes de traitement de texte.

	Architecture centralisée	Architecture décentralisée	Architecture distribuée
Caractéristiques	« Logique partagée » Chaque poste est rattaché à une unité de traitement centralisée qu'il partage avec les autres postes, et ne peut travailler seul.	« Postes autonomes » Chaque poste dispose de sa propre unité de traitement et d'archivage ainsi que d'une unité d'impression.	« Ressources partagées » Postes autonomes avec partage d'une unité centrale de traitement et d'archivage (base de données) et de périphériques divers.
Avantages	• Assez grande capacité de traitement. • Accès possible aux fichiers des autres postes. • Personnel interchangeable entre postes banalisés. • Standardisation des procédures d'accès.	• Indépendance. • Disponibilité. • Mise en œuvre simplifiée. • Confidentialité. • Variété de choix de matériel pour répondre à une variété de besoins.	• Indépendance avec accès possible à fichiers communs. • Procédures de sauvegarde des fichiers. • Standardisation des contrôles. • Grande puissance disponible.
Inconvénients	• Dépendance de chaque poste de l'unié centrale. • Sécurité et confidentialité faibles. • Pas de sauvegarde des fichiers individuels.	• Pas de partage de base de données. • Difficultés de contrôle. • Peu de standardisation.	• Mise en place plus complexe. • Problèmes de compatibilité des matériels. • Problèmes de réseaux éventuellement.
Applications-type	Centre de traitement de texte (travaux intensifs).	Secrétariats décentralisés (travaux occasionnels).	Centre de secrétariat polyvalent (travaux mixtes).
Matériels-type	• Systèmes multipostes de bas de gamme. • Mini-ordinateurs dédiés au traitement de texte.	• Machines à écrire électroniques. • Monopostes de traitement de texte.	• Systèmes multipostes de haut de gamme. • Monopostes reliés à un ordinateur central.
Remarques	Architecture en voie de disparition pour raison de sûreté de fonctionnement et de rigidité dans les applications.	• Architecture en bipostes ou en grappe possible *(voir encadré 2)*. • Si les monopostes sont connectés à un réseau, l'architecture est alors voisine de celle dite distribuée.	• Système apprécié par les grandes organisations. • Possibilité de constitution d'un réseau local. • Orientation des systèmes futurs.

Organisation des configurations Olivetti ETS 1010 (ressources partagées)

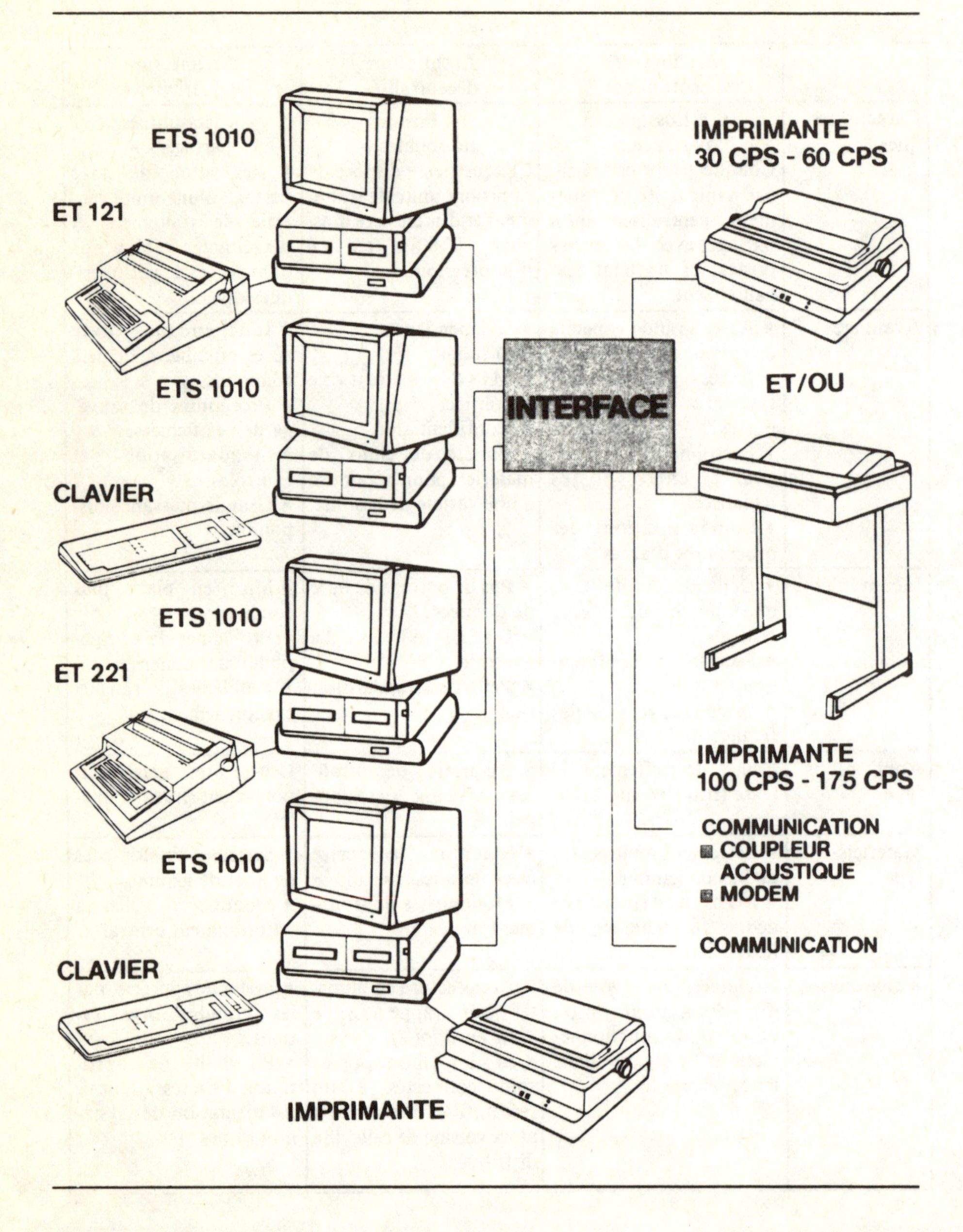

Source : Document Olivetti.

Système de bureau Wang O.I.S. 130A (logique partagée).

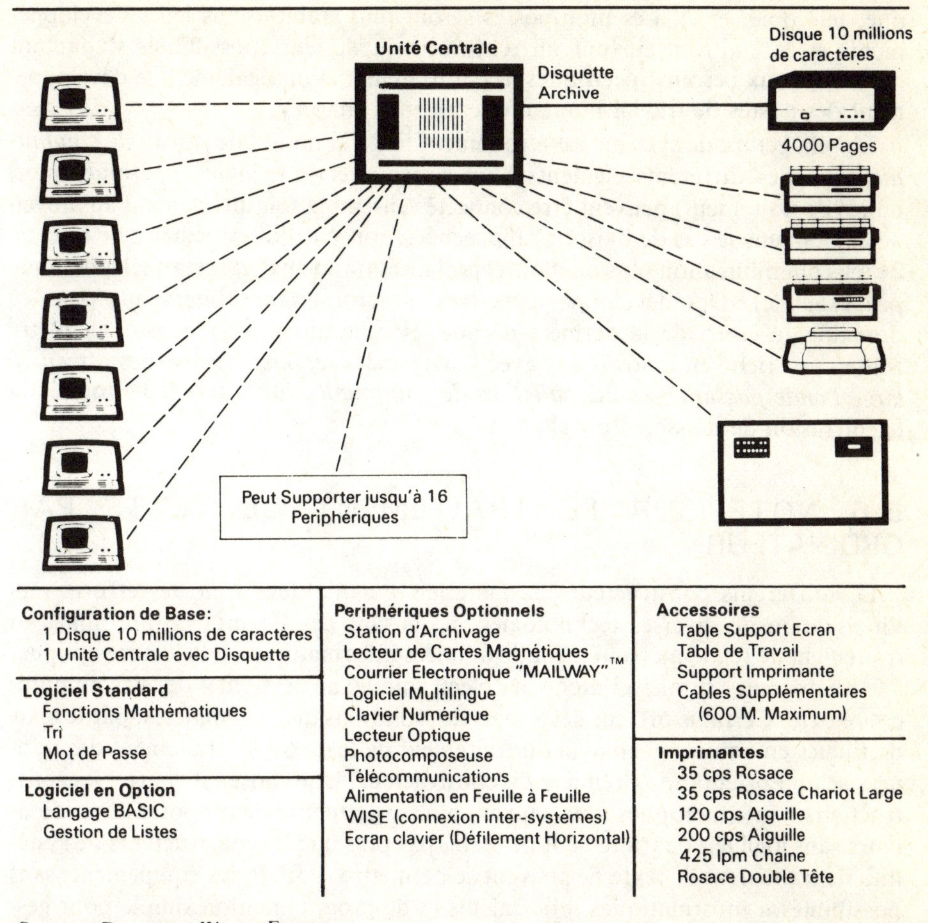

Unité Centrale
Disquette
Archive
Disque 10 millions
de caractères
4000 Pages
Peut Supporter jusqu'à 16
Periphériques
Configuration de Base:
1 Disque 10 millions de caractères
1 Unité Centrale avec Disquette
Logiciel Standard
Fonctions Mathématiques
Tri
Mot de Passe
Logiciel en Option
Langage BASIC
Gestion de Listes
Periphériques Optionnels
Station d'Archivage
Lecteur de Cartes Magnétiques
Courrier Electronique "MAILWAY" TM
Logiciel Multilingue
Clavier Numérique
Lecteur Optique
Photocomposeuse
Télécommunications
Alimentation en Feuille à Feuille
WISE (connexion inter-systèmes)
Ecran clavier (Défilement Horizontal)
Accessoires
Table Support Ecran
Table de Travail
Support Imprimante
Cables Supplémentaires
(600 M. Maximum)
Imprimantes
35 cps Rosace
35 cps Rosace Chariot Large
120 cps Aiguille
200 cps Aiguille
425 lpm Chaine
Rosace Double Tête

Source : Document Wang, France.

5.5. ÉVOLUTIONS PRÉVISIBLES DES ÉQUIPEMENTS ET DE L'ARCHITECTURE DES SYSTÈMES DE TRAITEMENT DE TEXTE

Les machines à écrire électroniques connectables s'apparenteront de plus en plus à des monopostes par adjonction de mémoires externes (unités de disquettes) et de performances fonctionnelles supplémentaires. Les monopostes, de leur côté, s'enrichiront de capacités étendues, tant sur le plan matériel (unités de disques magnétiques « durs » de technologie « winchester » à la place de disquettes, portant la capacité de mémorisation à plusieurs millions de caractères au lieu de la centaine de milliers actuellement, microprocesseurs plus puissants, écrans graphiques de meilleure qualité, etc.), que sur le plan logiciel (traitement de texte sophistiqué, traitement de graphiques, traitement de données, etc.). Les possibilités de communication et d'interconnexion de systèmes seront étendues au « péri-traitement de texte » (lecture optique, photocomposition, messagerie électronique, télécopie, etc.). Les multipostes seront plus stables dans leurs développements et connaîtront surtout un renforcement de leurs possibilités s'adaptant davantage aux besoins spécifiques des utilisateurs. (Voir également le développement des postes de travail bureautique intégrés chap. V.)

L'architecture de système est étroitement liée à la notion de *réseau de communication.* Les différents éléments d'un système (écrans-claviers, périphériques, unités de traitement) peuvent être connectés ensemble soit directement au moyen de câbles dans le cas de liaisons rapprochées, soit par l'intermédiaire de réseaux de télécommunication plus ou moins spécialisés (modems* et réseau téléphonique par exemple). Des développements très importants sont intervenus dans ce domaine au cours de la dernière décade, et celle qui s'annonce promet d'être toute aussi riche en innovations avec l'arrivée des *réseaux locaux,* des *réseaux à large bande passante,* et des *satellites de communication* ouvrant la voie de la télédiffusion de masse. (Voir chap. IV.)

5.6. NOTE SUR LE TRAITEMENT DE TEXTE PAR ORDINATEUR

Les différents constructeurs de matériels bureautiques font des efforts vers l'intégration de diverses technologies, proposant des sytèmes faisant appel au traitement de texte, au traitement de données informatiques, à la lecture optique, à la photocomposition, à l'archivage électronique, aux systèmes de télécommunication, etc. Certains offrent désormais des solutions quasi complètes, par le biais de filiales en amont ou en aval du traitement de texte ou du traitement des données selon l'orientation première du constructeur. Une chose est claire : les constructeurs « informatiques » ne peuvent plus se permettre de proposer des ordinateurs sans logiciels de traitement de texte, pas plus que les constructeurs de systèmes de traitement de texte ne peuvent se permettre d'offrir des équipements sans possibilités « informatiques » de calculs et de programmation simple pour gestion de fichiers, petite comptabilité ou facturation, etc.

5.6.1. *Traitement de texte sur mini-ordinateur*

La difference se fera à partir des facilités d'emploi et de formation, ainsi que des performances techniques, selon l'orientation du sytème au départ. Par exemple, un tri de fichier selon plusieurs critères (nom, profession, code postal, etc.), peut demander beaucoup de temps (quelques dizaines de minutes) sur une machine de traitement de texte qui n'a pas été conçue pour cela à l'origine. De la même manière, un logiciel de traitement de texte « implanté » après coup sur un mini-ordinateur, s'avère généralement difficile d'emploi et peu performant. Il faut y prendre garde et savoir que les constructeurs d'ordinateurs ou de mini-ordinateurs, ont de la difficulté à bien comprendre l'environnement spécifique de la bureautique pour proposer des systèmes correctement adaptés aux personnels des bureaux — qui ne veulent pas devenir informaticiens...

Faut-il acquérir un petit ordinateur avec un logiciel de traitement de texte si des besoins existent également en gestion informatique classique, ou le contraire ? Peut-on utiliser le gros ordinateur du service informatique pour faire du traitement de texte, ou bien une machine autonome sera-t-elle mieux adaptée ?

5.6.2. *Traitement de texte sur micro-ordinateur*

Les ordinateurs personnels professionnels disposant des systèmes d'exploitation les plus répandus (CP/M, CP/M86, MS/DOS, PROLOGUE, UNIX, etc.) offrent un large éventail de logiciels de traitement de texte. Parmi les plus connus citons *Wordstar, Volkswriter, Easywriter, Wordmaster, Word Perfect,...*

Il faut savoir néanmoins que, si ces logiciels sont souvent puissants, ils ne sont pas destinés — a priori — à être utilisés par une secrétaire-dactylographe professionnelle mais plutôt par un cadre — rédacteur plus ou moins occasionnel — préparant directement son texte sur son poste de travail. Souvent un ingénieur, un chercheur, un contrôleur de gestion, un analyste marketing par exemple, préférera taper lui-même un texte court, un document technique avec formules mathématiques, calculs ou tableau complexe, plutôt que de rédiger un manuscrit, expliquer à la secrétaire ce qu'il veut obtenir, relire, corriger, expliquer à nouveau, etc., sans parler des délais ! En règle générale, cela ne lui posera pas trop de difficultés — même si la plupart des logiciels ne sont pas très simples d'emploi — parce qu'il sera familiarisé avec les commandes courantes de son micro-ordinateur.

Des commandes de manipulation de texte que l'on trouve habituellement sous forme de touches identifiées sur les postes de traitement de texte spécialisés (par exemple : « centrer », « insérer », « supprimer », « déplacer », etc.) sont remplacées par des touches de fonction généralement non identifiées sur les ordinateurs personnels (par exemple : « F1 », « F2 », « F3 », etc.) qu'il convient parfois d'associer en même temps à d'autres touches (par exemple : « CTRL », « ESC », « ALT »...). Ou bien alors ces fonctions s'obtiennent en tapant des lettres mnémoniques (« p » pour imprimer, « c » pour centrer, « s » pour rechercher un mot, etc.). On comprend ainsi pourquoi il est difficile d'utiliser ces logiciels par une secrétaire non préparée passant directement d'une machine à écrire classique à un micro-ordinateur. Cela conduit le plus souvent à un échec. En revanche, le cadre y trouvera plus facilement un intérêt en termes de temps économisé et de qualité de présentation de ses textes pour peu que son ordinateur personnel soit équipé d'une *imprimante de qualité « courrier »* ce qui est encore trop rarement le cas.

Dans la plupart des cas, le cadre a choisi son poste de travail en priorité pour d'autres travaux que le traitement de texte, et notamment pour l'aide à la décision et la simulation avec un *« tableur électronique »* (de type Visicalc, Multiplan, Supercalc, Calcstar...), ou bien pour la *préparation de graphiques de gestion* (Visiplot, Colorplus, Business Graphics...), ou bien encore pour *la gestion de fichiers* (D. Base II, TIM, PC File, PFS, Condor...). L'accès à un logiciel de *traitement de texte « non professionnel »* n'est qu'un « plus » contribuant à l'assister dans son travail, mais un « plus » qui s'avère vite indispensable dès qu'on en maîtrise les possibilités.

Notons enfin que la tendance en matière de logiciels pour ordinateurs personnels est à l'intégration de ces fonctions (« tableur » + graphiques + traitement de texte + gestion de fichier) et éventuellement de quelques autres (agenda électronique, suivi d'affaires, gestion de projets, statistiques, communications... (voir chap. 5). Le tout, en un seul logiciel permettant des passages simples d'une fonction à l'autre. Par exemple, un tableau préparé avec le « tableur » peut être « transféré » au logiciel graphique pour être représenté sous forme d'histogrammes ou de graphe à secteurs (« camembert »). Comme exemple de ces *logiciels intégrés* on peut citer *1-2-3* et son successeur *Symphony* de Lotus Development, *MBA* de *Context Management, Vision* de Visicorp, etc. Le logiciel de traitement de texte sur MacIntosh d'Apple est révolutionnaire à bien des égards pour un micro-ordinateur de cette gamme de prix avec des fonctionnalités réservées jusque-là à des postes de travail de haut de gamme (voir chap. 6). C'est très vraisemblablement un précurseur qui donnera bien des émules (jeux de caractères typographiques très variés permettant du traitement de « textes enrichis », intégration de graphiques et de dessins, etc.). Une voie d'avenir à suivre donc.

5.6.3. *Traitement de texte sur ordinateur puissant*

Utiliser l'ordinateur du service informatique pour faire du traitement de texte est une autre histoire ! De l'avis de tous les utilisateurs des bureaux qui ont expérimenté le traitement de texte sur ordinateur, c'est une formule très délicate à mettre en œuvre et qui impose des adaptations préalables non négligeables, sinon c'est l'échec. Sauf dans de rares exceptions, les logiciels de traitement de texte fournis par les constructeurs de gros ordinateurs, sont trop complexes, difficiles à apprendre et à utiliser. Ils supposent que l'utilisateur se familiarise avec l'environnement informatique de l'ordinateur : commandes en anglais pour la plupart, messages d'erreurs « bizarres », interventions du système opérant, etc. C'est le cas des logiciels SCRIPT, TSO et ATMS d'IBM, ou TECO et RUNOFF pour Digital Equipment et d'autres constructeurs d'ordinateurs. En fait, il existe essentiellement deux types de programmes servant au traitement de texte par ordinateur : les « éditeurs de texte », et les « formateurs de texte ».

Les *éditeurs*[1] (au sens anglo-saxon), sont des logiciels permettant, de façon interactive, de créer un texte, de l'enregistrer sous forme de fichier, et surtout de

1. « Éditeur » est pris ici au sens anglo-saxon de « celui qui modifie », « qui met en forme ».

lui faire subir toutes sortes de manipulations pour le modifier et le mettre au point. A l'origine, ces logiciels ont été développés par les programmeurs pour faciliter la mise au point de leurs programmes, ... qui ne sont en fait qu'une forme particulière de textes. Peu à peu, s'étant aperçu que ces logiciels permettaient de manipuler n'importe quel type de textes, ils ont enrichi les éditeurs de commandes plus perfectionnées de façon à préparer les dossiers de programmation, les cahiers d'analyse et les manuels d'utilisation des programmes qu'ils élaboraient. Pour donner une présentation correcte à ces textes, ils ont développé d'autres logiciels spécialisés dans la mise en page de leurs documents : les *formateurs*. Ces deux types de logiciels pour traiter les textes sur ordinateurs, sont souvent très puissants et comportent des commandes très variées permettant de faire n'importe quoi avec un texte, des opérations que même les systèmes de traitement de texte courants ne peuvent pas faire : table des matières, numérotation automatique des chapitres, parties et sous-parties, composition de la table d'index, gestion des renvois de bas de page, gestion des références bibliographiques, etc. (Voir fig. 3.8.)

Outre le fait que ces logiciels spéciaux ont été conçus par des informaticiens pour des informaticiens, il faut savoir qu'il existe essentiellement deux cas dans lesquels le traitement de texte sur ordinateur donne de bons résultats, tant sur le plan technique que sur le plan humain.

Le premier est celui d'un environnement où l'ordinateur est utilisé par des ingénieurs d'étude ou des chercheurs qui s'en servent pour préparer *eux-mêmes* leurs rapports ou leurs articles. Étant familiarisés par ailleurs avec l'ordinateur et la programmation, et ayant réalisé qu'ils vont plus vite à taper leurs textes eux-mêmes sur le clavier que de les donner manuscrits à une dactylographe, les relire, les faire corriger, les relire à nouveau, etc., ils n'ont généralement aucune difficulté à apprendre les commandes de l'éditeur et du formateur. Cette situation se rencontre de plus en plus fréquemment dans les sociétés d'ingénierie, les centres d'études et de recherches, les centres universitaires, etc. [2]

L'autre cas, est celui d'organisations qui ont des besoins importants en traitement de texte et qui souhaitent utiliser l'ordinateur pour des raisons de capacité de traitements variés et de compatibilité avec d'autres équipements tels que photocomposition et micrographie C.O.M.* (voir fig. 2.10.). Les petits systèmes de traitement de texte autonomes étant trop souvent incompatibles avec d'autres technologies, l'ordinateur représente la meilleure solution pour assurer les couplages entre des matériels très diversifiés. Néanmoins, il faudra compter sur une participation très active des équipes du service informatique pour développer des logiciels particuliers (interfaces*, « macro-langages ») qui « masquent » les difficultés des éditeurs et formateurs au personnel de bureau non-spécialisé devant utiliser l'ordinateur et ses terminaux conversationnels. Cela requiert de la part des informaticiens une assistance soutenue en formation, en suivi de tous les ins-

2. Par exemple à l'I.N.R.I.A., à l'E.D.F./G.D.F., au C.E.A., à l'Université de Grenoble (I.M.A.G. notamment), au C.E.S.A.-H.E.C., chez les constructeurs (C.I.I. Honeywell Bull, I.B.M.-France, etc.).

Fig. 3.8. Exemples de logiciels de traitement de texte pour ordinateurs chez I.B.M.

Les logiciels (et matériels) d'I.B.M. Division Ordinateurs orientés vers le traitement de texte.

De gauche à droite, on va depuis les matériels spécialisés en traitement de texte, destinés principalement au secrétariat, vers les grands ordinateurs et l'impression volumineuse et de haute qualité. On note parallèlement une différenciation progressive des fonctions, des programmes et des machines.

De haut en bas, on progresse de la saisie vers l'impression.

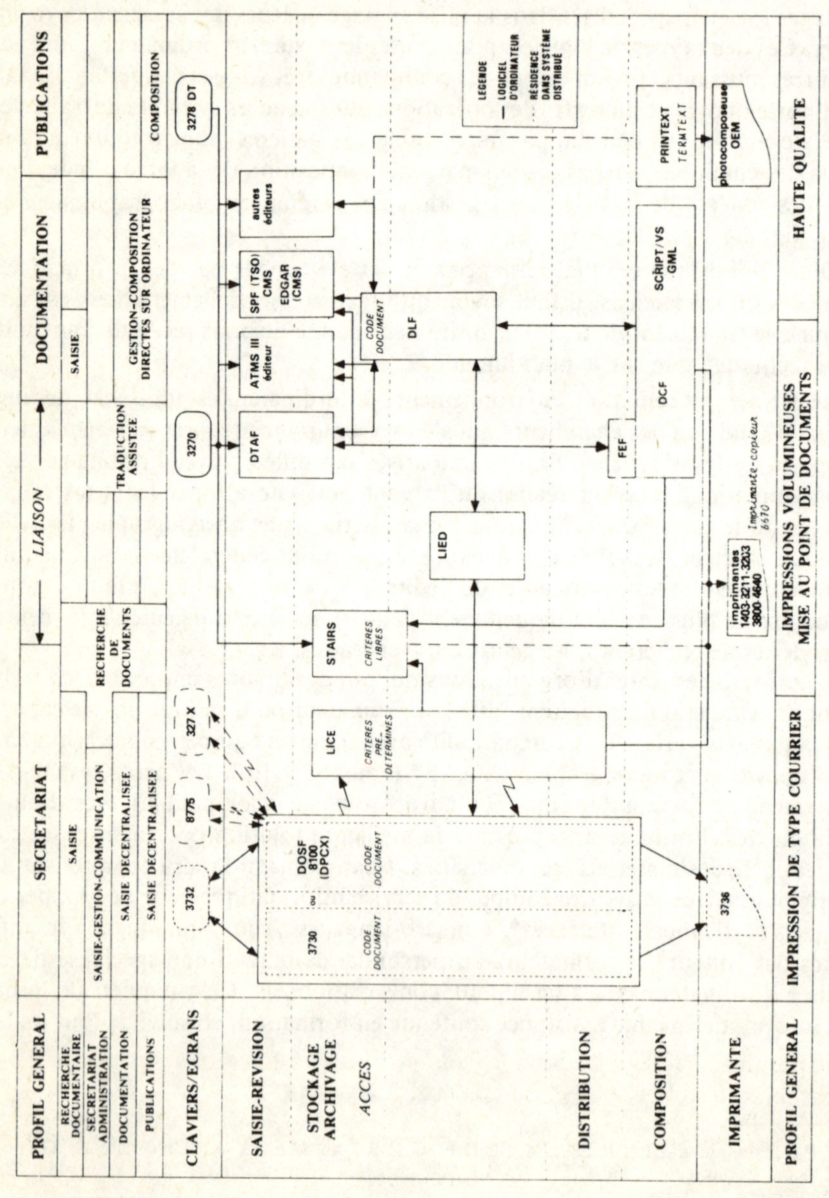

Source : *Traitement de texte,* n° 8, juin 1981.

tants et en amélioration constante des logiciels en fonction des besoins qui évoluent. Quelques applications de cette nature fonctionnent avec succès dans certains organismes, notamment des sociétés de documentation industrielle [1, 2].

Cela étant, l'environnement informatique implique toujours des contraintes : délais de mise en œuvre souvent importants (de dix-huit mois à trois ans), procédures de sauvegarde des fichiers, mentalité des informaticiens à faire évoluer car pour bon nombre d'entre eux, traiter du « texte » n'est pas noble, et surtout la fiabilité de l'ordinateur qui doit être considérée avec soin car s'il s'arrête de fonctionner pour une raison quelconque (panne ou maintenance), toute l'organisation s'arrête.

En définitive, le traitement de texte sur ordinateur peut présenter une solution valable dans certains cas, mais il convient de bien évaluer ses possibilités et ses contraintes. Avant de prendre une décision sur une grande échelle, il est recommandé d'aller visiter des entreprises qui ont acquis de l'expérience dans ce domaine, et de commencer par un projet-pilote de petite envergure pour apprécier ce que cela donne chez soi.

5.7. NOTE SUR LE TRAITEMENT DE TEXTE AVEC LECTURE OPTIQUE

Un lecteur optique est un appareil permettant la saisie automatique directe sur un système de traitement de texte ou sur un support magnétique (généralement des disquettes) d'un texte dactylographié sur un support papier.

Autrement dit, tout texte dactylographié sur machine à écrire classique peut être « lu » par un lecteur optique qui enregistre caractère par caractère le texte, évitant ainsi d'avoir à saisir à nouveau sur machine de traitement de texte des documents déjà dactylographiés. Ceci pouvant se faire sous réserve que les caractères dactylographiés soient compatibles avec ceux que reconnaît le lecteur optique (cf. ci-après). L'objectif de la lecture optique est d'améliorer la productivité d'un système de traitement de texte en évitant de mobiliser ainsi une machine d'un coût relativement élevé pour réaliser seulement la saisie de textes. La saisie se faisant sur machines à écrire ordinaires, le système de traitement de texte, alimenté par les disquettes produites par le lecteur optique, trouve ainsi son utilisation optimale en mettant en forme les textes après les diverses corrections d'usage (corrections de fautes de frappe et d'orthographe, corrections d'auteurs, etc.). Un avantage supplémentaire réside dans le fait qu'ainsi chaque poste de travail dactylographique classique se transforme instantanément en poste de saisie de textes pouvant alimenter le ou les systèmes de traitement de texte de l'entreprise, sans formation très compliquée, sans perturber l'organisation dactylographique existante et sans coût supplémentaire notable (autre que l'investissement du lecteur optique, bien évidemment).

Les lecteurs optiques actuellement commercialisés en France peuvent lire de 100 à 250 caractères à la seconde (soit environ 10 à 20 secondes par page selon la densité du texte) et coûtent de 100 000 à 300 000 FF.

1. Kléber LANSARD, « S.E.D.O.C. et le traitement de texte », Journées d'étude sur la bureautique, *C.E.S.A.-C.F.C., Doc. I.580.D.81,* juin 1981.
2. Claude GAUBERT, « Réalisation et mise à jour de documents techniques chez Sonovision », *Actes du Congrès bureautique,* I.M.A.G.-I.R.I.A.-A.F.C.E.T., Grenoble, mars 1978.

Déjà bon nombre de lecteurs optiques commercialisés aujourd'hui sont capables de lire et d'enregistrer avec une bonne fiabilité des textes dactylographiés sur machines à écrire traditionnelles [1].

Toutefois, les lecteurs optiques sont encore relativement exigeants quant à la présentation des textes à lire :

— *Les caractères utilisés* doivent être compatibles avec les caractères reconnus par le lecteur. Tous les lecteurs reconnaissent par exemple, les caractères dit R.O.C. B (Reconnaissance optique de caractères type B) ou O.C.R. (Optical character recognition) qui sont des caractères ayant une forme particulière, spécialement conçus pour la lecture optique, tout en étant parfaitement lisibles « à l'œil nu ». Certains lecteurs optiques acceptent également les caractères classiques de type « élite » (12 caractères par inch) et « pica » (10 caractères par inch) que l'on trouve très fréquemment utilisés sur la plupart des machines à écrire.

Selon les modèles, d'autres types de caractères peuvent également être reconnus [2].

— *La présentation générale* du texte est également importante car les lecteurs optiques sont très sensibles à des éléments tels que le respect de marges bien définies, l'interlignage, l'opacité du papier et du ruban utilisés, traces de doigts sur le papier, etc.

Il en résulte que la fiabilité de la lecture optique dépendra de ces facteurs et du soin apporté à la frappe originale. Autrement, le nombre d'erreurs de lecture signalé par le lecteur atténuera notablement la productivité recherchée.

D'un point de vue pratique, la fig. 3.9. illustre la procédure de production de textes dans un environnement de lecture optique ; les textes rédigés par les auteurs sont dactylographiés sur machines à écrire traditionnelles. Les textes ainsi préparés sont renvoyés aux auteurs pour corrections éventuelles. Les auteurs annotent le texte de leurs remarques avec un *stylo rouge* généralement, l'encre rouge ayant comme particularité de ne pas être lue par le lecteur optique. Ensuite, les feuillets dactylographiés portant les corrections à faire à l'encre rouge, sont lus par le lecteur optique qui prépare la (ou les) disquette(s) correspondante(s). Ces disquettes sont introduites dans la (ou les) machine(s) de traitement de texte où les opératrices feront les corrections demandées en consultant l'original annoté à l'encre rouge. La machine de traitement de texte est ainsi utilisée au maximum de ses possibilités pour réviser, mettre en forme et imprimer le texte définitif sans que l'opératrice ait à retaper tout le texte. Toutefois, il est à remarquer que dans cette organisation, l'opératrice de traitement de texte ne fait que la révision et la mise en forme du texte définitif — ce qui peut engendrer des conditions de travail monotones. D'autre part, il y a un risque de voir la qualité du travail des dactylographes se dégrader, celles-ci pouvant ne plus se sentir responsables des textes qu'elles produisent, les corrections étant faites par d'autres.

1. Jean-Pierre DAFFIX, « Texte et lecture optique : avantages, contraintes, marchés », *Traitement de texte*, N° 7, mai 1981.

2. C'est le cas du lecteur optique universel Kurzweil (filiale du groupe Xerox), qui peut reconnaître pratiquement n'importe quels types de caractères (dactylographiés ou composés), moyennant un certain « apprentissage ». Il s'agit d'un équipement encore onéreux, mais qui trouve des applications notamment dans la lecture de livres pour des non-voyants, en conjonction avec un système de restitution vocale des mots lus.

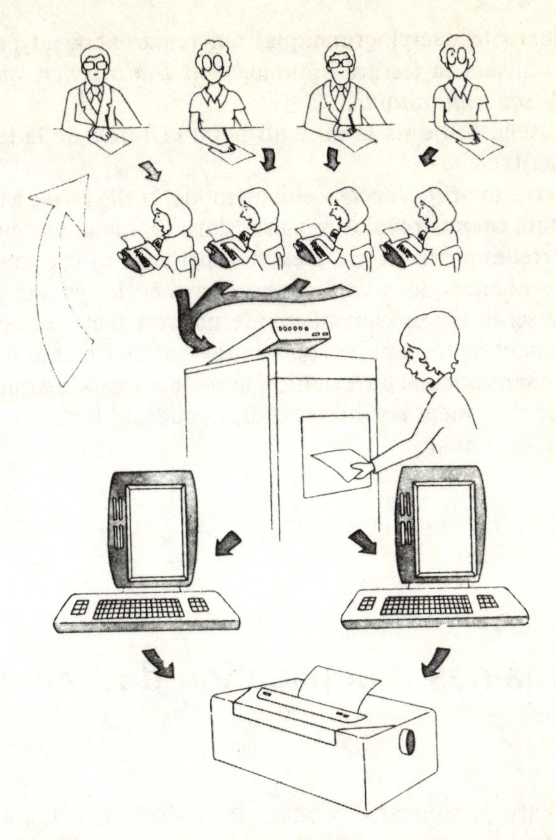

Fig. 3.9. Le traitement de texte avec lecture optique.

On assiste, de par le monde, à un grand effort de recherche pour faciliter la saisie de documents. En effet, la frappe de textes sur papier et leur mémorisation sur supports magnétiques divers constituent, à l'heure actuelle, l'un des gouffres de main-d'œuvre des travaux administratifs des organisations. Dans l'état actuel de nos connaissances technologiques, on peut envisager d'améliorer la saisie des textes de deux manières différentes :

1) *L'amélioration des claviers :*

Ce domaine est très maîtrisé puisque les machines sont de plus en plus perfectionnées (correction du caractère précédent, touches très sensibles, etc.), et si l'on s'attend encore à quelques gadgets (touches de fonctions spécialisées), la performance des secrétaires dactylographes ne s'améliorera pas de façon très sensible tant que les claviers conserveront la même disposition des caractères qu'actuellement (AZERTY ou QWERTY). (Voir précédemment section 4.1.5.)

2) *La suppression des claviers :*

Déjà bon nombre de lecteurs optiques commercialisés aujourd'hui sont capables de lire et d'enregistrer avec une bonne fiabilité des textes dactylographiés sur machines à écrire traditionnelles. Par conséquent, les manipulations ultérieures sur machines de traitement de texte sont rendues possibles, ce qui améliore sensiblement la productivité dactylographique. On remarquera au passage qu'une telle procédure, utilisant la lecture optique, *peut transformer toute machine à écrire en poste de saisie autonome.*

En outre, on attend toujours la mise au point effective de la lecture optique directe de manuscrits.

En ce qui concerne la *saisie vocale,* cette méthode, si elle arrive à être maîtrisée, entraînera des changements révolutionnaires dans le travail administratif. Pour l'instant, les recherches piétinent, car il est très difficile de faire reconnaître à une machine toutes les nuances de la voix, les homonymes, la syntaxe grammaticale, etc. Pourtant, ne serait-il pas merveilleux de pouvoir dicter directement à une machine de traitement de texte et de voir son texte s'imprimer automatiquement au fur et à mesure sans aucune intervention humaine. Peut-être que le jour où ce problème sera techniquement résolu, les cadres voudront bien apprendre enfin à dicter... mais ce n'est pas sûr.

6. Les domaines d'application du traitement de texte

Il semble peut-être paradoxal d'évoquer les « domaines d'application » du traitement de texte, alors que tout texte dactylographié devrait relever aujourd'hui des divers équipements décrits précédemment. En fait, il est une image tenace qui tient aux premiers matériels proposés sur le marché et dont les possibilités étaient limitées, et les coûts élevés. L'usage a voulu qu'ils soient réservés à la préparation de textes répétitifs, et pas à d'autres textes. Or, de nos jours, les systèmes à écran, aux possibilités étendues, simples et souples d'emploi, mais toujours assez chers, ont encore du mal à être perçus par les cadres et secrétaires comme des équipements pouvant les concerner, et non pas comme des matériels informatiques réservés à des spécialistes. La baisse de coûts de l'électronique associée à une meilleure information des usagers potentiels, devrait tendre à répandre largement ce type d'« outil » de bureau. A l'ère des satellites et des automatismes industriels, n'est-il pas navrant de voir encore des secrétaires armées de leur machine à écrire (électrique dans le meilleur des cas), de leur petite bouteille de « blanc dactylo », de leurs ciseaux et de leur pot de colle, s'escrimer des heures durant sur des textes ? Cet artisanat et son folklore appartiennent au passé. Tout le monde « fait du traitement de texte » d'une manière ou d'une autre depuis longtemps. Les systèmes modernes, en permettant de le réaliser à partir d'un écran sur des supports magnétiques corrigeables facilement, ne font que répondre de façon plus industrielle, simple et étendue, à ce besoin.

Néanmoins, les besoins sont variables selon les organisations, les secteurs d'activité, et les natures de travaux.

6.1. PRINCIPAUX CRITÈRES DE TRAITEMENT DE TEXTE

— *Manipulation simple du texte :*

Insertions et corrections de caractères, mots, lignes, etc. avec mémorisation du texte à reprendre à la demande. Les possibilités de manipulation vont en augmentant depuis les machines à écrire électroniques (type 1) jusqu'aux systèmes autonomes à écran (type 2) et aux systèmes multipostes (type 3).

— *Manipulation « sophistiquée » du texte :*

Ajouts, suppressions ou déplacements de lignes, paragraphes, colonnes de chiffres ou texte, etc. Ces fonctions ne se trouvent en général que sur les équipements des types 2 et 3 car l'écran facilite la présentation immédiate des modifications, chose qui est primordiale dans ce type de manipulation.

— *Souplesse dans la disposition des textes :*

Les machines avec écran d'une seule ligne demandent beaucoup de manipulations pour la disposition des marges, tabulations et formats selon lesquels le texte doit être enregistré. Les matériels avec écran des types 2 et 3 facilitent grandement ces opérations de mise en page des textes, par le simple fait que la dactylographe peut « visualiser » concrètement les effets de la mise en page automatique et en reprendre le contrôle si besoin est.

— *Facilité de mémorisation du texte :*

Les systèmes à unité de mémoire double facilitent les manipulations de recopie, transfert et mise à jour des textes mémorisés. Les matériels du type 2 ont de bonnes possibilités dans ce domaine : ceux du type 3 éliminent presque toute manipulation compte tenu de la forte capacité de mémorisation dont ils disposent.

— *Impression différée et désaccouplée de la saisie de texte :*

Les matériels des types 2 et 3 autorisent la plupart du temps l'impression simultanée d'un texte et la saisie ou la modification d'un autre texte sur l'écran. Toutefois, si les contraintes liées à la manipulation du papier ne sont pas bien prises en compte (papier en continu, rubans, etc.) les bénéfices d'un tel système sont annulés. Un avantage des matériels de type 3 tient au fait qu'un certain nombre de postes de travail peuvent être reliés à une seule imprimante, qui suffit généralement à imprimer le volume des textes « produits » par les « opératrices » (note : il semble, en effet, qu'on qualifie volontiers d'opératrices les personnes travaillant sur ce type de matériel).

A tous les critères précédemment décrits, il conviendrait sans doute d'en ajouter un supplémentaire concernant les possibilités de « gestion des textes » enregistrés, chose qui s'avère prendre beaucoup de temps sur certains systèmes mal adaptés.

6.2. ADÉQUATION ENTRE LES GRANDES FAMILLES DE TRAVAUX ET LES DIFFÉRENTES CLASSES DE MATÉRIELS

Les matériels, quels qu'ils soient, ne doivent pas être considérés comme des solutions à des problèmes qui ne sont pas encore définis. Autrement dit, avant toute sélection de matériel, il convient de déterminer les besoins d'utilisation si l'on veut qu'il soit réellement bien adapté. Un principe essentiel consiste à ne pas déterminer ses besoins au vu des seuls travaux existants, qu'il faut analyser avec soin cependant, mais en considérant les travaux requis à moyen terme dans les trois à cinq ans à venir :

— *Documents courts,* nécessitant peu de seconde frappe, de présentation simple et de faible durée de vie, tels que lettres uniques, notes de service, remplissage de formulaires, etc. Une simple machine à écrire traditionnelle peut convenir, mais une machine à écrire électronique apporte, même dans ce cas, des avantages substantiels en facilitant la frappe et les corrections d'erreurs, en évitant les manipulations de papier grâce à la mémorisation, et en améliorant les conditions de travail en général.

— *Documents répétitifs,* avec ou sans variables, ne demandant que d'assez faibles volumes d'impression, tels que courriers répétitifs personnalisés, devis, contrats, etc. Dans ce cas, le gain est non seulement lié à la capacité de mémorisation, mais aussi à la possibilité de fusionner deux sources de textes pré-enregistrés. Un exemple courant est la lettre standard à envoyer à une liste de personnes dont les noms et adresses ont été enregistrés par ailleurs. Il est donc souhaitable de pouvoir disposer ici de deux unités de disquettes et d'un écran pour vérifier le bon déroulement des opérations de fusion. Les monopostes font cela très couramment, ainsi que les multipostes, d'autant mieux que l'impression en différé est source d'un gain de temps élevé.

— *Documents homogènes* dans leur contenu demandant une impression souvent volumineuse, tels que contrats, propositions commerciales, relances, actes notariés, etc. Ces documents sont des candidats tout désignés pour le traitement de texte faisant appel à une « bible de paragraphes pré-enregistrés », de textes-type, qui pourront être assemblés pour composer des documents assez voisins dans leur forme. Même si quelques machines autonomes autorisent la constitution de « bibles » ou de « clausiers », la grande capacité de stockage et les logiciels spécialisés de la plupart des systèmes multipostes, font qu'ils sont préférés dans ce type d'application.

— *Documents volumineux évolutifs* dans le temps, soumis à de nombreuses modifications par différents rédacteurs tels que rapports, études, comptes rendus, etc. De bonnes capacités de manipulation, de mise en forme, et d'édition sont indispensables pour ces travaux, qui comportent généralement d'importantes restructurations du texte et de fréquentes corrections. Dans ce cas, l'écran est indispensable, qu'il s'agisse d'une machine autonome ou d'un système multipostes.

— *Documents techniques en général,* présentant des difficultés dactylographiques du fait de leur longueur, la spécificité du vocabulaire, les symboles scientifiques, la présence de nombreux tableaux, les impératifs de présentation, etc. Il s'agit alors de brochures techniques, de nomenclatures, de rapports financiers, de catalogues de pièces détachées, d'articles scientifiques, de barèmes de prix, de listes de références bibliographiques, etc. Là encore, certains monopostes peuvent convenir, mais ce sont surtout les multipostes qui excelleront.

— *Documents au format rigide,* s'appliquant au remplissage de formulaires et de pré-imprimés tels que bons de commande ou de livraison, convocations, dossiers signalétiques, etc. Selon les volumes requis, une machine à écrire électronique pourra convenir dans ce cas, mais l'écran d'un monoposte sera souvent plus confortable.

En résumé, il ressort de cette analyse, que les matériels de haut de gamme (monopostes et multipostes) présentent des avantages tels qu'ils peuvent servir à effectuer tous les types de travaux. Les critères de sélection tiennent d'une part au volume et à la complexité des documents traités, et d'autre part à la compatibilité recherchée éventuellement avec d'autres équipements par le biais de la télécommunication (ordinateur, lecteur optique, photocomposeuse, etc.). De plus, un matériel puissant fera toujours mieux face aux pointes d'activités qui sont souvent enregistrées dans ce domaine.

6.3. ADAPTATION DU TRAITEMENT DE TEXTE AUX DIVERS BESOINS DES ORGANISATIONS

La mise en œuvre du traitement de texte faisant déjà l'objet d'ouvrages spécialisés et de nombreux articles dans la littérature spécialisée (voir notamment [1, 2]), les propos développés ici ne visent qu'à replacer le traitement de texte dans son contexte d'utilité pratique pour les organisations.

Comme on l'a déjà souligné, les entreprises et organismes de toutes tailles et dans tous les secteurs d'activité, sont concernés par le traitement de texte à partir du moment où ils ont au moins des besoins de dactylographie. L'introduction des matériels de traitement de texte doit être pour eux l'occasion de se livrer à une réflexion sur leurs besoins non seulement en stricte dactylographie, mais également sur l'ensemble de leurs travaux administratifs en général. Une telle réflexion permet :

— de déceler toute une série de problèmes à améliorer dans l'élaboration de documents textuels, depuis les auteurs jusqu'aux archivistes ;

— de faciliter et d'activer la préparation de tous les textes, tout en améliorant les conditions de travail des personnels d'exécution comme des auteurs ;

— d'améliorer non seulement la présentation des documents mais aussi leur contenu, car les textes peuvent être remaniés sans difficulté pour arriver au meilleur résultat donnant au message tout son impact.

Tout naturellement, ce sont les organisations tertiaires « productrices d'informations et de papiers » qui ont accueilli très tôt les matériels de traitement de texte : banques, assurances, organismes publics, etc.

Assez curieusement néanmoins, la diffusion de ces matériels s'est faite autant par le dynamisme de certains utilisateurs et organisateurs, que par l'étude approfondie des besoins en ce domaine. Là non plus, il n'y a pas de règle bien précise pour déterminer un type d'équipement par rapport à une entreprise donnée. Le raisonnement qui consisterait à recommander un système puissant à une grande entreprise, et un équipement léger à une P.M.E., est par trop simpliste. Parfois, un monoposte de haut de gamme, voir un système multipostes dédié au traitement de texte ou mixte — traitement de texte et gestion informatique —, peut s'avérer un équipement convenant parfaitement à une petite organisation (P.M.E./P.M.I. ou unité décentralisée d'un grand organisme). D'un autre côté, de petits matériels, machines à écrire électroniques ou monopostes bas de

1. Jean-Michel TROUCHE, *Cinq étapes pour la mise en œuvre du traitement de textes,* Éditions Bureautique-Services, juin 1980.

2. S.C.O.M., *Méthodologie d'emploi du traitement de texte,* Documentation Française, novembre 1980.

gamme, conviendront très bien comme équipements complémentaires dans certains bureaux de grandes entreprises, cela ne les empêchant pas d'avoir, par ailleurs, des matériels plus puissants pour traiter les documents volumineux.

Dans tous les cas, les organisations qui bénéficient le plus du traitement de texte sont celles :

— où rien n'a changé et qui n'ont pas revu leur pratique des travaux administratifs depuis plus de trois ans ;

— qui ont une forte activité commerciale, et donc des besoins en relations écrites avec leur environnement ;

— qui connaissent des périodes de surcharges périodiques dans leur secteur d'activité ;

— qui ne disposent pas d'une informatique suffisamment adaptée et proche des utilisateurs des bureaux.

Il existe également un certain nombre de facteurs non quantifiables qu'il convient d'apprécier lorsque l'on doit choisir un fournisseur dans le marché très évolutif qu'est le traitement de texte, avec une bonne centaine de systèmes différents en Europe, proposés par une cinquantaine de constructeurs ou prestataires.

Ces critères s'appliquent d'ailleurs tout aussi bien à l'ensemble des fournisseurs de matériels bureautiques en général :

— la réputation du fournisseur en assistance et en service après-vente ;

— sa taille et sa stabilité sur le marché :

— son engagement à long terme pour le traitement de texte et pour la bureautique d'une manière générale ;

— sa gamme de produits et leurs compatibilités respectives ;

— ses produits à venir ;

— ses équipements complémentaires (informatique, télécommunications, reproduction, archivage, etc.) ;

— son marché privilégié (P.M.I., grandes industries, tertiaire, etc.) ;

— son « style », pionnier ou suiveur, en recherchant la meilleure adéquation possible entre le style de son entreprise (innovateur ou conservateur), et celui de son principal fournisseur.

7. Aspects socio-économiques du traitement de texte

Les progrès technologiques les plus spectaculaires réalisés ces dernières années dans le domaine des matériels bureautiques ont surtout concerné les équipements de traitement de texte. Comme il vient d'être souligné, le marché y est très actif, et il ne se passe pratiquement pas de mois sans l'annonce de nouveaux produits ou de nouveaux fournisseurs se lançant dans ce créneau. Quel est le marché ? Combien en coûte-t-il de s'équiper ? Comment évaluer économiquement le traitement de texte ? Quel est son impact sur la productivité du bureau ?

7.1. BREF APERÇU DU MARCHÉ DU TRAITEMENT DE TEXTE

Le parc de machines à écrire électroniques et de systèmes de traitement de texte (monopostes et multipostes) est estimé à environ 1,2 million d'unités en Europe en 1983. C'est encore peu, mais les prévisions font état d'un marché important en volume de vente chaque année pour la période 1981-87 (tableau 3.2.). Les principaux fournisseurs qui opèrent sur ce marché, sont des sociétés y venant soit par l'informatique (Burroughs, Bull, Digital, I.B.M., Wang, ...), soit par les équipements de bureau (Olivetti, Olympia, Philips, Rank Xerox, S.M.H. Adrex, S.M.O., Triumph Adler...). Dans ce marché, les constructeurs européens sont en minorité face aux concurrents américains. Néanmoins, de grands groupes industriels tels que la C.G.E., Thomson, Bull, ICL, Siemens, etc., ont fait des mouvements en direction du marché de la bureautique en général. Il faudra également compter avec l'inévitable partenaire japonais (N.E.C., Sony, Toshiba, Matsushita...).

Tableau 3.2. Prévisions sur l'évolution du parc des outils de bureau (1981 à 1987).

	Machines de traitement de texte monopostes			Machines de traitement de texte multipostes		
	1981	Taux de croissance moyen annuel	1987	1981	Taux de croissance moyen annuel	1987
R.F.A.	14 200	13,9 %	31 000	5 370	13,5 %	2 420
France	**3 800**	**25,0 %**	**14 500**	**680**	**14,7 %**	**1 550**
U.K.	7 900	14,7 %	18 000	1 480	13,5 %	3 160
Italie	3 000	22,2 %	10 000	280	18,4 %	770
Bénélux	3 100	17,1 %	8 000	650	12,4 %	1 310
Scandinavie	3 000	16,5 %	7 500	630	11,3 %	1 200
Suisse/Autriche	2 100	15,6 %	5 000	310	13,1 %	650
Espagne/Portugal	900	22,2 %	3 000	210	13,1 %	440
TOTAL	**38 000**	**16,9 %**	**97 000**	**5 370**	**13,5 %**	**11 500**
	Micro-ordinateurs d'usage professionnel et de gestion			Machines à écrire électroniques		
	1981	Taux de croissance moyen annuel	1987	1981	Taux de croissance moyen annuel	1987
R.F.A.	32 000	28,6 %	145 000	102 000	31,7 %	533 000
France	**15 000**	**40,0 %**	**113 000**	**42 000**	**31,2 %**	**214 000**
U.K.	42 000	23,4 %	148 000	59 000	29,3 %	276 000
Italie	11 000	36,8 %	72 000	44 000	21,7 %	143 000
Bénélux	9 000	30,8 %	45 000	24 000	31,0 %	121 000
Scandinavie	11 000	29,1 %	51 000	19 000	33,4 %	107 000
Suisse/Autriche	4 000	39,1 %	29 000	16 000	29,7 %	76 000
Espagne/Portugal	4 000	42,9 %	34 000	8 000	33,4 %	45 000
TOTAL	**128 000**	**30,7 %**	**637 000**	**314 000**	**30,0 %**	**1 515 000**

N.B. Les autres secteurs du marché des micro-ordinateurs : scientifique et technique, enseignement, familial et amateur, représentaient ensemble 266 000 unités en 1981 et doivent atteindre 1 380 000 unités en 1987.

Source : IDC

En 1985, les prix des équipements de traitement s'échelonnent de la manière suivante :

— machines à écrire électroniques, approximativement moins de 5 000 F H.T. pour une machine bas de gamme sans écran, et jusqu'à 25 000 F H.T. pour une machine avec écran d'une ligne, disquette, connectable ;

— machine de traitement de texte monoposte, environ 35 000 F H.T. à 100 000 F H.T. ;

— systèmes multipostes, approximativement 140 000 F H.T. et au-delà, le prix de la configuration choisie dépendant du nombre de postes de travail (écrans-claviers) et du nombre de périphériques (disques, imprimantes, ...). En moyenne, il faut compter 30 000 F H.T. par poste supplémentaire.

Toutefois, il est à noter que ces prix sont orientés à la baisse, compte tenu de la diminution des coûts de l'électronique, du marché en expansion, et de la concurrence nombreuse. Ceci conduira probablement à un regroupement du marché où ne subsisteront que les fournisseurs importants, aux ressources financières solides leur permettant d'affronter la concurrence internationale.

Le relatif retard de la France dans le domaine du traitement de texte, même en Europe face à la Suède ou à l'Allemagne, peut s'expliquer par les raisons suivantes :

— la méconnaissance des problèmes de gestion administrative de la part des responsables, souvent incapables d'estimer le coût d'une lettre dactylographiée produite dans un de leurs services par exemple [1] ;

— le manque d'information des responsables d'entreprises sur les potentiels de gestion apportés par les technologies nouvelles et par la bureautique en particulier ;

— l'hésitation de certains devant la confusion technologique, le manque de compatibilité de nombreux matériels, les améliorations continuelles et rapides qui risquent de rendre obsolète un équipement non encore amorti, etc. ;

— la réticence des responsables devant les problèmes sociaux soulevés par la bureautique (emploi, grèves, etc.) ;

— l'absence d'un véritable responsable de l'information et des communications, véritable gestionnaire de la « ressource information » ;

— le manque de formation des responsables en matière de gestion des bureaux et des technologies de la bureautique en général.

Une étude réalisée par la C.E.G.O.S. [2], à la fin de 1979, fait notamment état de certaines réticences de la part des entreprises de taille modeste à s'équiper en systèmes de traitement de texte, essentiellement en raison de leurs coûts (voir tableau 3.3). Les annonces faites par les constructeurs depuis, en abaissant leurs prix, devraient contribuer à faire décoller le marché en France.

1. A titre d'information, le journal *Les Échos* publie régulièrement le prix de revient d'une lettre commerciale dactylographiée, qui, en 1981 s'établit à 28,20 F. (Les Échos du 25 septembre 1981.) D'autres sources font état d'un prix de revient compris entre 33 et 58 F selon les méthodes utilisées et les matériels choisis (voir notamment *Bureaux de France,* n° 150, janvier-février 1980).

2. Guillaume de la FAYOLLE, « L'organisation et l'introduction du traitement de texte dans les entreprises », Éditions I.D.E.T.-C.E.G.O.S., 1980.

Tableau 3.3. L'attitude des entreprises françaises devant le traitement de texte.

Effectifs des entreprises	Pas intéressée	Intéressée	Déjà équipée	Total	Nbre postes entreprises
• Inférieur à 50....	58 %	—	42 %	100 %	1 +
• Compris entre 50 et 500.............	40 %	14 %	46 %	100 %	1,6
• Compris entre 500 et 1 000...........	15 %	20 %	65 %	100 %	2,1
• Supérieur à 1 000.	16 %	17 %	67 %	100 %	7,4

Source : Cegos.

Les tendances du marché des produits à moyen terme se caractérisent par une baisse des prix assez importante pour les matériels de bas de gamme, et une évolution du haut de gamme vers le « sur mesure ».

Pour réduire les prix et lutter ainsi contre la concurrence internationale, les principaux constructeurs sont amenés à réduire les services offerts jusqu'alors sur les matériels monopostes de bas de gamme (formation, suivi, maintenance), et à rechercher des circuits de distribution de « grande consommation » moins onéreux à organiser que leur propre réseau (distributeurs agréés, « boutiques », voire ventes sur catalogue). (Cf. tableau 3.4.)

Certains constructeurs ont déjà entamé ce processus : I.B.M. avec le « Visiotexte », Wang avec le « Wangwriter », D.E.C. avec le « D.E.C. mate », ou Honeywell avec l'« Infowriter » [1].

Tableau 3.4. Les circuits de distribution du traitement de texte sont fonction des prix et de la complexité des matériels.

Types d'équipements	Machines à écrire électroniques		Systèmes de traitement de texte		
			Monopostes		Multipostes
	bas de gamme	haut de gamme	bas de gamme	haut de gamme	
Modes de distribution	• Vente directe • Distributeurs • Boutiques • Vente sur catalogue	• Vente directe • Distributeurs • Boutiques		• Vente directe • Distributeurs agréés avec le soutien du constructeur	• Vente directe par le constructeur exclusivement

Si l'on prend le cas du Visiotexte à titre d'exemple précurseur, selon les pays, ce dernier est livré en cartons que l'acheteur déballe lui-même, et dont il assemble très simplement les divers éléments : écran, clavier, processeur, unité de disquettes et imprimante *(auto-installation)*. Si par hasard, la machine ne fonctionne pas très bien, son système de diagnostic interne indique le type de panne par un code que l'utilisateur n'a qu'à communiquer au service de maintenance d'I.B.M.

1. Jean-Paul de BLASIS, « Nouveaux concepts, nouveaux produits : quand les grands se réveillent », *Bureau Gestion*, n°s 36-37, août-septembre 1981.

Selon le type de panne, le client reçoit par coursier la « plaque » de circuits électroniques qu'il remplace lui-même très simplement selon les indications, sans possibilité de se tromper *(auto-diagnostic + auto-maintenance)*. Si la panne est plus complexe, les services d'inspection d'I.B.M. interviennent sur place, naturellement ; encore qu'il soit possible d'échanger immédiatement l'unité défectueuse contre une autre, et de procéder au dépannage plus tard dans les laboratoires. Une fois le matériel installé, l'utilisateur n'a qu'à suivre les instructions contenues dans le manuel et affichées sur l'écran, pour apprendre à s'en servir *(auto-formation)*. Bien qu'I.B.M. continue encore à proposer des stages (payants) de formation pour ce matériel, on peut imaginer qu'ils seront progressivement abandonnés au profit d'organismes spécialisés qui prendront le relais du constructeur. Cet exemple devrait se généraliser dans les années à venir pour l'ensemble des matériels de bas de gamme.

Quant aux multipostes de haut de gamme, les investissements qu'ils entraînent et le type d'organisations susceptibles de les acquérir (en location essentiellement), supposent un cycle de vente assez long aboutissant à des configurations en matériels et en logiciels « sur mesure ». (Voir également l'évolution des systèmes de bureau intégrés, chap. V.)

7.2. ÉVALUATION ÉCONOMIQUE DU TRAITEMENT DE TEXTE

Naturellement, l'évaluation économique du traitement de texte doit faire partie d'une étude plus générale sur l'organisation et les conditions de travail des activités administratives de l'entreprise. A ce sujet, il faut regretter que les études conduites avant l'adoption du traitement de texte soient trop souvent limitées aux seuls aspects économiques de l'investissement en matériel. Parfois même, ces études sont poussées à l'extrême, mobilisant des équipes entières d'ingénieurs et d'organisateurs, qui établissent tableaux comparatifs des matériels, dissèquent toutes les caractéristiques, calculent la rentabilité estimée pour tels travaux au centime près, etc. L'ampleur de ces études est sans commune mesure la plupart du temps avec l'investissement en jeu. D'autre part, une étude qui dure deux ans, pour laquelle les « enquêteurs » mobilisent constructeurs, conseils, et surtout personnels des bureaux de l'entreprise, finit par lasser tout le monde, et le traitement de texte perd l'intérêt qu'il avait suscité au départ.

Il convient tout d'abord d'évaluer l'existant de manière globale : masse salariale, coûts des équipements en place, dépenses d'infrastructure des bureaux, qui doivent être rapprochés de données quantitatives et qualitatives des travaux effectivement réalisés, et de leurs problèmes pratiques d'exécution (délais, qualité, surcharge, personnels spécialisés, conditions de travail, etc.). En général, cette approche globale rapide est suffisante pour apprécier dans quels services le traitement de texte aura l'impact le plus positif et le plus « visible » pour l'ensemble des autres services. Par impact « positif », il faut entendre à la fois l'amélioration des travaux liés à la production de textes, et les conséquences prévisibles sur l'organisation du service, les relations auteurs-secrétaires, l'évolution à venir envisagée, etc. Il est également souhaitable que la première mise en place du traitement de texte ait lieu dans un service bien représentatif, afin que les autres services puissent apprécier les avantages éventuels qu'ils en retireraient s'ils s'y intéressaient.

Pour ces raisons, il est recommandé de constituer une expérience pilote dans un service, avec l'accord de tous les intéressés et le soutien de la hiérarchie. Une façon de procéder souvent « visible » d'ailleurs, est de choisir un service de la Direction Générale. Dans le cadre de l'expérience pilote, il sera possible d'effectuer des essais de réalisation de travaux avec le ou les matériels sélectionnés afin d'évaluer les avantages — ou inconvénients — sur les activités : amélioration des délais, volume des traitements, lissage des pointes, facilité d'emploi et possibilités réelles de l'équipement, etc. Les facteurs qualitatifs seront aussi à prendre en compte : aspect des documents, souplesse de préparation, formation et assistance du constructeur, utilisation par les auteurs, ambiance générale du service, etc. L'évaluation proprement dite devra tenir compte d'une période d'adaptation bien naturelle, d'environ six mois, avant de pouvoir être significative, et devra se renouveler tous les ans.

Certaines organisations ont conduit des études approfondies pour justifier économiquement de façon quasi-scientifique leurs équipements de traitement de texte. Les critères retenus portent aussi bien sur l'amortissement du matériel pour une période de trois à cinq ans, que sur le nombre de postes de secrétaires-dactylos économisés à charge de travail équivalente [1, 2]. D'une manière générale, il ressort de ces études qu'il est toujours possible de justifier économiquement le traitement de texte dans l'absolu. Mais, souvent, la mesure des écarts entre les données relevées avant l'introduction du traitement de texte et celles relevées après, ne sont pas comparables, car entre-temps, la charge de travail et le volume des textes traités — à personnel constant — se sont accrus dans des proportions importantes. Lors du bilan de l'opération, cela fait dire aux responsables : « vous voyez, s'il avait fallu embaucher *n* personnes supplémentaires, compte tenu de l'augmentation de la charge de travail que nous avons connue, cela nous aurait coûté *x* en salaires supplémentaires. Par conséquent, les équipements de traitement de texte amortissables en trois ans, sont largement justifiés »... Soit ! mais il n'en demeure pas moins qu'une telle justification repose sur des critères chiffrés qui n'expliquent pas tout, notamment pas pourquoi cette augmentation du volume des travaux traités. Probablement parce que lorsqu'on dispose d'un outil de travail plus performant, la « production » à la fois des auteurs et des secrétaires augmente. C'est une constante qui a été observée dans de très nombreux cas [3, 4, 5].

Pour notre part, nous pensons que la bureautique ne se justifie que très diffici-

1. Heini WELLMANN, « Expériences de traitement de texte chez Nestlé », *Bureau Gestion*, n° 12, mars 1979.

2. Roger DUMAINE, « Quand la bureautique entre au Crédit Agricole », *Bureau Gestion*, n° 6, juin-juillet 1978.

3. James BAIR, « Productivity Assessment of Office Information Systems Technology », *I.E.E.E. Conference Proceedings CH 1365-6-78*, I.E.E.E. Press, 1978.

4. Jacques MÉLÈSE, et al., « Incidences de l'introduction de la bureautique sur les conditions de travail des dactylos », *I.D.E.T.-C.E.G.O.S.*, février 1980.

5. Jean-Paul de BLASIS, « Bureautique : exemple concret d'un système informatisé d'aide aux travaux de secrétariat », *Cahiers de recherche du C.E.S.A.*, n° ER 81, 1977.

lement par le traitement de texte tout seul, car il vise surtout les personnels employés ne représentant généralement qu'une faible partie du budget administratif en salaires et charges, par rapport à l'ensemble des personnels d'encadrement. Aussi, faut-il analyser l'impact du traitement de texte sur la productivité globale du bureau.

7.3. IMPACT DU TRAITEMENT DE TEXTE SUR LA PRODUCTIVITÉ DU BUREAU

Sur l'ensemble de la population active en France, plus de 15 % peuvent être classés dans la catégorie des employés de bureau dont plus des deux tiers sont des femmes. D'ailleurs, on assiste à une augmentation de 5 % par an du personnel féminin pour un nombre total d'employés relativement stable.

Dans le même temps, on enregistre un accroissement sensible des coûts en salaires et charges du personnel administratif. Il devient de plus en plus difficile de trouver du personnel de base alors que le niveau moyen s'est sensiblement élevé par suite d'une formation scolaire accrue. Le taux de croissance des salaires est estimé à 20 % par an dans les prochaines années pour du personnel qualifié. (Tableau 3.5.)

L'arrivée sur le marché européen vers 1975-76 des systèmes de traitement de texte à écran a coïncidé avec la prise de conscience par les employeurs de cette augmentation des coûts administratifs alors que l'on entrait dans une période de stagnation économique. Pour beaucoup, leurs objectifs préconisaient une progression de leurs activités au moins égale à celle des années précédentes, mais à « budget constant ». Ils ont donc commencé par chercher à réduire leurs coûts administratifs ou, ce qui revient au même, à augmenter la productivité de chaque employé et cela sans trop dégrader les conditions de travail du personnel.

Tableau 3.5 Exemples de salaires nets pour une secrétaire-dactylo bilingue (25/30 ans) en janvier 1981.

France :	57 500 F	Belgique :	620 000 FB
Italie :	7 000 000 LIT	R.F.A. :	42 000 DM
G.B. :	4 000 £	Hollande :	34 000 FL

D'après : Confederation of British Industry Chamber of Commerce.

Dans certains cas d'organisations importantes [1], on a rapporté des augmentations de productivité par le traitement de texte de 50 à 600 % et parfois davantage. Ces chiffres, bien entendu, sont à manier avec précaution car ils dépendent du milieu dans lequel ils ont été recueillis. Dans la plupart des cas, les gains enregistrés proviennent surtout du fait que :

1. Les membres du C.I.G.R.E.F. (Club informatique des grandes entreprises françaises), qui ont une expérience de traitement de texte, s'accordent à reconnaître des gains de productivité pouvant aller dans certaines applications jusqu'à 50 % (voir à ce propos « Les besoins et les attentes des utilisateurs dans le domaine de la bureautique », un rapport du C.I.G.R.E.F. publié dans *Informatique et Gestion*, n° 116, juin-juillet 1980).

— le clavier est libéré des temps de simple reproduction de textes et des corrections ;

— le travail de dactylographie est donc concentré sur l'enregistrement de davantage de textes, et donc d'une augmentation de la frappe « utile » ;

— cela permet une frappe beaucoup plus rapide et plus détendue sans aucune crainte de faire des erreurs, d'autant plus que l'on a noté que 90 % des erreurs de dactylographie proviennent d'inversions de caractères.

D'autres gains notables proviennent de :

— la suppression presque totale des soucis de cadrage et de présentation ;

— la diminution des temps « non productifs » liés à la confection des liasses, à leur introduction et à leur retrait des machines à écrire ;

— la conservation de texte permettant des corrections importantes sans avoir à frapper à nouveau le texte correct, frappe souvent déprimante pour les dactylographes ;

— la possibilité d'exécuter certains travaux très difficilement réalisables par la frappe classique — un grand nombre de lettres répétitives personnalisées et « originales » par exemple.

La productivité d'une dactylographe qui tape pratiquement à plein temps serait multipliée par trois avec le traitement de texte d'après certaines études [1, 2]. Une secrétaire-dactylo travaillant à plein temps sur une machine à écrire électrique produit annuellement 50 000 lignes dactylographiées, et travaillant dans les mêmes conditions avec une machine de traitement de texte, sa production annuelle serait donc de 150 000 lignes. Le premier chiffre semble cohérent avec les estimations selon lesquelles la production dactylographique réelle serait en France de 6 à 10 mots minute, donc loin des 30 mots minute requis aux examens de sortie des écoles ou aux tests d'embauche. Les causes de cet écart sont dues à la tension créée par la crainte des fautes de frappe, aux corrections manuelles, et aux modifications d'auteur. Ces raisons se trouvent pratiquement éliminées par l'utilisation d'une machine de traitement de texte, ce qui peut expliquer le triplement de la productivité, même en l'absence de textes répétitifs.

Les gains de productivité s'établiraient dans les rapports suivants :

— entre 1,2 et 1,7 pour les documents simples, courts et peu modifiés :

— entre 4 et 7 pour des textes standards pré-enregistrés et modifiés périodiquement ;

— entre 10 et 20 pour des textes répétitifs tels que lettres répétitives personnalisées.

D'autre part, il est constaté une amélioration de la qualité des documents, une diminution des délais de livraison, un meilleur contrôle et une meilleure répartition des charges dans l'affectation entre les différents centres de coûts.

D'après une étude chez Unilever (G.B.) l'activité quotidienne d'une dactylographe se répartit de la façon indiquée dans le tableau ci-dessous (tableau 3.6).

Chez Unilever, l'adoption du système de traitement de texte — assez stakhano-

1. DIEBOLD, « Traitement de texte », programme européen de recherche Diebold, document nº 134, 1978.

2. Henri MAISON, « Tout savoir sur les machines à écrire à mémoire et le traitement de texte », *Bureau Gestion*, nº 4, avril 1978.

viste semble-t-il — a permis de traiter huit fois plus de texte avec un nombre de dactylographes réduit de 2 500 à 600 et sans aucun licenciement. Attention, l'extrapolation naïve à partir de cet exemple authentique d'un pool — donc excessif — est dangereuse !

Tableau 3.6. répartition de l'activité dactylographique chez Unilever (G.B.).

Système traditionnel	Activités dactylographiques	Système « traitement de texte »
20-25 %	Frappe de nouveaux textes	60-65 %
15-20 %	2e frappe (ou modifications)	5 %
15-25 %	Corrections d'erreurs (de la dactylo et de l'auteur)	5 %
5-10 %	Manipulation de papier	—
30 %	Temps de repos/en attente de travail	30 %

Le traitement de texte ne présente pas toujours que des gains en matière de productivité. Il convient de s'interroger sur l'utilité réelle pour l'entreprise de certains travaux à traiter. Vouloir faire à tout prix du « traitement de texte pour le plaisir », peut s'avérer contre-productif. Par exemple, dans certaines recherches, nous avons constaté que taper une lettre commerciale standard, d'une quinzaine de lignes, sur une machine de traitement de texte monoposte à écran avec double unité de disquettes, demandait 1,2 fois plus de temps à une secrétaire, bonne dactylographe, que de taper la même lettre sur sa machine électrique conventionnelle. Ceci tient au fait que les manipulations dues à l'enregistrement du texte sur les disquettes prennent un peu de temps, et que, d'autre part, la secrétaire en question ne faisait pratiquement pas de faute de frappe et que le texte n'était pas remanié par l'auteur [1].

Un autre élément de contre-productivité se produit souvent lorsque les *auteurs ne sont pas formés au traitement de texte* en même temps que les secrétaires-dactylos. En effet, on ne cesse de leur répéter que depuis l'installation de la machine, corriger les textes est devenu un jeu d'enfant. Aussi, ne se gênent-ils pas pour faire recommencer l'impression de documents sous prétexte d'une virgule mal placée ou d'une majuscule à rajouter. Ou bien, ils donnent à taper leurs « premiers brouillons » dont il ne restera même pas le tiers, tant les modifications qu'ils apporteront par la suite seront nombreuses. Ce sont autant de corrections qu'ils n'auraient pas osé demander à leur secrétariat auparavant car ils en appréciaient les difficultés de réalisation pratique (peinture blanche, colle et ciseaux). *L'éducation des auteurs est primordiale* et passe, à notre avis, par l'apprentissage des manipulations simples sur la machine, par les auteurs eux-mêmes. Arriver à faire corriger les textes enregistrés par leurs auteurs directement est une source de productivité très appréciable. La productivité des cadres est d'ailleurs un sujet sur lequel nous reviendrons.

1. Jean-Paul de BLASIS, « M.A.T.H.I.A.S. : Modifications et Aménagements des Tâches Humaines par l'Informatique dans l'Automatisation du Secrétariat », document de recherche, C.E.S.A., 1980.

Enfin, pour terminer en replaçant le traitement de texte dans son contexte bureautique global, il convient d'insister sur l'idée que ces équipements ne sont, avec d'autres, que des « outils » améliorant le traitement de l'information. Comme tels, ils sont « neutres », si par ailleurs, entreprises et personnels y trouvent leur compte. Autrement dit, l'amélioration de la productivité doit s'accompagner de meilleures conditions de travail et non le contraire, tendre vers la réduction du temps de travail, enrichir les postes de travail et non dequalifier le personnel de base, réaliser des économies justifiées, et établir de meilleures relations entre l'ensemble des personnes qui travaillent dans les bureaux en les intéressant aux technologies nouvelles. Ces aspects seront développés plus loin.

8. Exemples d'application du traitement de texte dans une organisation bureautique

8.1. PRÉPARATION D'UN CONTRAT

La *préparation d'un contrat,* de quelque nature que ce soit, requiert la plupart du temps diverses phases d'élaboration confiées à des personnels différents : examen du cas, choix des solutions conduisant à la rédaction du contrat, à la mise en forme et à sa présentation dactylographiée définitive. Dans une organisation traditionnelle, les différents bureaux concernés seront, selon le cas, le service commercial et/ou le service juridique ou d'autres. Les personnels impliqués seront habituellement des responsables de service, des rédacteurs, des employés, des secrétaires et des dactylos. La nature de cette tâche demandera vraisemblablement de nombreuses interactions entre ces personnages depuis l'examen du cas jusqu'à la signature du contrat définitif.

Dans une organisation bureautique, l'équipement du poste de travail permettra de suivre le déroulement des opérations de bout en bout. Les différentes phases seront identifiées à des personnes ou à des fonctions du service, par exemple le « rédacteur » responsable ce jour-là, et le système demandera l'intervention des différents acteurs par une série de messages au fur et à mesure de l'avancement des travaux. Par cette identification, il sera possible, bien sûr, d'intervenir à partir de n'importe quel « terminal intelligent » situé à la convenance de l'interlocuteur requis à ce moment-là. On peut également envisager qu'une fois le cas précis examiné, le rédacteur prenne en charge le reste des opérations de préparation, de mise en forme, et d'édition du contrat pour autant qu'il fasse appel à des paragraphes de textes préenregistrés (« bible » ou « clausier »). Dans ce cas, il n'y a même plus d'intervention de secrétaires ni de dactylos.

Une telle organisation du traitement de texte en situation bureautique fonctionne dans certaines grandes banques, compagnies d'assurance ou sociétés industrielles, tant en France qu'à l'étranger (Grande-Bretagne, Allemagne, Pays-Bas, Suède, Belgique notamment, et surtout États-Unis). Le cas de la Citibank à New York est souvent cité non seulement comme exemple de traitement de texte avancé, mais aussi pour avoir su impliquer les gestionnaires eux-mêmes dans l'utilisation de leur système bureautique [1].

Des exemples analogues commencent à se trouver également dans de petites entreprises et dans certains cabinets d'avoués, avocats et notaires, qui apprécient l'assistance incomparable apportée par la bureautique dans la préparation des documents juridiques [2].

8.2. INSTRUCTION D'UN DOSSIER DE CRÉDIT

Le second exemple choisi est une application à *la procédure d'instruction d'une demande de crédit.* Donner suite à cette demande va nécessiter la rédaction de courrier au client, à sa banque, éventuellement à d'autres organismes de crédit, à un inspecteur, à la compagnie d'assurances, aux notaires, etc.

Un système de traitement de texte simple se contentera de « produire » les différentes lettres préalablement enregistrées selon des instructions données par des dactylos et des opératrices, instructions qu'elles auront elles-mêmes reçues de la hiérarchie. En revanche, un système évolué de bureautique auquel on aura donné les différents paramètres de la procédure (date, personnes ou organismes à contacter, délais de réponse admissibles, etc.) pourra contrôler le déroulement des opérations. Il sera donc en mesure de générer automatiquement les différents courriers, de les expédier électroniquement le cas échéant et « attendra » les réponses. Au fur et à mesure de leur arrivée, ces réponses généreront à leur tour certaines réactions du système : envoi d'accusés de réception, de lettres de remerciements, de notes de suivi, etc. Enfin, lorsque toutes les informations auront été recueillies, le système avertira le responsable chargé de prendre une décision quant à l'acceptation ou au refus de crédit.

Dans un organisme de crédit, ce type de système bureautique fut choisi pour modéliser et automatiser dans une large mesure tout le flux des documents mentionnés précédemment, au détriment d'un système informatique classique de traitement des données. Non seulement ce flux s'est considérablement régulé, mais encore cet organisme gère ses dossiers et traite ses demandes de crédit deux semaines plus rapidement qu'avant la bureautique. Ceci a été rendu possible parce que le système permet aux responsables de prendre plus rapidement une décision que lorsque cette responsabilité était répartie sur plusieurs personnes dans plusieurs services.

Là encore on a assisté à un élargissement des tâches conduisant à la conception d'un poste de travail tout à fait différent de celui existant auparavant. En fait, la bureautique favorise un regroupement de certaines activités de bureau, donnant ainsi davantage d'« intelligence » aux postes de travail. L'utilisation de tels systèmes banalisés conduit souvent à repenser non seulement l'organisation des bureaux et des flux d'information qui y circulent, mais également le *système d'information de l'entreprise* dans son ensemble [1].

1. Christine BAUDELAIRE, « Une nouvelle façon de travailler », *Le Point*, n° 417, 15 septembre 1980.
2. Jean-Paul de BLASIS, « Aux États-Unis : la bureautique au service de la gestion », *Le Monde*, 23 septembre 1981.

1. Louis MERTES, « Doing your office electronically », *Harvard Business Review*, mars-avril, 1981.

Chapitre IV

LES TÉLÉCOMMUNICATIONS DE BUREAU : LA TÉLÉBUREAUTIQUE

« Le débat démocratique ne doit pas freiner l'évolution technologique. »
Louis MEXANDEAU, ministre des P.T.T.
(discours d'inauguration de Télétel 3V
à Vélizy, juillet 1981).

Dans le contexte du bureau, les communications conditionnent le travail des gens, et prennent des formes très variées : communications verbales (face à face ou téléphoniques), et communications écrites (textes, graphiques, images). Les responsables aussi bien que les personnels employés, consacrent une part importante de leur temps et de leurs activités à communiquer entre eux et avec l'extérieur de leur organisation. Comme l'a observé Mintzberg dans ses études sur la nature du travail en gestion, les responsables préfèrent nettement les communications verbales (téléphone, réunions, visites), et passent les trois-quarts de leur temps en dialogues divers [1].

1. Présentation générale du domaine des télécommunications

Le terme de communication peut être entendu selon une acception très large : s'agit-il des relations entre les personnes, des structures de communication de procédures, ou des technologies de communication ? Dans ce chapitre, ce sont essentiellement des technologies de (télé)communication dont il s'agit, sans pour autant négliger les autres sens du terme, souvent indispensables à l'explication et à la compréhension de l'usage qui en est fait.

Pour clarifier dès le départ le terme de « télécommunication »*, autant se référer à la définition qu'en donne l'Union Internationale des Télécommunications : « il s'agit de toute transmission, émission ou réception de signes, signaux, écri-

1. Henry MINTZBERG, « Manager's Job : Folklore and Facts », *Harvard Business Review*, juillet-août 1975.

ture, images et sons ou éléments d'intelligence de toute nature, par fils, radio, procédés optiques ou autres systèmes ». Les télécommunications recouvrent donc l'ensemble des techniques de transmission à distance, quel qu'en soit le support.

Les télécommunications de bureau (ou « télébureautique ») représentent la seconde couche de l'« iceberg bureautique » défini au premier chapitre, et constituent donc un domaine extrêmement important des applications bureautiques. Les équipements et systèmes de télécommunications sont très diversifiés et nombreux. Ils font souvent appel à des notions techniques complexes — tout au moins pour ceux qui ne sont pas familiarisés avec l'électronique et l'informatique, ... et encore ! L'objectif n'est donc pas d'entrer dans le détail du fonctionnement des technologies de télécommunications, ni de passer en revue de façon exhaustive l'ensemble des équipements. Dans ce domaine, il existe des ouvrages techniques spécialisés fort bien faits qui pourront satisfaire ceux qui souhaitent approfondir ces aspects des choses [1].

Le souci majeur qui a présidé à la rédaction de ce chapitre, a été tout d'abord de sélectionner les équipements et systèmes de télécommunication *utilisables dans l'environnement du bureau,* et plus particulièrement ceux qui y sont apparus *récemment.* Ensuite, la présentation a été axée sur leurs aspects fonctionnels et sur leurs applications, dans l'optique d'une *intégration des divers matériels bureautiques* (chap. V).

Après une analyse succincte de l'évolution des communications et des télécommunications dans l'entreprise, les principaux outils de télécommunication au service du bureau sont présentés. Chaque fois que cela est possible, les matériels font l'objet d'appréciations économiques et commerciales. Enfin, les perspectives d'évolution des télécommunications de bureau sont examinées plus globalement dans le contexte du monopole des P.T.T., et de l'avènement de la télématique* professionnelle.

Les modes de communication, qu'ils soient intra-entreprise ou inter-entreprises, font appel à des techniques ou à des technologies très variées :

— coursiers internes ou privés pour transporter les documents ;

— services postaux et services de messagerie ;

— téléphone et appareils de péri-téléphonie (composeurs, répondeurs-enregistreurs, etc.) ;

— autocommutateurs* téléphoniques privés pour gérer le réseau téléphonique interne ;

— télex* ;

— services de courrier électronique* (télécopie*, télétex*, transfert électronique de fonds*, vidéotex*) ;

— services de messagerie électronique* par ordinateur ;

— téléconférence* (audiographique, visiophonique ou informatisée) ;

1. Voir notamment :
— C. MACCHI, J.-F. GUILBERT et al., *Téléinformatique,* Dunod 1979 ;
— LORRAINS (ouvrage collectif), *Réseaux téléinformatiques,* Hachette, 1979 ;
— P. VUITON, P. LECLERQ et M. BOUVIER, *La téléinformatique, clé de la télématique,* La Documentation pratique, 1978,
ou pour une approche plus succincte mais néanmoins pratique :
— C.I.T.E.L. (ouvrage collectif), *Les moyens et les services de la télématique,* compte rendu d'une journée d'étude organisée par le C.I.T.E.L., Nice, 2 Juin 1981.

— et d'autres services nouveaux de télécommunication qui sont progressivement mis en place par les constructeurs, les prestataires de services ou l'Administration des P.T.T. [1]

Les premières de ces techniques sont trop connues pour être présentées. A l'exception du téléphone et de tout ce qui suit, les services archaïques « manuels », selon les études prospectives les plus sérieuses, sont appelés à disparaître ou à n'être plus qu'un rare luxe réservé à quelques privilégiés [2].

Les techniques plus récentes et les nouveaux services qui sont analysés dans ce chapitre tendront à les remplacer progressivement.

2. L'évolution des communications et des télécommunications

Dans les échanges de communications entre les entreprises, les administrations, le courrier d'affaires représente plus de cinq milliards de plis en France, et ce chiffre est en constante augmentation [3]. La boulimie d'information que connaît notre société, et dont le papier est encore le principal support, encouragée en cela par les systèmes de duplication et de traitement de texte les plus modernes, implique que le bureau de demain « sans papier » est encore loin. Tout au plus, les technologies de télécommunication, associées aux autres technologies de la bureautique, autorisent-elles d'envisager — à terme — un bureau avec « moins de papier ».

2.1. DE LA COMMUNICATION « PAPIER » AUX TÉLÉCOMMUNICATIONS

La manipulation de tous ces papiers est source de coûts non négligeables, essentiellement en main-d'œuvre. Les activités les plus simples sont souvent les plus longues et fastidieuses à accomplir en ce domaine : une secrétaire met une heure à assembler dix fois un document de cent pages, par exemple. Les entreprises n'ont que très rarement pris le traitement du courrier au sérieux. Alors que des millions sont investis dans la rationalisation des chaînes de production, ou dans l'informatique, les responsables hésitent souvent sur l'acquisition d'une modeste agrafeuse plus performante ou d'une machine pour le façonnage des documents. Il a pourtant été calculé que l'expédition de 250 plis par jour suffit à rentabiliser l'automatisation du service courrier.

1. Dans la plupart des pays européens, les services de télécommunications relèvent d'un monopole d'État (en France, article L 32 du Code des P.T.T.). Ce n'est pas le cas aux États-Unis ou au Canada par exemple, où des organismes privés s'en chargent — avec un certain contrôle de l'État, il est vrai.

2. Voir notamment l'article de Sylvie HÉRIARD-DUBREUIL, « Informatisation de la société : un rôle pour la Poste ? », dans *Informatique et Gestion,* n° 100, octobre 1978.

3. Voir notamment les études menées par l'Institut Rémy-Genton.

Il est vrai que les techniques viennent bouleverser progressivement le bureau, qui « s'industrialise » et s'encombre de plus en plus de fils électriques et de fils de télécommunications, reliés à des réseaux divers. Démultipliant les communications internes et surtout externes, les réseaux sont devenus les véritables centres nerveux indispensables aux activités des organisations de notre temps.

Deux évolutions ont conditionné le développement des réseaux de télécommunications : d'une part l'évolution technologique, et l'évolution économique et sociale d'autre part [1].

S'agissant des télécommunications, l'évolution est rapide aussi bien en ce qui concerne la transmission que la commutation. Les grands axes du développement technologique ne peuvent s'apprécier raisonnablement que sur un horizon pas trop éloigné d'une dizaine d'années. En matière de transmission, les capacités et les vitesses ont fait des progrès considérables (voies téléphoniques bidirectionnelles à haut débit, ou canaux de télévision). L'apparition d'un nouveau support plus attrayant sur le plan économique que les fils de cuivre classiques ou les émetteurs hertziens de télévision, comme les fibres optiques*, permet d'envisager encore des améliorations. En transmission, les satellites de télécommunications (Intelsat, Télécom 1*, etc.) ouvrent également des possibilités nouvelles, d'autant plus que des lancements privés intervenus récemment [2] devraient en accroître le nombre, et par tant l'utilisation.

D'un autre côté, l'informatique, les microprocesseurs, et l'opto-électronique [3], font considérablement progresser la transmission et le codage des informations. La compression de la parole et de l'image ont cessé d'être des techniques de laboratoires pour entrer dans la pratique, ce qui démultiplie les capacités de transmission.

En commutation*, l'informatique et ses technologies associées, contribuent aussi à révolutionner la technique. La commutation électronique est devenue une réalité économique (voir plus loin section 4.2). Dans certains pays, plus de 10 % des lignes téléphoniques sont déjà desservies par des autocommutateurs électroniques*, et le mouvement gagne la plupart des autres. Grâce à cela, de nouveaux services sont offerts à des clientèles plus diversifiées que par le passé, avec une meilleure sûreté de fonctionnement dans l'exploitation.

L'informatique s'applique également dans les équipements terminaux des utilisateurs, entreprises ou usagers privés (téléinformatique*, bureautique, télématique professionnelle ou de grande diffusion). Il en sera question plus loin de façon détaillée.

Naturellement, cette évolution technologique rapide pose des problèmes importants dans le secteur des administrations des télécommunications de tous les pays industrialisés, qui doivent relever le défi de la modernisation de leurs équipements à des coûts raisonnables. Elles tireront sans doute parti des baisses de coûts résultant, justement, des progrès technologiques et des économies d'échelle obtenues par la diffusion de masse des équipements.

1. Pierre TORNATO, « Le courrier électronique : une révolution dans la communication ? », *L'Onde Électrique Magazine*, n° 12, 1977.

2. Se rappeler à ce sujet le lancement en novembre 1980 du premier satellite de la société S.B.S. (Satellite Business System) dans laquelle I.B.M. est associé avec Comsat et Aetna Life and Casualty.

3. Opto-électronique : partie de la physique combinant à la fois les techniques de l'optique et de l'électronique.

En ce qui concerne l'évolution économique et sociale de l'environnement des télécommunications, l'une de ses caractéristiques essentielles est le besoin accru de communication et d'information de notre société [1]. On peut néanmoins retenir qu'un lien existe entre l'évolution du secteur de l'information et l'évolution des activités des pays développés [2]. On commence même à parler de « travailleurs du savoir » pour désigner l'ensemble des personnels affectés à la création, à la manipulation, à la diffusion des informations de notre société de communication [3]. Pour toutes les organisations, les communications ont pris une importance capitale, qu'il s'agisse de la localisation de l'entreprise ou de son fonctionnement. La prise de conscience des dirigeants d'entreprises de leur dépendance vis-à-vis des moyens de communication est assez récente. Ils deviennent de plus en plus attentifs aux systèmes de communication qu'ils utilisent de façon à obtenir le meilleur rapport coût-bénéfice de leurs équipements.

Du point de vue social, l'évolution des techniques a également des effets non-négligeables sur l'emploi, les conditions de travail, la société dans son ensemble, — déjà soulignés par la littérature abondante en ce domaine. (Voir notamment [4 et 5].) Cette évolution peut et doit être maîtrisée pour qu'elle se fasse en accord avec le monde du travail, sinon ses conséquences ne seront pas acceptées. Les conditions de travail risquent d'être modifiées de façon sensible par les moyens et services nouveaux des télécommunications. Elles doivent faire l'objet d'études approfondies pour bénéficier des aspects positifs des progrès techniques. Des organismes tels que l'A.D.I., l'A.N.A.C.T., l'A.F.C.E.T., et plus particulièrement l'I.R.E.S.T. [6] pour les télécommunications, s'en occupent très activement en France.

Mais l'homme n'a pas seulement une activité professionnelle. Dans sa vie de tous les jours il peut s'attendre à des transformations importantes dans les années à venir, du point de vue qui nous intéresse ici. Certains de ces changements sont souhaitables, d'autres moins, et de toute façon souvent controversés. Par exemple, la frénésie de la vie moderne peut, dans une certaine mesure, être aménagée grâce aux technologies des télécommunications. On parle alors d'expériences de télétravail*, de télélocaux qui permettent de minimiser les déplacements entre le lieu de résidence et le lieu de travail, source potentielle d'économies d'énergie et de temps.

Bref, les télécommunications et les réseaux constituent une source d'évolution dans les bureaux, aussi bien que dans les foyers de millions de personnes. Pour bien en apprécier les possibilités, encore faut-il les connaître suffisamment.

1. Les causes en sont multiples, et sont développées plus avant dans notre ouvrage : « *Les enjeux-clés de la bureautique* », les Éditions d'Organisation, 1982, consacré notamment aux aspects économiques et sociaux.

2. Edwin PARKER, « Conference on Computer-telecommunications Policy », rapport de l'O.C.D.E., février 1975.

3. Paul STRASSMANN, « Le bureau du futur », *Bureau Gestion*, nos 10 et 11, décembre 1978 et janvier-février 1979.

4. C.F.D.T., Les dégâts du progrès, Seuil, 1976.

5. Actes du Colloque Informatique et Société, 1979.

6. A.D.I. : Agence de l'informatique.
A.F.C.E.T. : Association française pour la cybernétique économique et technique.
A.N.A.C.T. : Agence nationale pour l'amélioration des conditions de travail.
I.R.E.S.T. : Institut de recherches économiques et sociales sur les télécommunications.

Aussi, sans pour autant entrer dans des considérations trop techniques, il convient d'identifier chacun des principaux réseaux disponibles.

3. Les différents réseaux de télécommunication

Les principaux réseaux de télécommunication disponibles et utilisables par les entreprises se répartissent en cinq catégories :

— le réseau téléphonique ;
— le réseau télex ;
— les réseaux hertziens de télévision ;
— les réseaux de téléinformatique (privés ou publics) ;
— les réseaux spécialisés (servant notamment à la téléconférence) (fig. 4.1.).

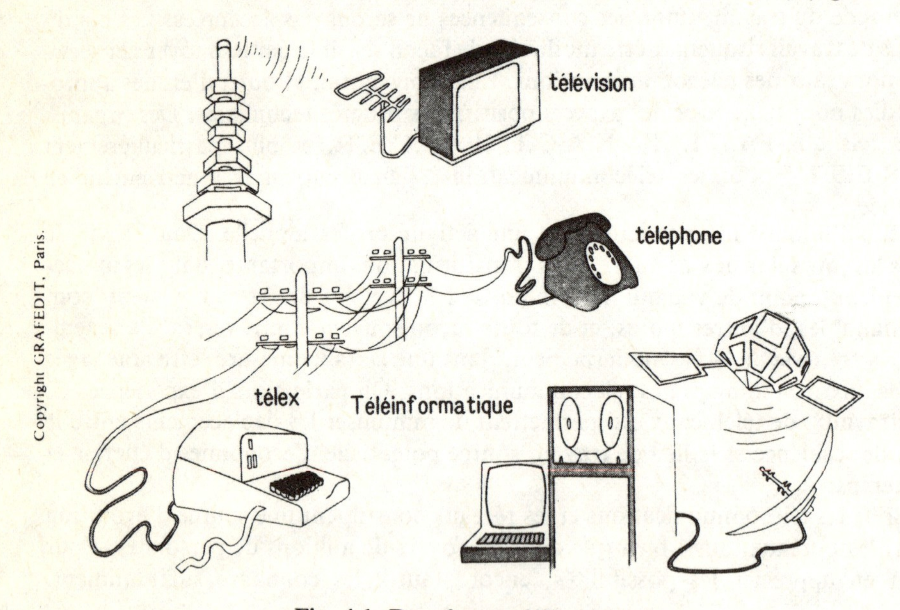

Fig. 4.1. Des réseaux déjà existants.

3.1. LE RÉSEAU TÉLÉPHONIQUE

Il s'agit du réseau de téléphone classique (dit « réseau commuté »), que l'on utilise pratiquement partout aujourd'hui. Avec sa structure hiérarchique à trois niveaux (centres de transit régionaux, centres à autonomie d'acheminement et commutateurs locaux), il couvre l'ensemble du territoire français. Son ouverture en 1964 aux transmissions de données a permis le développement rapide des applications de téléinformatique. En général, sa vitesse est limitée dans le cas de transmission de données (entre 30 et 120 caractères par seconde environ), et la fiabilité est fonction des lignes obtenues. Pour connecter des équipements terminaux sur le réseau commuté téléphonique, il convient d'utiliser un modem* ou un « coupleur acoustique » (modèle particulier de modem dans lequel s'insère le combiné classique de téléphone), qui doit respecter certaines conditions d'agrément par les P.T.T. pour ne pas nuire au bon fonctionnement de l'ensemble du réseau. Le principe de tarification comprend des frais fixes (raccordement et abonnement mensuel) et des frais de communications (taxées à la durée en fonction de la distance entre les correspondants).

Le réseau téléphonique commuté est utilisé couramment pour raccorder des terminaux informatiques à des ordinateurs, des machines de traitement de texte entre elles ou à des ordinateurs, etc. C'est le moyen le plus simple, mais pas forcément le meilleur sur le plan de la qualité de la transmission, ni sur celui des coûts si les communications sont fréquentes, de longue durée, sur des distances moyennes ou grandes. Dans ce cas, on lui préfèrera, soit des lignes louées au mois, qui sont généralement de meilleure qualité, tout en autorisant des débits un peu plus élevés, soit des réseaux spécialisés (du type Transpac*).

3.2. LE RÉSEAU TÉLEX

Le télex (ou réseau commuté télégraphique), ouvert aux transmissions de données depuis 1963, présente deux avantages techniques par rapport au réseau commuté téléphonique :

— absence de modem chez l'usager, et

— meilleurs systèmes de commutation.

Les services proposés autorisent deux gammes de vitesse, jusqu'à 5 caractères par seconde (50 bauds*), et jusqu'à 20 cps (200 bauds). A 200 bauds, le réseau français de télex est déjà connecté aux réseaux allemand (Datex) et belge. L'installation comprend généralement un terminal « téléimprimeur », mais l'accès au réseau télex pour la commutation de messages peut se faire au moyen d'une machine de traitement de texte par exemple, à condition de disposer de l'équipement spécial d'adaptation au réseau. La transmission différée est aussi possible (appel et réponse automatiques) avec des terminaux travaillant à des vitesses de l'ordre de 15 à 20 caractères par seconde.

La transmission des messages est donc relativement lente, mais le télex a l'avantage d'être largement répandu dans les entreprises, en Europe notamment. Il est aussi un moyen de communication assez bon marché, et de plus en plus reconnu pour les transactions commerciales (bons de commande, accusés de réception de marchandises, etc.). Une comparaison économique avec le réseau commuté téléphonique à 300 bauds fait ressortir l'avantage du réseau télex pour des distances supérieures à 200 kilomètres, et entre 100 et 200 kilomètres pour des communications de longue durée. Les coûts comprennent des frais de raccordement, des taxes d'installation, un abonnement mensuel, et des taxes de communication dépendant des circonscriptions et de l'heure de fonctionnement dans la journée.

L'apparition récente des « nouveaux télex »* redonne une certaine jeunesse à ce moyen de communication pratique, sûr, et relativement économique. Le télex ne nécessite aucun aménagement particulier des locaux de l'entreprise. Les équipements actuels ne prennent pas plus de place qu'un poste de dactylographie, et sont plus esthétiques et moins bruyants que par le passé. Malgré l'arrivée d'autres services nouveaux de messagerie, le télex a encore une bonne carrière devant lui [1, 2].

3.3. LES RÉSEAUX HERTZIENS DE TÉLÉVISION

Les réseaux de télévision peuvent également servir à la transmission de données. Ce sont des réseaux dits « à large bande passante », autorisant des débits très élevés. Ils permettent de transmettre non seulement des caractères, mais aussi du son et des images, fixes ou animées. Pour cela, ils utilisent des émetteurs qui envoient des faisceaux dans les airs (hertziens), ou à travers des câbles (télédistribution) reliés aux récepteurs munis d'un décodeur spécial. L'usage du réseau de télévision se prête bien à une diffusion de masse des informations contenues dans des banques de données d'ordinateurs centraux. Un service de ce genre est déjà en fonctionnement en France sous la dénomination d'Antiope*. Il s'agit d'un système de vidéotex* diffusé (appelé aussi télétexte*) permettant la visualisation sur un récepteur de télévision muni d'un clavier et d'un décodeur, de pages d'informations organisées en magazine et transmises par le réseau de télévision. Antiope comporte plusieurs magazines : informations boursières, météorologiques, routières, etc.

Il ne faut pas confondre ce service de vidéotex diffusé avec celui du vidéotex interactif de type Télétel* qui utilise également un récepteur de télévision (ou un autre terminal à écran) pour visualiser des pages d'informations. Mais dans ce cas, c'est le réseau commuté téléphonique qui est utilisé pour transmettre et recevoir les informations.

En matière de réseaux locaux* [3], des développements nouveaux sont à envisager avec les réseaux à large bande passante, véhiculant des données, des textes, des images animées et fixes sur un canal de standard télévision. Le réseau interne de télévision de l'entreprise peut alors se coupler à ce réseau local pour transmettre des images (informations, messages, surveillance des locaux, sécurité, visioconférence*, etc.). C'est le cas, par exemple du produit Wangnet, réseau à large bande passante proposé par Wang [4].

3.4. LES RÉSEAUX DE TÉLÉINFORMATIQUE

Les réseaux de téléinformatique ont été créés pour faire communiquer entre eux des équipements informatiques (terminaux, ordinateurs, etc.), éloignés les uns des autres, en transmettant l'information sous forme « numérisée » (c'est-à-dire codée par un arrangement d'éléments binaires (0 ou 1) appelés « bits »).

---

1. Arnaud BRESSANGE, « Le télex : ce vétéran plein d'avenir », *Bureau Gestion*, n° 2, janvier/février 1978.
2. Jules FEDOROW, « Le télex n'a pas dit son dernier mot », *01 Informatique*, n° 148, mars 1981.
3. Le terme de « réseau local » est encore ambigu, selon qu'il est utilisé par les P.T.T. ou par les constructeurs internationaux (voir glossaire).
4. Jean-Paul de BLASIS, « Nouveaux concepts, nouveaux produits : quand les grands se réveillent », *Bureau Gestion*, nos 36/37, août-septembre 1981.

L'utilisation conjuguée des techniques de télécommunication et de l'informatique a donné naissance à ce domaine qui connaît un développement considérable sur le plan international. L'accès à l'informatique — et par extension l'accès à tous les services où l'information est « numérisée » (traitement de texte, messagerie électronique, etc.) —, à partir de points géographiquement éloignés, offre des possibilités d'applications très variées, tant pour les entreprises que pour les particuliers.

D'un point de vue technique, en simplifiant, il faut distinguer les réseaux ouverts où tous les équipements connectés peuvent entrer en relation les uns les autres, et les réseaux fermés (en liaisons point à point ou multipoints) où les équipements terminaux ne peuvent entrer en contact qu'avec l'ordinateur central au moyen de « concentrateurs » et de « multiplexeurs » assurant la connexion des lignes de communication. D'autre part, il convient de distinguer, parmi les techniques de transmission, celle relevant de la transmission de données « par paquets », expliquée brièvement plus loin. Enfin, il faut savoir qu'il existe des réseaux téléinformatiques privés, appartenant à une ou plusieurs entreprises, et des réseaux publics, du type Transpac* en France, accessibles à tous les organismes.

La technique de *transmission de données par paquets* mise au point au cours de la décennie précédente (réseau Arpanet aux États-Unis, Cyclades puis Transpac en France, ...), est importante à plus d'un titre dans le contexte bureautique qui nous intéresse ici. Il semble en effet que les concepteurs de systèmes bureautiques aient adopté le mode de transmission par paquets pour véhiculer sur les réseaux les textes, messages, et autres données numérisées. Ces informations circulent alors à la fois sur des réseaux publics de type Transpac (voir Encadré 1) pour les liaisons inter-entreprises, et sur les réseaux locaux de type Ethernet, Danube, etc., pour les liaisons intra-entreprise.

Dans le mode de transmission par paquets, les données numérisées sont acheminées sous forme de blocs de taille fixe, appelés « paquets ». Ceux-ci sont accompagnés d'informations de service qui permettent d'identifier l'équipement expéditeur et l'équipement destinataire. Arrivés à destination après un cheminement parfois complexe entre divers ordinateurs, ils sont libérés de leurs informations de service, et les messages sont ainsi automatiquement reconstitués. Cette technique permet d'accroître de façon très sensible le rendement des artères de communication : une transmission n'utilise des ressources de communication que lorsque les données sont transmises. Il en résulte une optimisation des moyens de transmission, et une économie d'autant plus substantielle que les communications réalisées comportent en moyenne des zones de silence importantes entre chaque message.

Le procédé de transmission par paquets est gouverné par une norme internationale définie par le C.C.I.T.T. [1], la norme X.25, retenue par de nombreux pays pour la réalisation de leur réseau : Canada, États-Unis, Japon, et tous les pays de la C.E.E. qui participent au réseau européen Euronet.

Avec la transmission par paquets, un pas important a été franchi vers une certaine normalisation permettant de relier entre elles des ressources hétérogènes.

1. C.C.I.T.T. : Comité Consultatif International Télégraphique et Téléphonique, organe international de normalisation en télécommunications.

Effectivement, une des caractéristiques de la bureautique est de faire appel à des équipements très variés, et d'origines très diverses. Il a donc été nécessaire de mettre au point des règles d'échange (appelés « protocoles »), qui assurent une communication convenable entre des équipements hétérogènes. L'I.S.O. [1] s'est préoccupée du problème, et l'un de ses comités techniques a mis au point un modèle de référence pour « l'interconnexion des systèmes ouverts ». Ainsi, à partir de ce modèle qui traite presque tous les cas de figure de réseaux en sept niveaux hiérarchisés (« couches »), le concepteur d'un réseau bureautique peut agencer des équipements divers, à condition que les constructeurs respectent les règles du modèle de référence [2].

Les *réseaux locaux,* d'apparition récente, sont à usage privatif au sein d'une entreprise. En général, un réseau local ne peut s'étendre au-delà des murs de l'entreprise, ou de quelques bâtiments pas trop éloignés les uns des autres. Par rapport aux réseaux classiques de téléinformatique, ils présentent des avantages indéniables : débit élevé (plusieurs millions de bits par seconde), connectivité totale en théorie, contrôle décentralisé, et excellente fiabilité. Sur le plan de leur fonctionnement et de leurs applications, les réseaux locaux sont traités de façon plus détaillée dans notre ouvrage : « *Les enjeux-clés de la bureautique* », les Éditions d'Organisation, 1985 [3].

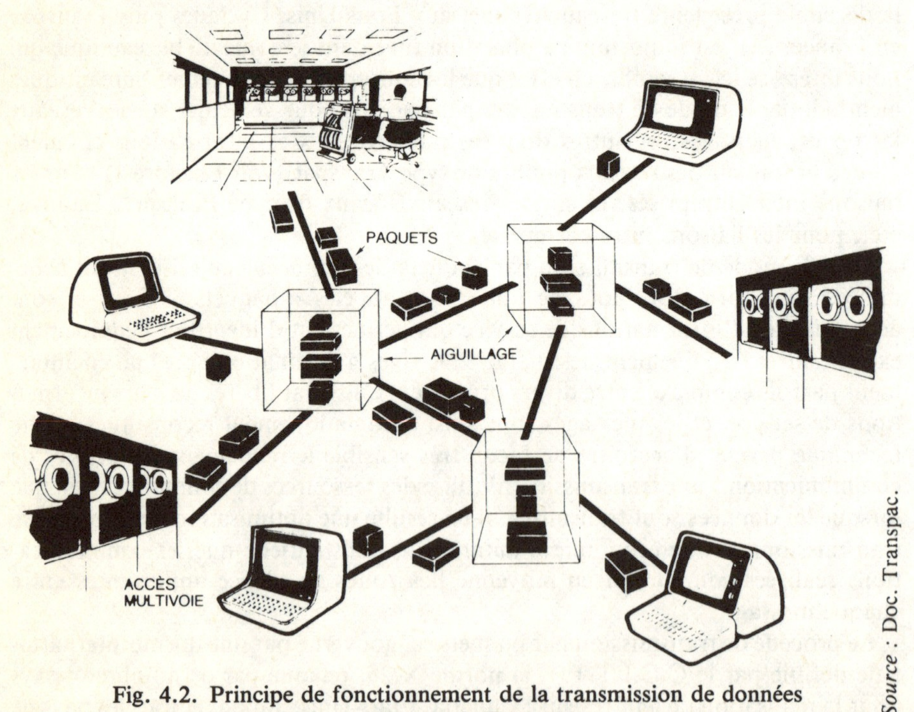

Source : Doc. Transpac.

Fig. 4.2. Principe de fonctionnement de la transmission de données par paquets de Transpac.

1. I.S.O. : Organisation internationale de normalisation, dont l'AFNOR est le correspondant français.
2. Voir notamment, Jean-Paul BOIS, « Projets de normalisation AFNOR en bureautique », *Actes du Congrès bureautique 80,* A.F.C.E.T., mars 1980.
3. Voir également, Des réseaux locaux ?, *Bulletin de l'I.D.A.T.E.,* N° 5, octobre 1981.

Encadré 1

Le réseau public français de transmission de données par paquets : TRANSPAC.

Organisation :

Pour répondre au développement très rapide du marché de la téléinformatique et pour faire face à la très grande diversité des systèmes et des applications informatiques, un nouveau réseau de transmission des données est offert aux utilisateurs : le réseau Transpac.

Ce nouveau service est géré par une société d'économie mixte, Transpac, créée en mars 1978.

Structure du réseau :

Transpac est organisé autour d'ordinateurs spécialisés assurant les fonctions de concentration, de commutation des données. Ils sont reliés entre eux par un réseau fortement maillé de canaux rapides (au moins deux liaisons à 72 000 bit/seconde pour chaque relation entre autocommutateurs).

Transpac est accessible en tout point du territoire français, et la densité du réseau croît très rapidement. L'accès peut s'effectuer soit directement, soit par l'intermédiaire du réseau téléphonique ou du réseau télex. (Voir figure 3.2.)

Il dispose de performances appréciables :

— vitesse de transmission entre 50 et 48 000 bit/s ;
— qualité de transmission ;
— disponibilité ;
— confidentialité et protection des accès.

Domaine d'utilisation :

Transpac est destiné à répondre à la majeure partie des besoins téléinformatiques.

— applications conversationnelles (interrogations/mises à jour de fichiers, temps partagé, gestion de transactions, saisie interactive...) ;
— saisie de données avec transmission différée ;
— télétraitement par lot ;
— interconnexion d'ordinateurs pour le transfert de fichiers ou le partage des ressources ;
— transmission de messages/télécopie.

Aspects commerciaux :

Transpac est un service public, accessible en tout point du territoire, il facilite la décentralisation et permet ainsi aux P.M.E. d'accéder à l'informatique. La tarification est indépendante de la distance entre correspondants et au point de raccordement Transpac. Liée à la vitesse d'accès au réseau, elle est proportionnelle au volume des informations utiles transmises. Des réductions importantes — jusqu'à 80 % — sont consenties pour l'utilisation du réseau pendant les heures creuses.

3.5. LES RÉSEAUX SPÉCIALISÉS

Pour être à peu près complet dans ce rapide panorama des réseaux existants, il faut citer quelques autres réseaux ou services spécialisés opérationnels en France, en dehors de ceux déjà vus :

Débit binaire (bit/s)	RÉSEAUX PUBLICS (avec commutation)		LIAISONS SPÉCIALISÉES (sans commutation)	
	analogiques	numériques	analogiques	numériques
50 200 1 200 2 400 4 800 9 600 19 200 48 K 64 K : 2 048 K	télé-phone (4 kHz) CADUCÉE (1) (4 kHz)	télex TRANSPAC satellite TELECOM (à partir de 1984)	téléphoniques (4 kHz) groupes primaires (48 kHz)	télégra-phiques TRANSPLEX (2) liaisons bande de base (courte distance seulement) TRANSMIC (3)

(1) CADUCEE : le réseau actuel à 2 commutateurs, ne sera pas étendu.
(2) TRANSPLEX : fermera en 1983.
(3) TRANSMIC : service actuellement disponible seulement sur quelques villes.

Tableau 4.1. Services publics de transmission

— *Transplex,* service de location de canaux destinés à la transmission de données numériques à basse ou moyenne vitesse (50 à 1 200 bauds) ;

— *Transmic,* service de liaisons spécialisées numériques réservé à la transmission de données synchrones* ;

— *Liaisons spécialisées,* liaisons empruntées à l'infrastructure générale des Télécommunications, et mises à la disposition exclusive d'un utilisateur sous le régime de la location-entretien (appelées souvent « lignes louées ») ;

— *Colisée,* centre de transit pour liaisons spécialisées permettant l'interconnexion automatique des autocommutateurs privés desservant les différents établissements d'une même société ;

— *Sésame,* réseau offrant à chaque client ayant loué des liaisons spécialisées internationales, la possibilité de constituer un réseau privé qui utilise la technique de commutation de messages [1] ;

— *Caducée,* réseau commuté réservé à la transmission de données. Caducée est utilisé comme support du réseau de téléconférence permettant d'organiser des

1. Cette technique consiste en la réception et l'enregistrement des messages dans le commutateur, qui se charge de déterminer les destinataires et de leur retransmettre les messages.

réunions de travail entre plusieurs groupes de personnes dispersées sur le territoire français. Ce service est proposé en deux versions : l'audioconférence et la visioconférence. La téléconférence est détaillée plus loin (section 4.4.) ;

— *Télétel,* service de vidéotex interactif, né de l'association du téléphone et du téléviseur, qui permet à un utilisateur de dialoguer avec un centre d'information par ordinateur. Télétel est également détaillé plus loin (section 4.3.4.) ;

— *Télécom 1* (mise en service en 1984) : système national de télécommunications par satellite (services de télécommunications numériques à haut débit, vidéocommunications, téléphone et télévision). Voir section 5.2.

4. Les principaux outils de télécommunication au service du bureau

Les outils de télécommunication disponibles aujourd'hui de façon commerciale, sont déjà légion. Certains s'utilisent dans la vie quotidienne de millions de foyers, et d'autres sont davantage destinés à une utilisation au bureau, et mettent en jeu les innovations technologiques les plus récentes. Tirant profit de l'électronique, de l'informatique et des microprocesseurs, des réseaux, de l'optique, ces équipements sont très diversifiés. Depuis le combiné téléphonique traditionnel jusqu'aux systèmes les plus sophistiqués de messagerie électronique, il existe des outils de communication pour toutes les bourses, toutes les tailles d'entreprises, et pratiquement pour toutes sortes d'applications.

Dans les quelques descriptions de systèmes qui suivent, certains équipements n'ont pas été retenus, soit parce qu'ils sont souvent suffisamment connus, soit parce qu'ils n'appartiennent pas à proprement parler au monde du bureau, même si certains sont parfois utilisés à des fins professionnelles.

Les présentations qui suivent, portent sur :

— le téléphone et la péritéléphonie ;

— les autocommutateurs électroniques privés ;

— le courrier électronique (télécopie, messagerie électronique, télétex) ;

— le vidéotex ;

— la téléconférence.

4.1. LE TÉLÉPHONE ET LA PÉRITÉLÉPHONIE

Le combiné téléphonique est un outil bureautique apparemment bien connu, mais qui mérite néanmoins quelques commentaires tant son importance est devenue vitale au fonctionnement des organisations modernes. Le téléphone est un objet devenu familier sur la plupart des bureaux, et il serait difficile de s'en passer aujourd'hui. Comme bien d'autres équipements, le téléphone actuel bénéficie de l'apport de l'électronique, de l'informatique, des microprocesseurs. Les touches ont remplacé le composeur rotatif, et il peut désormais servir de « terminal numérique » pour dialoguer avec des centraux électroniques, des autocommutateurs privés ou des ordinateurs (voir encadré 2). Ces fonctions vont se développer dans l'avenir, et le téléphone pourra servir de terminal de consultation de messages vocaux enregistrés dans des « boîtes à lettres vocales » d'autocommutateurs électroniques privés ou publics [1]. Des systèmes de ce genre sont d'ailleurs déjà commercialisés (voir section 4.3.2.(B)).

D'autre part, l'ancien téléphone gris — modèle 1963 — laisse progressivement la place aux nouveaux combinés — modèles 1983. Un « téléphone de confort »* apparaît avec de nouvelles facilités pour l'usager (voir encadré 3). Il existe une grande variété de téléphones de par le monde : monoblocs, muraux, pliants, miniatures (pas plus gros qu'un rasoir électrique), sans fils, etc. Théoriquement, seuls les modèles *agréés et homologués* par l'Administration des P.T.T., sont autorisés sur le réseau commuté téléphonique. Certains peuvent s'utiliser à condition d'être installés sur un réseau téléphonique interne, « derrière » le central de l'entreprise. Il faut regretter que l'Administration des P.T.T. en France ait une attitude parfois trop conservatrice à l'égard de ces nouveaux téléphones, dont l'importation est souvent freinée — voire interdite, de façon à encourager les constructeurs français. L'objectif est louable à condition que cela ne dure pas trop longtemps, sinon ce sont les usagers qui en font les frais, en ne bénéficiant pas du confort et de l'efficacité apportés par l'innovation technologique, très rapide dans ce domaine de par le monde.

Poste téléphonique S 63 à touches.
Photo : P.T.T.-D.G.T. (SCORE)

1. Didier DUPRAZ et Jean LACROIX, « Votre poste téléphonique, aujourd'hui et demain » ; *Revue Française des Télécommunications,* n° 40, juillet-août 1981.

Encadré 2

Le clavier téléphonique à touches

Le poste téléphonique à cadran rotatif traditionnel est complété aujourd'hui par deux variantes différentes de clavier :

— *le clavier décimal* disponible depuis plusieurs années, n'apporte qu'une amélioration d'esthétique par rapport au cadran rotatif classique. L'usager peut composer plus rapidement les numéros de téléphone, mais la communication ne s'établit pas plus vite pour autant, car une mémoire interne restitue ensuite à la vitesse du cadran la numérotation vers le central. Il s'agit donc d'une « simulation » du cadran à impulsions numériques ;

— *le clavier à fréquences vocales* [1] est d'apparition plus récente que le précédent, mais il est extérieurement semblable. Le clavier (12 touches : 10 chiffres + 2 symboles) n'émet plus sur la ligne des impulsions, mais des couples de fréquences bien précis situés dans la bande téléphonique (d'où son nom). Lorsqu'on enfonce une touche, il émet simultanément sur la ligne deux fréquences parmi sept réparties en deux groupes (voir figure). L'une des deux fréquences émises est choisie dans la bande inférieure et l'autre dans la supérieure. Ses avantages sont de plusieurs ordres :

— rapidité de composition des numéros (seulement fonction de la dextérité dc l'usager) ;

— composition plus sûre des numéros ;

— et surtout, l'électronique permet de communiquer avec une banque de données ou un centre de renseignements, une fois terminée la simple numérotation du service (ou ordinateur) demandé. De ce fait, on dit souvent que le combiné téléphonique à touches de fréquences vocales constitue le premier terminal simple de télématique ou de bureautique !

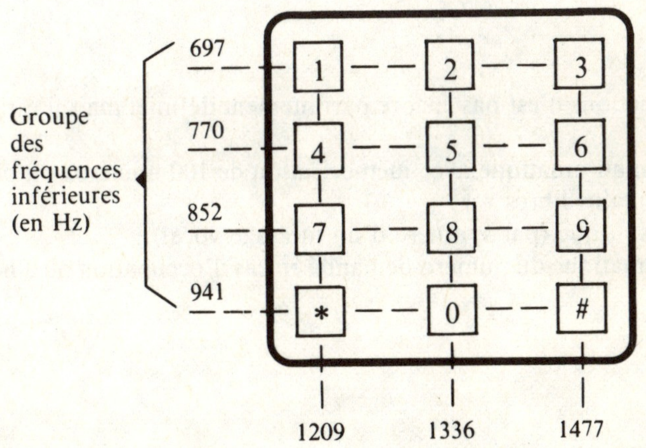

Groupe des fréquences supérieures (en Hz)

1. Le clavier à fréquences vocales ne peut fonctionner que relié à un autocommutateur électronique équipé d'un récepteur multifréquences spécifique.

Encadré 3 :

Les possibilités nouvelles du « téléphone de confort » (T 83)

Modèle de base :

— numérotation décimale ou multifréquences ;
— numérotaticn sans décrochage ;
— sonnerie électronique à niveau sonore réglable (choix de 4 mélodies) ;
— sonnerie déconnectable ;
— écoute amplifiée à niveau réglable ;
— composeur automatique simplifié (mémoire de 10 numéros de 16 chiffres recomposés automatiquement à partir d'un code simplifié) ;
— position « secret » (inhibition du micro) ;
— réémission du dernier numéro en cas d'occupation ou de non-réponse ;
— rappel d'enregistreur (raccrochage de durée déterminée) ;
— cordon de liaison poste-combiné déconnectable.

Milieu de gamme :

— afficheur numérique 7 segments de 16 chiffres permettant de visualiser :
• le numéro composé à l'aide du clavier ;
• le numéro mémorisé de son choix ;
• la durée de communication ;
• l'heure ;
— Selon les constructeurs, l'appareil pourrait disposer éventuellement de fonctions logicielles (appel d'urgence, réception seulement, intégration d'un télétaxe, etc.).

Haut de gamme :

La liste des fonctions n'est pas encore parfaitement définie, mais il est possible de citer :
— composition automatique avec mémorisation de 100 numéros ou plus ;
— fonction « mains libres » ;
— répondeur statique (par synthèse d'un message vocal) ;
— rappel automatique du numéro demandé en cas d'occupation ou à heure fixe ;
— etc.

Les différents modèles du T 83.
(Télic, Thomson, Matra.)

Photo P.T.T.-D.G.T. (SCORE)

A côté du téléphone, s'est également développée toute une gamme de produits qui visent à en faciliter l'utilisation : composeurs automatiques, répondeurs-enregistreurs, amplificateurs « mains libres », répertoires programmés, etc. Ce sont des appareils de « péri-téléphonie » individuelle s'avérant souvent fort utiles, mais dont les principales fonctions sont reprises dans les autocommutateurs programmables privés décrits dans le paragraphe suivant.

Il a déjà été signalé que l'intelligence conceptuelle de l'homme s'exprime essentiellement par la parole, et que le relais privilégié en est le téléphone. Mais, le téléphone fait mieux que transmettre, il favorise souvent la communication. Des études effectuées aux États-Unis au début des années 70, concernant le visiophone*, cet appareil de téléphone dans lequel les correspondants peuvent se voir et s'entendre, ont montré que les usagers potentiels n'étaient pas prêts à l'accueillir favorablement à l'époque[1]. Ils ne souhaitaient pas se voir. Gageons qu'aujourd'hui avec l'envahissement de l'audiovisuel dans de nombreux domaines, les conditions de l'acceptation du visiophone sont plus favorables que par le passé. Néanmoins, avec le téléphone classique, l'aspect physique des personnes est ignoré, et le charme de la voix y prend toute sa dimension. Cela expliquerait par ailleurs, le succès de certains moyens de communications tels que le « réseau » en France[2], ou la C.B. (Citizen Band) un peu partout dans le monde.

Il existe bien d'autres équipements et services de télécommunication. Ils ne feront pas l'objet de développement ici où l'on se limite seulement à en citer quelques-uns :

— le *radiotéléphone* automatique, utilisable à bord de voitures ou de bateaux de plaisance, dans certaines limites géographiques ;

— *Eurosignal,* service d'appel de personnes en déplacement. Des signaux radio envoyés par la composition d'un numéro spécial à partir d'un poste de téléphone ordinaire, déclenchent un récepteur portatif signalant au destinataire que quelqu'un cherche à le contacter. Ce dernier n'a qu'à rappeler un numéro convenu à l'avance pour prendre contact avec son correspondant ;

— le *service de télé-alarme* pour personnes âgées ;

— le *renvoi temporaire,* qui permet de faire suivre ses appels chez un autre abonné, à l'intérieur d'une même circonscription ;

— le *service de télé-réunion,* qui permet à plusieurs personnes de dialoguer par téléphone après s'être donné rendez-vous à un numéro spécial où les P.T.T. les connectent les uns aux autres ;

— le service « libre-appel » permettant aux usagers d'appeler gratuitement certains organismes qui prennent les frais de la communication à leur charge ;

— etc.

4.2. LES AUTOCOMMUTATEURS ÉLECTRONIQUES PRIVÉS

Le rôle et l'importance du réseau téléphonique dans les communications d'une entreprise ne sont plus à négliger. L'entreprise est paralysée dès que son système

1. Russell ACKOFF, *Redesigning the Future,* John Wiley & Sons, New York, 1974.
2. Une expérience de « téléconvivialité » fondée sur l'officialisation du « réseau » est même organisée dans la région de Montpellier avec le concours des P.T.T. Le terme « réseau » est le surnom donné par les usagers au réseau téléphonique lorsqu'il est utilisé pour converser informellement avec plusieurs correspondants connectés simultanément sur la même ligne.

téléphonique est défaillant, d'où l'importance d'avoir un système bien adapté à ses besoins, fiable et capable de suivre l'évolution des activités de l'entreprise. Les matériels construits actuellement bénéficient des progrès de l'électronique et de l'informatique, sans en augmenter le coût, pour des services améliorés.

Si le téléphone connaît une forte expansion, c'est dans une large mesure à cause de ce que l'on appelle la « commutation électronique ». Après s'être effectuée d'abord manuellement avec les « opératrices », puis pendant une cinquantaine d'années de façon électromécanique, la commutation téléphonique — c'est-à-dire la concentration et l'aiguillage des messages —, est devenue électronique. Les anciens commutateurs sont devenus autocommutateurs électroniques [1], et deux techniques sont entrées en concurrence :

— la commutation « spatiale » dans laquelle un « chemin » est affecté à la communication pour traverser le central téléphonique, et

— la commutation « temporelle », dans laquelle la communication, échantillonnée et codée, se mêle à d'autres impulsions relatives à d'autres communications.

Ce dernier choix technique se traduit par un accroissement de la capacité de transmission, et permet de traiter plusieurs milliers de communications simultanément. Aussi, l'électronique « spatiale » qui a eu pendant quelques années les faveurs de certains constructeurs et de l'Administration des P.T.T., est-elle progressivement abandonnée. On prévoit que d'ici 1985, la commutation temporelle aura complètement remplacé la spatiale.

D'une manière générale, les autocommutateurs sont des centraux téléphoniques électroniques à mini ou micro-ordinateurs programmés qui sont appelés à remplacer les standards traditionnels, aussi bien dans l'Administration que dans les entreprises.

De récents développements technologiques en matière de télécommunication tels que les autocommutateurs privés programmables (P.A.B.X.) permettent de relier ensemble diverses fonctions administratives des bureaux automatisés. Un autocommutateur peut également offrir des facilités de communication pour relier un bureau à un autre, au service informatique ou encore à des ordinateurs extérieurs.

Il peut aussi être utilisé dans un grand nombre d'applications intégrant à la fois les communications vocales à celles des données lorsque des modems* sont partagés dans des bureaux. Il permet de mémoriser les messages provenant de l'extérieur dans un système de bureautique pour être délivré ultérieurement. Il offre la possibilité d'être relié à un système cental de dictée pour retranscription ultérieure par le centre de traitement de texte. Il optimise l'utilisation des lignes téléphoniques entre bureaux. Il permet la comptabilité et l'analyse du trafic et des communications pour la répartition des budgets de téléphone... Cet aspect de contrôle n'est pas sans avoir posé un certain nombre de problèmes humains et de conflits lors de quelques mises en œuvre (notamment lors de l'équipement de certaines tours de la Défense près de Paris...).

Les principales fonctions (voir fig. 4.3.).

— ***téléphonie :*** à chaque poste peut être affecté par programme, un certain

1. Appelés parfois P.A.B.X. (de l'anglo-saxon « Private Automated Branch eXchange) lorsqu'ils sont utilisés à l'intérieur d'une organisation comme central téléphonique privé.

nombre de possibilités :

• non-accès au réseau (poste intérieur) ;

• accès au réseau par l'opératrice ;

• accès direct au réseau : local, urbain, national, international ;

• numéros abrégés : en donnant un numéro de trois chiffres, le numéro du correspondant se compose automatiquement ;

• rappel automatique des postes occupés ;

• conférence à trois (un interlocuteur externe maximum) ;

• renvois sur d'autres numéros directement ou après plusieurs sonneries par exemple ;

• groupement de postes sous un même numéro : appels en séquence ou cycliques ;

• postes prioritaires (peuvent entrer en tiers dans une communication) ;

• protection contre les intrusions (ligne des dirigeants, lignes transmettant des données informatiques...) ;

— *gestion de contacts :* certains de ces systèmes permettent :

• la gestion des horaires variables ;

• le contrôle d'accès à des services ou locaux ;

• la transmission d'alarmes ;

— *collecte de données :*

• à partir de téléphones à touches ou de terminaux, on peut interroger des fichiers ou entrer des données (connexion avec un écran ou réponse vocale...) ;

• la liaison ordinateur peut se faire en direct ou en différé.

Les avantages de ce système :

— une gestion d'un plus grand nombre de lignes réseau. En effet, la quasi-totalité des appels vers l'extérieur ne requiert pas l'aide de l'opératrice ;

— une plus grande facilité du travail de l'opératrice qui dispose des fonctions téléphoniques citées plus haut. Les numéros appelés et les numéros des postes appelant sont affichés sur un écran ;

— une perte de temps moindre pour les utilisateurs (rappel automatique...) ;

— une réduction de la facture P.T.T. Un dispositif de taxation permet de connaître le lieu, la durée et le coût des communications faites à partir de chaque poste vers l'extérieur. Cette diminution peut aller de 10 à 30 %.

De plus, le système est piloté par un microprocesseur et les programmes enregistrés peuvent être modifiés et améliorés.

Ces systèmes peuvent être utilisés pour la transmission de données. Cette transmission est fiable, ce qui n'est pas toujours le cas des centraux mécaniques.

Les coûts de ces matériels sont très variés (30 000 F à 3,5 millions), ils dépendent du nombre de lignes gérées et des fonctions offertes [1].

Les autocommutateurs électroniques privés constituent une des voies possibles de développement des futurs systèmes bureautiques, et à ce titre, leurs possibilités d'intégration dans les réseaux bureautiques sont analysées avec les aspects prospectifs dans notre ouvrage : « *Les enjeux-clés de la bureautique* », aux Éditions d'Organisation, 1985.

1. Daniel MANSION, « Tout savoir sur les autocommutateurs téléphoniques », *Bureau Gestion,* n° 12, mars 1979.

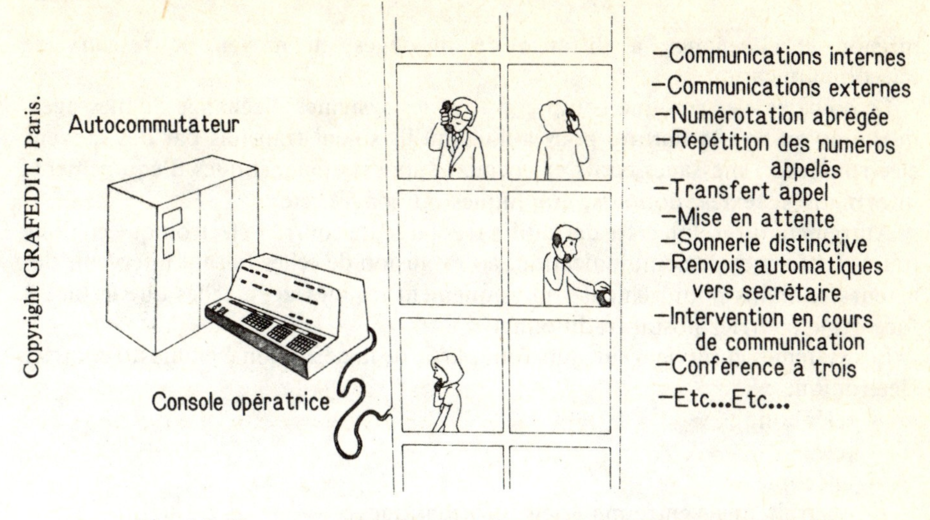

Fig. 4.3. La communication dans l'entreprise : l'autocommutateur

... et ses autres applications pratiques.

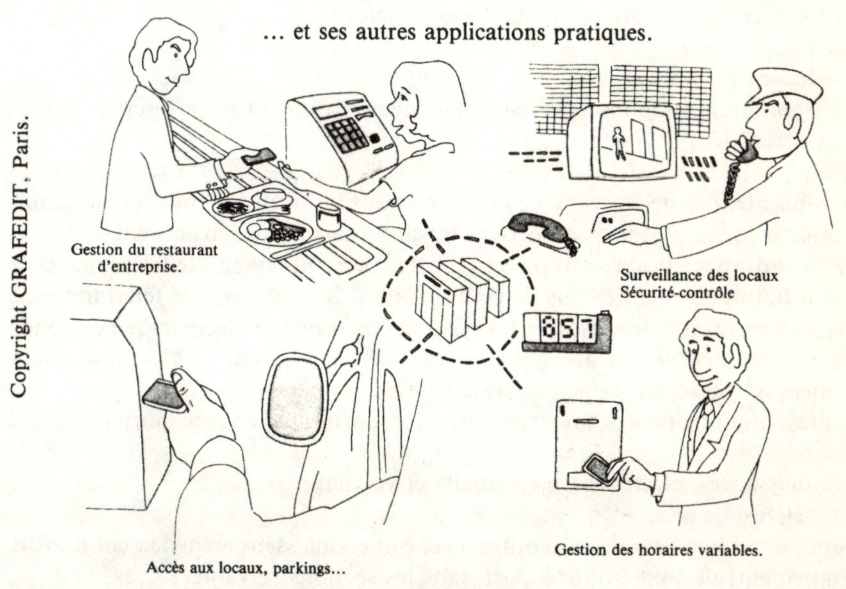

4.3. LE COURRIER ÉLECTRONIQUE

Le courrier électronique est une notion délicate à cerner. Selon les différents points de vue exprimés, qu'ils émanent d'organismes publics ou privés, des définitions plus ou moins extensives ou restrictives sont envisageables [1].

Pour être aussi complet que possible, le courrier électronique est analysé ici dans une acception large pour aller du général au particulier.

Définition formelle.

Le courrier électronique désigne l'ensemble des systèmes et services de trans-

1. Voir notamment Simon NORA et Alain MINC, *L'informatisation de la société,* La Documentation Française, janvier 1978, ainsi que les très riches annexes (documents contributifs). Voir également le *Bulletin de l'I.R.E.S.T.*, n° 6, février 1978, et divers documents promotionnels des P.T.T.

mission et d'échange à distance de messages au moyen de réseaux de télécommunication.

Le courrier électronique comprend tous les systèmes d'échange de messages, quelle qu'en soit la nature, pour autant qu'ils soient transmis par des moyens électroniques : messages écrits et vocaux, supports magnétiques d'équipements informatisés, textes, données, graphiques ou images, etc.

Autrement dit, selon cette définition très large, le courrier électronique englobe toutes les formes de communication, à l'exclusion de celles faisant intervenir des acteurs humains pour véhiculer physiquement les messages, telles que le face à face ou le courrier postal traditionnel.

Les systèmes et services suivants font partie de la définition étendue du courrier électronique :

— téléphone ;
— télex ;
— télécopie ;
— télétraitement entre matériels informatiques ;
— transfert électronique de fonds ;
— messagerie électronique (textuelle et vocale) ;
— télétex ;
— vidéotex ;
— téléconférence (audioconférence, vidéoconférence, visioconférence, conférence informatisée) ;
— etc.

Par habitude, il a éte convenu de ne retenir sous le vocable « courrier électronique », que les seuls systèmes et services faisant intervenir des technologies informatisées, et d'apparition relativement récente. Par conséquent, le téléphone et le télex sont habituellement exclus de ce domaine [1]. D'autre part, le télétraitement entre équipements informatisés, et les systèmes de transfert électronique de fonds constituent en eux-mêmes des domaines spécifiques faisant l'objet d'ouvrages particuliers, et ne seront donc pas traités ici.

Les présentations de systèmes de courrier électronique retenus portent sur :

— la télécopie ;
— la messagerie électronique (textuelle et vocale) ;
— le télétex.

Quant au vidéotex et à la téléconférence, qui connaissent actuellement un fort développement, ils sont traités à part dans les sections suivantes.

4.3.1. *La télécopie ou fac-similé*

La télécopie est un premier pas dans le domaine de la bureautique. L'utilisation simple et peu coûteuse de la télécopie fait que la secrétaire, le cadre et le dirigeant d'entreprise auront à portée de la main non seulement le téléphone mais également son auxiliaire, bientôt indispensable pour transmettre des écrits, le télécopieur. Facteur non négligeable d'une accélération de la diffusion de l'information et d'une automatisation progressive des fonctions de bureau, la télécopie

1. Pour certains, l'aspect « courrier » évoque uniquement l'échange de papier, et le courrier électronique ne serait que la télécopie. Pour sa part, l'Administration des P.T.T. semble considérer que le courrier électronique se compose du télex, de la télécopie et du télétex.

entre aujourd'hui dans une phase de mutation industrielle et commerciale. Tout d'abord réservé à quelques corps de métiers, le marché essaye de s'ouvrir plus largement aux milieux d'affaires, avant de tenter une offensive vers le grand public sous l'impulsion de l'Administration. Mais s'il faut croire en l'avenir de la télécopie, il faut aussi en envisager les conditions nécessaires : normalisation et compatibilité des appareils existants ; amélioration des vitesses de transmission par l'emploi de nouvelles méthodes d'analyse et de nouveaux canaux ; diminution du coût pour l'utilisateur par une politique des tarifs P.T.T. et des prix constructeurs. Autant de contraintes qui nécessitent un effort commun des industriels et des Pouvoirs Publics.

Principe

La télécopie est une technique permettant la transmission de documents sur support papier entre deux points distants au moyen d'appareils spéciaux émetteurs-enregistreurs, appelés télécopieurs, qui utilisent généralement le réseau téléphonique pour la transmission.

Ce mode de communication est parfois appelé « courrier électronique », car il peut se substituer au courrier transporté physiquement par des coursiers, les services postaux ou les messageries postales.

Il ne faut pas confondre ce terme avec la « messagerie électronique », dans laquelle la transmission s'effectue sans recours au support papier (voir section suivante).

Fonctionnement

La télécopie permet la transmission à distance en quelques minutes, parfois moins, de toutes sortes de documents, généralement au moyen d'une ligne téléphonique. Elle se trouve donc à mi-chemin entre le domaine de la duplication et celui des communications, s'apparentant à la « photocopie à distance ».

Peu importe la nature du document papier transmis (texte manuscrit ou dactylographié, dessin, photo, etc.), ou la distance séparant le lieu d'émission de celui de la réception. La simplicité d'utilisation est telle qu'aucune formation particulière n'est nécessaire. La seule contrainte est que l'appareil d'émission et l'appareil de réception soient du même modèle, ou tout au moins compatibles (en France ; ce n'est pas le cas aux États-Unis par exemple du service Faxpak).

Pour transmettre un document, il suffit d'introduire la feuille dans l'appareil, de choisir la vitesse de transmission, dans le cas où le télécopieur dispose de plusieurs vitesses, et d'appeler son correspondant au téléphone. Après accord éventuel sur la vitesse, le destinataire place le papier-copie dans son appareil, sélectionne la bonne vitesse, envoie un signal sonore en appuyant sur la touche réception, et la transcription commence. Dans certains cas, la réception automatique est possible en l'absence du destinataire.

En fin de transmission, les deux appareils s'arrêtent simultanément, et les interlocuteurs peuvent éventuellement reprendre leur conversation téléphonique. L'utilisation des services de la télécopie nécessite donc deux appareils, un qui joue le rôle de l'émetteur en « lisant » le document par un système optique, et en envoyant des signaux codés sur la ligne, et un autre qui joue le rôle du récepteur, analysant les signaux reçus et les transcriptant sur le papier. Et vice versa, les appareils assurent simultanément les deux fonctions.

Le principe général de fonctionnement est schématisé dans la figure 4.4.

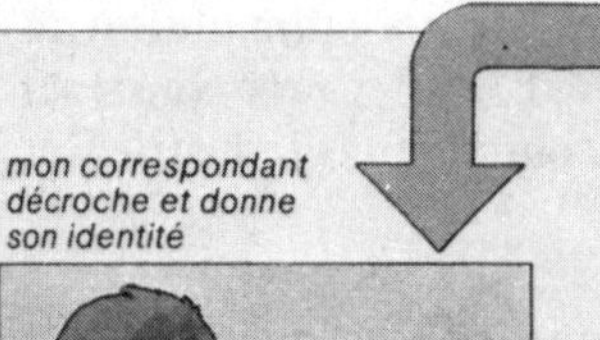

RÉCEPTION MANUELLE

1) je mets en place mon document

le télécopieur décroche et envoie son numéro qui se visualise sur l'appareil émetteur

mon correspondant reçoit la tonalité "télécopie" et appuie sur la touche "réception"

la transmission terminée,
la transmission terminée, je raccroche
je reprends mon document dans le tiroir
et reprends mon document dans le tiroir

le télécopieur raccroche et, à son retour, mon correspondant trouve la télécopie dans le tiroir

Après le début d'une émission vous pouvez :

- ***Raccrocher le combiné,*** *la transmission se poursuit normalement. A la fin, la liaison téléphonique est automatiquement interrompue par le télécopieur.*
- ***Laisser le combiné posé,*** *la transmission se poursuit normalement, mais vous ne pouvez pas converser avec votre correspondant. En fin de transmission, vous pouvez reprendre votre conversation au téléphone.*

Fig. 4.4. Principe de fonctionnement de la télécopie.

(Source : Doc. P.T.T./D.G.T./D.A.C.T.)

Techniques utilisées

Le système fonctionne par le biais d'un faisceau lumineux réfléchi sur une cellule photo-électrique ; ce faisceau balaie le document d'origine ligne par ligne. Le nombre de lignes balayées au millimètre détermine la finesse et la qualité de la transcription.

La réception se fait à partir des signaux envoyés par téléphone. La transcription de ces signaux peut se faire de différentes façons :

— frappe sur papier carbone : dans ce cas un scripteur explore la surface d'un papier blanc sous lequel est placé un carbone. Une certaine quantité d'encre est envoyée à chaque impulsion ;

— électrolyse : l'on utilise alors un papier noircissant sous l'action du courant qui passe entre un tambour en rotation et un racleur métallique (le plus courant actuellement) ;

— étincelage : usage d'un papier comprenant une couche sensible, une couche de carbone et une couche de papier normal ;

— procédé électrostatique : un papier diélectrique chargé négativement passe dans un bain de toner à particules noires positives qui adhèrent aux emplacements chargés négativement (télécopieurs grande vitesse de demain).

Parmi les canaux de transmission, on distingue :

— le réseau téléphonique commuté : il permet d'utiliser des fonctions multiples ;

— lignes louées du réseau téléphonique : elles sont alors de qualité et de sécurité d'utilisation supérieures ;

— réseaux de transmission de données ;

— réseaux visiophoniques : délai d'une seconde par page.

Les matériels

Tous les appareils utilisés en France doivent recevoir l'agrément et l'homologation de l'Administration des P.T.T. Il existe essentiellement quatre groupes d'appareils en service pour l'instant, d'après une normalisation établie au plan international, selon la technique utilisée et les performances (voir tableau 4.2.) :

— Groupe I : matériels fonctionnant en mode analogique (modulation de fréquence) permettant de transmettre une page de format A4 en six minutes. Ces appareils, souvent incompatibles entre eux, composent la majeure partie du parc français ;

— Groupe II : matériels transmettant une page A4 en trois minutes (modulation d'amplitude). Ce sont les télécopieurs retenus par l'Administration des P.T.T. en France pour les postes publics de télécopie, et ils font l'objet de la commercialisation actuelle dans les entreprises ;

— Groupes III et IV : matériels assurant la transmission d'une page A4 entre quinze secondes et deux minutes (mode numérique). Ce sont les télécopieurs de l'avenir [1]. Leur gamme d'utilisation est très étendue : industries, banques, assurances, bureaux d'études, etc. C'est essentiellement dans les organismes très décentralisés que le marché est important : sociétés à succursales multiples, éta-

1. Notamment ceux du groupe IV, transmettant une page A4 entre 15 secondes et une minute, qui ont été retenus pour le service expérimental (depuis mars 1981) de télécopie rapide Transfax* (via le réseau Transmic, et en 1984 via le satellite Télécom 1).

blissements géographiquement répartis, sièges administratifs disséminés sur le territoire, etc. Leur connexion à Transpac est envisagée.

Aspects économiques

Le coût des matériels des différents groupes s'échelonne dans les fourchettes suivantes :

— Groupe I : environ 10 000 F ;
— Groupe II : de 17 000 à 27 000 F ;
— Groupes III et IV : aux alentours de 50 000 F et au-delà.

Tableau 4.2. Classification des télécopieurs (normalisation C.C.I.T.T.).

<table>
<tr><td>groupe</td><td>1</td><td>2</td><td>3</td><td>4</td></tr>
<tr><td>réseau</td><td colspan="3">téléphonique</td><td>numérique</td></tr>
<tr><td rowspan="2">transmission</td><td colspan="2" rowspan="2">analogique</td><td colspan="2">numérique</td></tr>
<tr><td>2 400 ou
4 800 bit/s</td><td>9 600 à
64 000 bit/s</td></tr>
<tr><td>définition</td><td colspan="2">3,85 lignes/mm
4 points/mm</td><td colspan="2">7,7 lignes/mm
8 points/mm</td></tr>
<tr><td>durée de la transmission (page A4)</td><td>6 mn</td><td>3 mn</td><td>1 à 2 mn</td><td>15 s à 1 mn</td></tr>
</table>

En règle générale, l'investissement dans la télécopie ne devient rentable qu'à partir de 5 à 10 documents transmis par jour. Une étude réalisée pour un télécopieur du groupe II a donné les résultats suivants (tableau 4.3)[1].

— coût de l'appareil (Secré S360) : 26 930 F (T.T.C.) à l'achat ;
— location par mois : 1 097 F (T.T.C.) ;
— prix des consommables :
• 300 feuilles de papier spécial : 197 F (T.T.C.) ;
• stylet, filtre, pochette : 92 F (T.T.C.).

Tableau 4.3. Coût d'une transmission pour une lettre d'une page standard transmise en 3 minutes (avec une hypothèse de 1 000 transmissions par mois).

Modes d'acquisition / Liaisons-types	Appareil acheté (amorti sur 5 ans)	Appareil loué (location sur un an)
Paris-Marseille	8,20 F	8,90 F
Paris-Rouen	6,80 F	7,50 F
Paris-Paris	1,60 F	2,35 F

Les résultats montrent qu'en fin 1979, une transmission par télécopie coûtait :

— moins cher qu'un télégramme, une lettre recommandée par exprès, mais
— plus cher qu'une communication téléphonique ou une lettre normale de plusieurs feuillets.

On trouvera dans le tableau 4.4. une comparaison en durée et coût de transmis-

1. *Télécom Informations*, n° 14, novembre 1979.

sion d'une page de 3 200 caractères entre Paris et Lyon selon les techniques et les réseaux utilisés.

Le service de « La Télécopie » (anciennement « Téléfax » [1])

« La Télécopie » (« le téléphone de l'écrit ») est un service de télécopie proposé à tous les abonnés au téléphone et dans des centres publics. Un annuaire spécifique et une signalisation spéciale dans l'annuaire téléphonique doit permettre de faciliter les relations entre abonnés.

Tableau 4.4. Transmission de l'écrit sur les réseaux publics.

Durée et coût de transmission (hors abonnement) d'une page de 3 200 caractères entre Paris et Lyon en 1981.				
technique / réseau	alphanumérique		télécopie (300 kbit/page)	
télex (50 bauds)	8 mn	13,5 F	—	
téléphone (2 400 bit/s)	12 s	0,50 F	2 mn	5 F
Transpac (9 600 bit/s)	3 s	0,20 F	32 s	2,30 F

Le télécopieur grande diffusion (T.G.D.)

Appelé à une très large diffusion dès 1982-1983 et escomptant donc des effets de série importants, le T.G.D. doit devenir un produit bon marché tant à l'achat qu'au fonctionnement. Conforme à la normalisation internationale pour les télécopieurs du groupe III, le T.G.D. transmet une page de format commercial (A4) en 2 minutes par l'intermédiaire du réseau téléphonique. Son volume à peine supérieur à celui d'une machine à écrire lui permet d'être placé sur un bureau, et il est aussi simple d'emploi qu'un photocopieur — d'ailleurs, en mode local (non connecté), il peut fonctionner comme un photocopieur d'appoint (voir figure 4.5.). Le T.G.D. accepte tous les documents imprimés, dactylographiés, les dessins et les photographies. Il peut fonctionner en « réception automatique », c'est-à-dire, en l'absence de l'appelé.

Le T.G.D. est considéré comme un maillon de la chaîne télématique. Il est compatible avec les terminaux vidéotex Télétel (voir section 4.4.) et le sera avec les équipements Télétex (voir section 4.3.4.). Il existera sous deux versions : une version standard, et une version haut de gamme qui offrira la possibilité d'une résolution double (7,7 lignes analysées par mm) et aura une imprimante de qualité supérieure. Le service Transfax assurera la compatibilité entre télécopieurs rapides transmettant une page en 5 secondes et le télécopieur grande diffusion.

Applications possibles du T.G.D. :

1. Courrier interne à l'entreprise.

• diffusion d'information entre le siège social d'une entreprise et ses agences ;

• transmissions instantanées de graphiques, tableaux, schémas entre bureaux d'études, services techniques et ateliers ;

---

1. La dénomination « Téléfax » a été abandonnée en septembre 1981, au profit du « Service de télécopie » tout simplement ; probablement pour éviter des confusions avec le nouveau service « Transfax » de télécopie rapide qui devrait connaître de l'extension avec la mise en service du satellite Télécom 1.

• liaison entrepôts-services administratifs pour la gestion des stocks ;
• transmission immédiate du fac-similé d'un document archivé (dans le cas d'archives décentralisées).

2. Communications extérieures.

• liaison client-fournisseur pour la passation de bons de commandes, l'envoi de devis, de propositions de maquettes, etc. ;
• liaison agents commerciaux-entreprise à partir de télécopieurs publics pour transmettre les rapports d'activité, les bons de commandes, les réclamations. Les modifications de plans de tournée pour les livreurs ou les dépanneurs.

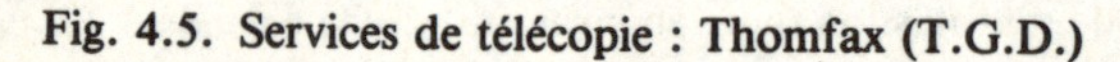

Fig. 4.5. Services de télécopie : Thomfax (T.G.D.)

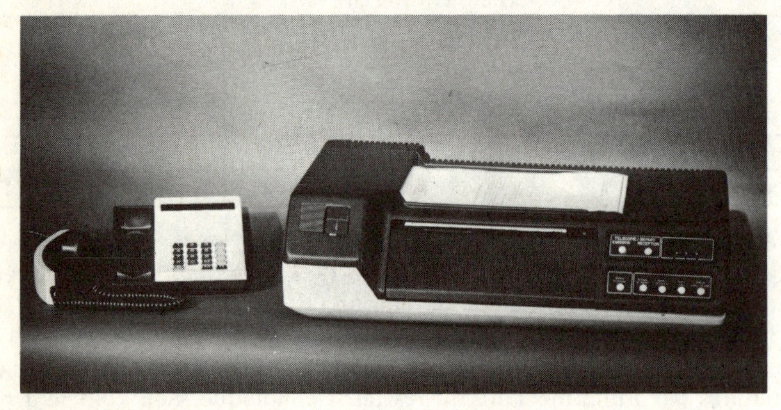

Source : Doc. SIC. PTT

et Transfax (Alcatel 5500)

Photo : Doc. PTT-DGT

Aspects pratiques

La télécopie permet donc la transmission de documents à l'intérieur de l'entreprise, à l'extérieur ou en dehors des frontières. Ce système de reproduction à distance peut améliorer ainsi la rapidité et la sécurité du transport du courrier, et par conséquent réduire l'utilisation de la lettre ordinaire. En effet, les services postaux classiques sont inutiles si les correspondants sont équipés en télécopieurs compatibles. Au mieux, la poste voit son rôle limité à celui d'un distributeur local si des personnes non-équipées correspondent par l'intermédiaire de télécopieurs situés dans des bureaux de poste (service de télécopie publique). Les conséquences pour l'Administration des P.T.T. ne sont pas négligeables, et sont discutées en fin de chapitre (Téléposte).

L'inconvénient majeur de ce système, et qui empêchera sa généralisation s'il n'est pas résolu, est l'impossibilité du secret et de la discrétion : il semble en effet qu'une enveloppe collée protège mieux la confidentialité d'un document qu'un réseau électronique où l'on peut intercepter le document à la source, lors de sa transmission, avec des appareils et branchements adéquats, ou, beaucoup plus facilement, à l'arrivée. Les avantages de ce système sont néanmoins certains : ce sont la rapidité, la ponctualité, le coût réduit si les installations sont suffisamment utilisées. La ponctualité implique la certitude d'avoir un document et de l'avoir en temps voulu, en dépit des retards, accidents de parcours, grèves dont pourrait être victime un courrier postal.

4.3.2. *La messagerie électronique*

Définition et étendue des services

La messagerie électronique consiste à transmettre des messages — généralement courts — entre équipements terminaux, avec la possibilité de stockage de ces messages dans la « boîte aux lettres électronique » d'un ordinateur du réseau de communication utilisé. Ces messages sont des enregistrements numérisés de textes tapés sur un clavier (messagerie textuelle), ou dictés par téléphone (messagerie vocale).

Il convient de compléter cette définition par les trois corollaires suivants :

— la messagerie électronique implique une certaine « *valeur ajoutée* » dans l'échange des messages, découlant de l'utilisation d'équipements informatisés et de réseaux de télécommunication ;

— elle implique également la notion de communication « *en temps différé* » par laquelle le ou les correspondants ne doivent pas obligatoirement être connectés simultanément au système pour échanger des messages ;

— les correspondants ne sont pas repérés par un emplacement physique, mais par un *identificateur logique* leur permettant d'accéder au système n'importe où et à n'importe quel moment.

Parmi les « valeurs ajoutées » on peut citer par exemple : l'aiguillage automatique des messages vers leur(s) destinataire(s), la « boîte aux lettres » qui conserve les messages reçus, l'adressage sur listes de distribution, les différentes « classes » de messages, l'avis de réception en cas d'absence, l'archivage et le classement électronique*, etc.

La notion de remise des messages en temps différé, soit à l'initiative du destinaire (par consultation de sa « boîte aux lettres »), soit automatiquement dès qu'il est libre, ou après un délai déterminé par exemple (cas de la « remise directe »), est extrêmement importante dans les systèmes de messagerie. Dans certains cas, la communication est dite « synchrone » lorsque les deux équipements des correspondants sont mis simultanément en fonctionnement pour communiquer, tels que le téléphone, le télex, le télécopieur, etc. En revanche, dans le mode « asynchrone » de la messagerie électronique, les correspondants n'ont pas à être physiquement présents au même moment de part et d'autre de la ligne pour communiquer.

Enfin, dans les systèmes de messagerie électronique, les identificateurs physiques (numéros de téléphone, de télex, de télécopieur, etc.), sont remplacés par des identificateurs logiques (nom du destinataire, mots de passe, etc.). Ainsi, expéditeurs et destinataires n'ont pas à utiliser un matériel fixe situé dans *leur bureau* par exemple, pour envoyer ou recevoir des messages. Il leur est possible de le faire à toute heure du jour ou de la nuit, et de n'importe quel endroit (bureau, hôtel, cabine publique téléphonique, etc.) [1].

Les caractéristiques des principaux services de télécommunications, en fonction des trois critères définis précédemment, sont résumés dans le tableau 4.5.

Service de messagerie électronique MISSIVE accessible par téléphone sur Minitel.
Source : Doc. S.I.C.-P.T.T.

1. Pour un panorama des différents systèmes de messagerie électronique voir : Bernard LENOËL, « La messagerie électronique », *Bureau Gestion,* n° 31, février 1981.

Tableau 4.5. Caractéristiques des principaux services de télécommunication en fonction des critères de messagerie électronique.

Services de télécommunication / Critères de messagerie électronique	Valeur ajoutée	« Asynchronisme » (communication en différé)	Identification logique des correspondants
Téléphone traditionnel sur réseau commuté	non	non	non
Téléphone conjugué avec des appareils de péritéléphonie (enregistreur consultable à distance par exemple)	oui	oui	non
Téléphone sur autocommutateur électronique privé	oui	non	possible
Télex classique sur réseau commuté	non	non	non
Télécopie (courrier électronique)	non en général	non	non
Télétex (télétraitement de texte)	possible	possible	possible
Transfert électronique de fonds	oui	possible	possible
Télétraitement par ordinateur	possible	possible	non en général
Messagerie électronique textuelle	oui	oui	oui
Messagerie électronique vocale	oui	oui	oui
Vidéotex interactif (« boîte aux lettres »)	oui	oui	oui

A) La messagerie électronique textuelle

La messagerie électronique est une technique encore assez mal connue du public. Elle se rapproche du télex dans la mesure où le texte à transmettre est généralement introduit de la même manière dans le système de messagerie, c'est-à-dire par un clavier. Et l'on parle alors quelquefois de « super-télex » [1]. Mais là s'arrête la ressemblance. Les messages sont gérés par un système informatisé bien plus évolué que le réseau commuté télex.

Principe de fonctionnement général

Un message est préparé sur un équipement terminal : simple clavier-écran, machine à écrire électronique, système de traitement de texte, terminal intelligent*, etc. Une fois prêt, le message est adressé non pas à un autre terminal, mais à une « boîte aux lettres » électronique, où son destinataire pourra venir le consulter (voir fig. 4.6). Une série de commandes simples, données à partir du terminal, permet d'identifier le (ou les) destinataire(s), titulaire du compte particulier dans la « boîte aux lettres ». Le message peut alors être consulté, à la convenance du destinataire ou de son mandant dûment autorisé, lorsqu'il se connecte au système. La messagerie électronique présente donc une relative assurance de con-

1. Bernard SAVONET, « Messagerie électronique : la ligne est ouverte », *Bureau Gestion*, n° 13, avril 1979.

fidentialité. A partir de la « boîte électronique », les messages reçus peuvent subir diverses manipulations : classement et archivage, destruction, duplication, routage vers d'autres destinataires pour information, etc. Dans certains cas, il est même possible de savoir si le message a bien été consulté par son destinataire, grâce au retour d'un « accusé de réception ».

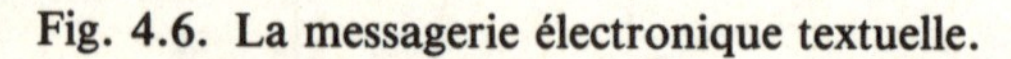

Fig. 4.6. La messagerie électronique textuelle.

Principales caractéristiques

— les messages peuvent être préparés indépendamment de leur transmission pour bénéficier de tarifs avantageux (tarif de nuit par exemple) ;

— il est possible d'adresser un message en l'absence du destinataire, sans passer par un tiers, l'activité de l'expéditeur et du destinataire ne devant pas nécessairement être simultanée ;

— l'expéditeur choisit ainsi sans contrainte le moment où il envoie ses messages, suivant le temps dont il dispose, sans rendez-vous et sans connaissance de l'activité du destinataire ;

— de son côté, le destinataire est averti des messages contenus dans sa « boîte aux lettres » lorsqu'il se connecte au système ;

— il peut ainsi les consulter à sa convenance, sans être dérangé intempestivement ;

— il est possible de retrouver tous les messages reçus ou envoyés, et d'en connaître leur contenu, leurs dates et heures de réception et d'expédition, leurs destinataires, etc., et de les classer, les dupliquer, les réexpédier vers d'autres destinations, etc. ;

— les responsables sont ainsi plus aisément accessibles, sans barrage et sans prouesse de la part de ceux qui souhaitent les joindre ;

— les délais de réaction sont réduits par rapport au courrier classique, ainsi que le temps passé en communication par rapport au téléphone.

(Voir fig. 4.7).

Fig. 4.7. Principe de fonctionnement de la messagerie électronique textuelle.

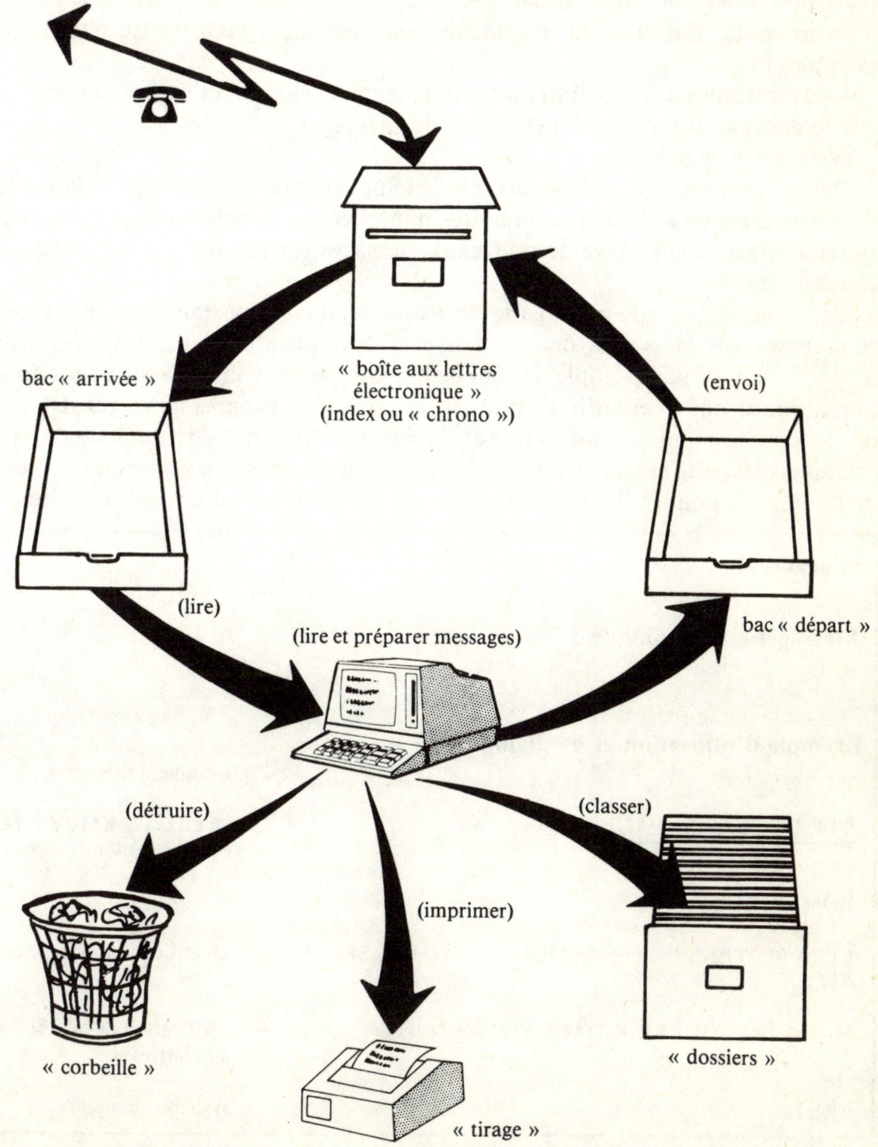

Domaine d'utilisation

La messagerie électronique est sans doute l'outil de bureautique qui suscite actuellement le plus d'intérêt et d'enthousiasme, probablement parce que l'on en perçoit facilement les impacts potentiels. Par exemple, depuis n'importe quel terminal, il devient possible d'envoyer un message ou un texte accompagné du nom du destinataire ou d'une liste de destinataires, enregistrée à l'avance. Ensuite, il ne se passe au plus que quelques minutes avant que le système destinataire reçoive le message, le trie et l'achemine dans la « boîte aux lettres » de l'intéressé. Certains systèmes de courrier électronique autorisent plusieurs « classes de messages » :

— personnel (un seul destinataire) ;

— privé (à montrer au destinataire seulement, pas à sa secrétaire par exemple) ;

— avec accusé de réception (automatiquement renvoyé à l'expéditeur aussitôt que le destinataire a pris connaissance du message).

(Voir encadré 4).

Dans la plupart des systèmes actuels de temps partagé, un message indique que du courrier est en attente dans la boîte au moment où la personne se connecte au système. Parfois, l'arrivée de nouveaux messages est signalée à l'utilisateur, en cours de travail.

Dans tout système de messagerie électronique, il est important de pouvoir créer et préparer des messages, de les envoyer à des individus, à des listes ou à des « fonctions » — par exemple, le chef de bureau, sans savoir qui assure cette fonction aujourd'hui — et enfin de pouvoir examiner ses propres messages. Du côté de la réception, un certain nombre d'opérations peuvent être souhaitées : par exemple, classer le message, le faire suivre à d'autres personnes avec ou sans commentaire, y répondre, le détruire, ou le mettre en attente d'une autre action.

Encadré 4

Messagerie électronique :

Exemple d'utilisation et de dialogue

	Commentaires
CLÉ DE-BLASIS JPAUL	← identification de l'abonné (mot de passe)
BONJOUR	
CESA MOYENS INFORMATIQUES A VOTRE SERVICE...	← identification du service
IL Y A DU COURRIER DANS VOTRE BOITE...	← vérification de la « boîte aux lettres »
PRÊT...	← système en attente

INDEX BOITE	← commande passée pour connaître les types de messages enregistrés dans la « boîte aux lettres »
1 MESSAGE DES M.I. 3 ENVOIS RÉGULIERS 1 ACCUSÉ DE RÉCEPTION DEMANDÉ 1 MESSAGE D'UTILISATION 1 MESSAGE D'ANOMALIE	← types de messages
MESSAGES PLACÉS DANS BAC « ARRIVÉE »	
INDEX A CONSERVER (O/N) : OUI	← pour conserver cette liste
PRÊT...	

Différentes catégories de messages

	Commentaires
LIRE ARRIVÉE	← commande pour prendre connaissance du contenu des messages
<DES M.I.> LE NOUVEAU SYSTÈME D'EXPLOITATION VA BIENTOT ÊTRE MIS EN ŒUVRE... PASSEZ PRENDRE LA DOC...	← message d'information générale
<CONF> DU SERVICE PERSONNEL LE 31/11/81 - 10 H 12 : MERCI DE NOUS RENVOYER LA FEUILLE D'APPRÉCIATION DU PERSONNEL DE SECRÉTARIAT AVANT LE 15 DÉCEMBRE.	← message à caractère confidentiel (seul l'usager peut en prendre connaissance)
<LISTE> DU SERVICE AUDIOVISUEL LE 01/11/81 - 15 H 05 : UNE DÉMONSTRATION DE L'UTILISATION DES MONITEURS VIDÉO EN SALLE DE COURS POUR L'ENSEIGNEMENT DU BASIC AURA LIEU LE JEUDI 8 FÉVRIER A 14 H 30 SALLE 202.	← message diffusé à plusieurs abonnés en même temps à partir d'une liste pré-enregistrée de destinataires
<PERSO> DE BERNARD LE 01/11/81 - 15 H 51 : RDV DEMAIN A 14 H A L'A.F.C.E.T. POUR PRÉPARER LA SALLE...	← message individuel (de personne à personne)

<A.R.> DE LA DIRECTION RECHERCHE LE 01/11/81 - 16 H 16 JE VOUS RAPPELLE QUE LA RÉUNION AURA BIEN LIEU LE 16/02 A 14 H 30 SALLE DU CLUB.	← message avec accusé de réception retourné à l'expéditeur au moment de la lecture par son destinataire
<USAGE> PAR HEC2 DUVAL MC LE 02/11/81 DÉBUT : 9 H 42 - FIN : 11 H 26	messages spéciaux • utilisation d'un compte ordinateur par un tiers
<ANOM> DE HEC2 DUVAL MC LE 02/11/81 - 10 H 28 IL SEMBLE Y AVOIR UN PROBLÈME DE COURRIER LORSQU'ON S'ENVOIE UN MESSAGE AVEC A.R. A SOI-MÊME... DUVAL	• message signalant la détection d'une anomalie
CLASSER ? OUI	← pour « archivage électronique » des messages dans des « dossiers »
<DES M.I.> DOSSIER ? CORBEILLE <CONF> DOSSIER ? EN COURS <LISTE> DOSSIER ? RDV <PERSO> DOSSIER ? CORBEILLE <A.R.> DOSSIER ? RDV <USAGE> DOSSIER ? HEC2/MC <ANOM> DOSSIER ? BUG	Note : le dossier « corbeille » correspond à la corbeille à papiers pour jeter les messages que l'on ne désire pas conserver après consultation. La « corbeille » est « vidée » toutes les semaines, les messages jetés étant accessibles entre-temps.
CONSERVER (O/N) ? NON	← pour supprimer les messages reçus après archivage.

Expédition de message

	Commentaires
PRÊT...	
MESS	← commande pour préparer un message
MARQUEZ LA FIN DE VOTRE MESSAGE PAR UN < EN DÉBUT DE LIGNE :	
VOICI UN EXEMPLE D'UN PETIT MESSAGE COURT.	
<	← marque de fin de message

LISTE ? : DIO	← envoi sur une liste de destinataires préparée à l'avance, intitulée Dio.
AVEC A.R. ? OUI	← pour accusé de réception
COURRIER DÉPART OU ENVOI ? DÉPART	← message placé dans le « bac départ » sans expédition immédiate (l'expédition pouvant se faire automatiquement en fin de matinée et en fin d'après-midi par exemple).
PRÊT...	
LIRE DÉPART	← pour relecture et vérification éventuelle du message à expédier.
<LISTE DIO>	
DE DE-BLASIS LE 05/02/79 A 13 H 40	
VOICI UN EXEMPLE D'UN PETIT MESSAGE COURT.	
ENVOI ? NON	← message en attente d'expédition
PRÊT...	

Note : Ce qui est souligné correspond aux commandes données par l'utilisateur au clavier.

La plupart des utilisateurs ayant une certaine expérience de la messagerie électronique tendent à considérer ce moyen de communication comme un « téléphone à sens unique ». En effet, il est possible d'envoyer les mêmes types de messages que lors d'une communication téléphonique tout en ayant conscience que le message parviendra à la convenance du destinataire et que sa réponse éventuelle se fera également à sa convenance. Autrement dit, la messagerie électronique peut se substituer dans bien des cas aux coups de téléphone intempestifs interrompant bien trop souvent patrons et secrétaires dans leurs travaux. La diffusion des systèmes de messagerie électronique devrait donc permettre aux gens travaillant dans les bureaux de disposer de plages horaires ininterrompues pour mener à bien leurs tâches respectives dans de meilleures conditions de confort et d'efficacité [1].

La plupart des grands utilisateurs connus des systèmes de messagerie électronique textuelle sont situés aux États-Unis. Ce sont des grandes banques telles que la Citibank, la Bank of America, la Manufacturers Hanover Trust, la Continental Illinois Bank, etc. ; des compagnies d'assurance telles que Insurance of North

1. L'évaluation des conditions de travail et de la productivité engendrée par la messagerie électronique, notamment pour les cadres, est analysée dans notre ouvrage : « *Les enjeux-clés de la bureautique* », aux Éditions d'Organisation, 1982.

America, John Hancock Mutual Life Insurance, etc. ; des sociétés industrielles telles que Amoco, Avon Products, Atlantic Richfield, etc. ; ou des organismes de recherche tels que S.R.I. International, Bell Northern Research et la plupart des grands centres universitaires américains sur le réseau A.R.P.A.

En Europe, la messagerie électronique suscite un vif intérêt de la plupart des grandes organisations décentralisées, sans qu'il soit possible de faire état de réalisations à très grande échelle, pour l'instant. Des sociétés telles que Renault, E.D.F./G.D.F., Elf Aquitaine, etc., ont des expérimentations en cours, et bien d'autres organismes élaborent des projets.

Quelques constructeurs d'équipements informatiques-bureautiques proposent des logiciels de messagerie électronique sur leurs matériels : I.B.M., Bull, Hewlett Packard, Digital Equipement, Prime, Wang, etc. (voir fig. 4.8).

Fig. 4.8. Exemple d'architecture de système de messagerie électronique textuelle entre ordinateurs et systèmes de bureau (système Mailway de Wang).
Niveau I : système réduit convenant à de petites sociétés.
Niveau II : système centralisé avec un contrôleur de messagerie (C.D.M.).
Niveau III : système réparti-traitements des données et des textes.

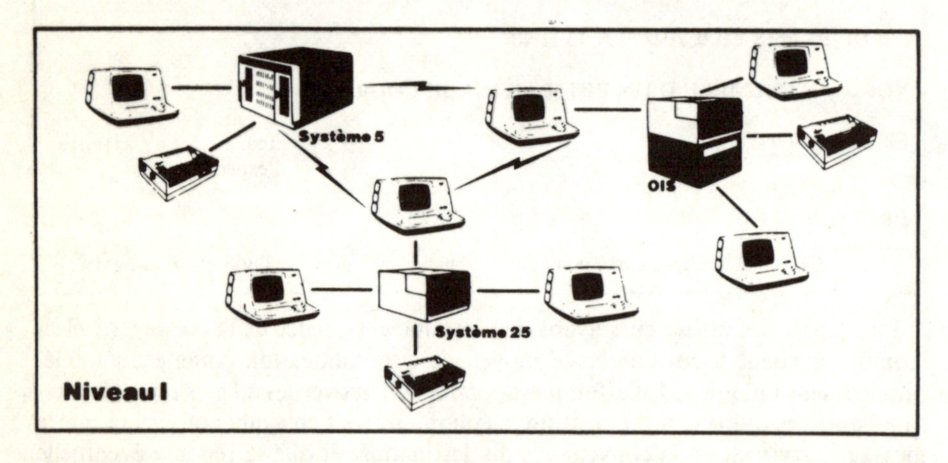

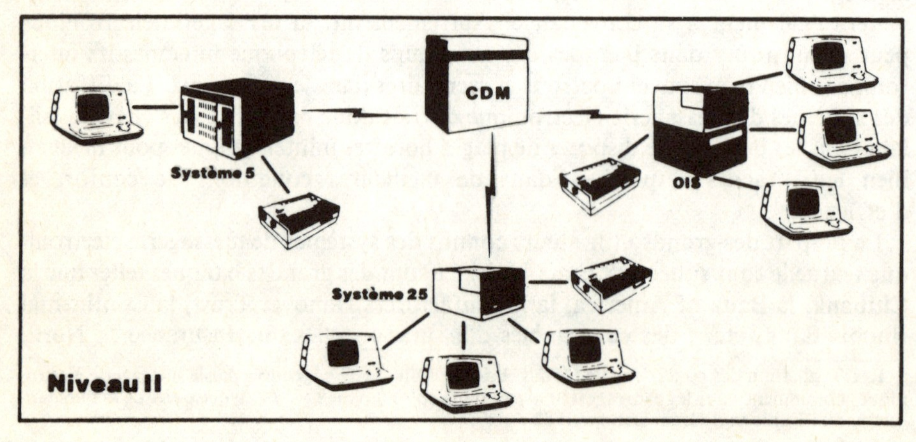

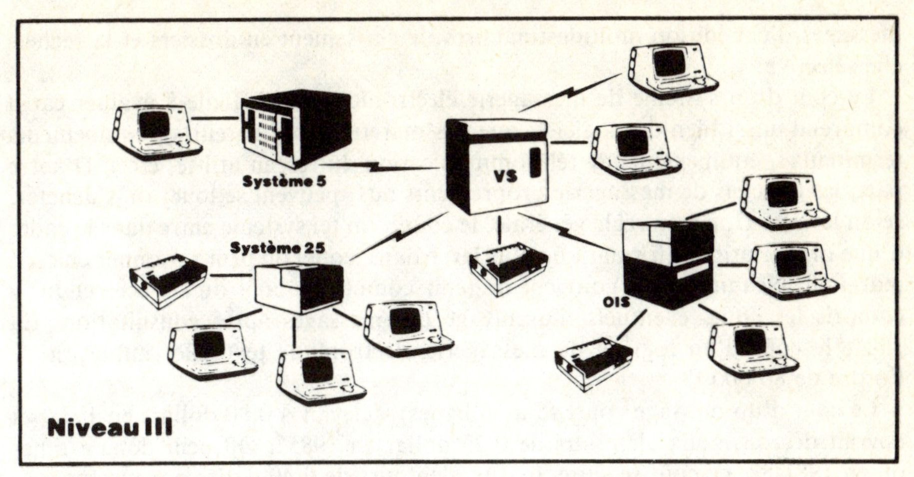

Source : Document Wang, France.

Certaines sociétés du secteur électronique-informatique ont mis au point leur propre système de messagerie à usage interne : Hewlett Packard, Texas Instruments, I.B.M., Burroughs, Honeywell, Xerox, etc.

En règle générale, les services de messagerie électronique textuelle sont davantage accessibles aux Américains qu'aux Européens, d'un point de vue commercial. Parmi les systèmes commercialisés les plus connus, il faut citer C.O.M.E.T. (Computer Corporation of America, U.S.A.), M.A.I.L. sur le réseau A.R.P.A. (U.S.A), On-Tyme (Tymshare, U.S.A.), Jenny (Infomedia, U.S.A.), D.A.T.A. M.A.I.L. (licence C.O.M.E.T. par radio suisse S.A., Suisse), etc.

En France, L'I.N.R.I.A. utilise depuis 1977 un service expérimental de messagerie électronique textuelle : A.G.O.R.A. [1] sur le réseau Cyclades reliant les principaux centres universitaires et laboratoires de recherche en informatique et automatique français. A.G.O.R.A. est commercialisé par Télésystèmes et disponible sur Télétel*. Un autre système développé par Infomedia-France, Blocnote est commercialisé depuis 1981. De son côté, France Câbles et Radio [2] a lancé en janvier 1982 le service Missive, développé à partir d'une licence exclusive de C.O.M.E.T. (U.S.A.) et destiné plus particulièrement aux liaisons inter-entreprises et inter-établissements via terminaux (asynchrones 300 bauds) et « boîte aux lettres » (messages de 5 à 15 lignes). D'ores et déjà francisé (14 instructions en français pour l'utilisateur et interface* à la « norme vidéotex »*, Missive doit être adapté progressivement à des terminaux français synchrones, aux télécopieurs grande diffusion (T.G.D.)* et au Télétex*, ainsi qu'à d'autres matériels français. Il est prévu 2 000 abonnés en fin 1982 et 3 000 en 1983. Coût du service : 1 000 F/mois pour l'abonnement et 450 F/mois par « boîte aux lettres » pour cinq heures de connexion et 250 unités de 1 024 caractères de stockage (au-delà : 60 F/h et 0,15 F par unité supplémentaire). Le coût du « transport » par Transpac (pour la province) est inclus, l'abonné ne payant que la taxe locale d'appel. Le service, fonctionnant 24 heures sur 24, permet la préparation des

1. Sylvie HÉRIARD-DUBREUIL, « Boîte aux lettres électronique pour les chercheurs de l'I.R.I.A. », *Bureau Gestion,* n° 2, janvier-février 1978.
2. France Câbles et Radio est une société d'économie mixte sous tutelle du Ministère des P.T.T.

messages, l'expédition multidestinataires, le classement en dossiers et la recherche sélective.

Le coût d'un système de messagerie électronique est difficile à évaluer car il comprend aussi bien des logiciels que des matériels (ordinateur(s), équipements terminaux [1], équipements de télécommunication du réseau utilisé, etc.). D'autre part, les logiciels de messagerie proprements dits, peuvent se louer ou s'acheter, selon les cas. Donc, en règle générale, le coût d'un tel système entre dans le cadre d'une organisation informatique plus large dans lequel on peut raisonner en coût marginal. Néanmoins, il convient de tenir compte du coût du service rendu, y compris les coûts éventuels d'archivage des messages après consultation. En 1981, le coût d'un logiciel de messagerie électronique textuelle simple est de l'ordre de 80 000 F.

Le coût d'un message court (5 à 10 lignes) s'élevait à 0,80 dollars en 1978, et devrait décroître aux alentours de 0,25 dollar en 1985 [2]. On peut donc estimer qu'en 1981-82, ce coût se situerait aux alentours de 0,40 dollar par message.

B) La messagerie électronique vocale.

Un système de messagerie électronique vocale permet d'enregistrer et d'acheminer automatiquement en différé des messages vocaux à leur(s) destinataire(s) à travers un réseau de télécommunication.

Bien qu'il soit possible d'utiliser des émetteurs et récepteurs radiophoniques pour ce type de messagerie, le cas le plus courant est l'utilisation de messages téléphoniques.

Comme dans le système précédent, la messagerie vocale fait intervenir une « boîte aux lettres », mais les enregistrements sont des messages vocaux numérisés [3].

Principe de fonctionnement

Un système ou service de messagerie vocale comporte en général trois fonctions principales : il permet à un abonné doté d'un numéro spécial d'identification et d'un code secret :

— d'accéder à sa « boîte à messages vocaux », et d'écouter les messages enregistrés à son intention ;

— de créer à son tour des messages à partir de son combiné téléphonique, et

— de les faire envoyer à d'autres utilisateurs au moyen de la « boîte vocale ».

En outre, l'abonné peut « re-router » certains des messages qu'il a reçus, ou se les faire adresser à d'autres « boîtes » en cas de déplacement. Habituellement, les messages sont délivrés dans les trente secondes qui suivent leur enregistrement, et peuvent être stockés dans la « boîte vocale » pendant un mois ou davantage.

---

1. Notons à propos des équipements terminaux, que les *terminaux vidéotex* (de type « annuaire électronique ») par leur très grande diffusion et leur bas prix, s'intégreront certainement dans les prochaines années aux réseaux de télébureautique des entreprises, notamment pour la messagerie électronique et la consultation de banques de données (voir section 4.3.4).

2. Pour davantage de détail sur l'évaluation économique des systèmes de messagerie électronique textuelle, voir :
— Martin A. SIRBU, « Innovations Strategies in the Electronic Mail Marketplace », *Telecommunications Policy,* I.P.C. Business Press, septembre 1978. Et,
— S.-S. OREN, S.-A. SMITH et R. WILSON, « The Economics of Electronic Mail Networks », Xerox Palo Alto Research Center Report, avril 1980.

3. Voir notamment Jean-Paul de BLASIS, « Nouveaux concepts, nouveaux produits : quand les grands se réveillent », *Bureau Gestion,* n°s 36-37, août-septembre 1981.

Dans certains systèmes, « un annonceur de message » spécial s'installe sur chaque combiné téléphonique pour signaler par un petit voyant lumineux qu'un (ou plusieurs) messages ont été reçus et sont en attente dans la « boîte vocale » (voir fig. 4.9).

Fig. 4.9. Exemple d'architecture de système de messagerie vocale utilisant l'autocommutateur de l'entreprise.

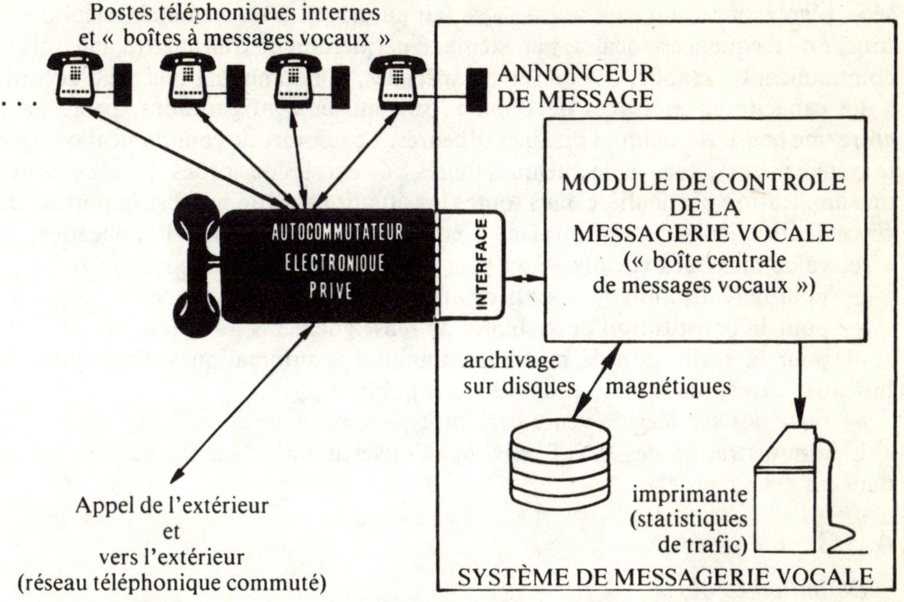

Comme dans la messagerie électronique textuelle, il est possible d'envoyer les messages vocaux à leurs destinataires à des dates et des heures fixées à l'avance. Un seul message enregistré peut être aussi distribué d'un seul coup à des centaines d'abonnés dispersés un peu partout, et chacun peut recevoir des salutations personnalisées !

Ces systèmes se connectent à l'autocommutateur de l'entreprise et permettent de programmer divers paramètres : longueur des messages téléphoniques, temps de stockage dans la « boîte » avant effacement, nombre et intervalle des appels répétés pour délivrer le message en cas de non-aboutissement de la communication, etc.

Domaine d'application et coûts

Réservée pour l'instant aux grandes organisations dotées d'un autocommutateur électronique puissant, la messagerie électronique vocale vise l'amélioration de l'efficacité des pratiques téléphoniques. L'économie de temps réalisée pour atteindre ses correspondants par rapport à l'utilisation traditionnelle du téléphone, est estimée à 30 minutes par jour et par personne. Les deux tiers des grandes compagnies américaines auraient l'intention de s'équiper de tels systèmes dans la décennie en cours. Le coût des systèmes commercialisés par Wang (D.V.X. : Digital Voice eXchange), Voice & Data Systems (Out-Voice), E.C.S. Communications, Datapoint, A.T. & T., etc., est de l'ordre de 600 dollars par poste pour 200 utilisateurs.

Dans le domaine de la recherche en France, le Centre National d'Études des

Télécommunications (C.N.E.T.), a mis au point un système de poste restante téléphonique pour messages vocaux, le Phonex.

Dans ce système, chaque abonné dispose d'une case personnelle, identifiée par un numéro de téléphone du réseau public commuté, et accessible à tous les usagers pour y déposer des messages par simple dictée. En revanche, le retrait de messages n'est possible que pour le titulaire de la case (ou une personne autorisée). L'accès à cette « case vocale » se fait au moyen d'un terminal (téléphone à touche de fréquences vocales, par exemple) permettant de transmettre, une fois la communication établie, des consignes spéciales, et notamment une clé d'accord.

La capacité en messages de Phonex, suivant les configurations, peut varier entre une heure et quelques dizaines d'heures. Le nombre de communications que le système peut gérer, va de quelques unités à 64 entrées ou sorties. Phonex trouve une application particulière dans toutes les situations où un nombre important de répondeurs téléphoniques auraient à être mis en place. Outre l'application de « relevé de messages vocaux », on peut envisager sa mise en œuvre :

— pour la réalisation de réseaux de maintenance sur des systèmes importants ;

— pour la constitution de systèmes de renseignements automatiques ;

— pour la réalisation de machines d'annonces automatiques (immeubles de bureaux, gares, aéroports, et autres lieux publics) ;

— pour des services de vente par correspondance, etc.

L'Administration des P.T.T. envisage l'ouverture d'un service public Phonex dans un avenir proche.

4.3.3. *Le télétex*

Définition et objet

Le télétex [1], parfois appelé « télétraitement de texte », est un système, un service ou une norme de communication de textes, permettant la réception de texte dactylographié sous une forme et avec une présentation pratiquement identique à celles du texte d'origine, émis par un équipement terminal (généralement un système de traitement de texte). Il s'agit donc de la transmission entre deux terminaux de documents de type dactylographique page par page, celles-ci ayant un format A4.

De plus en plus de systèmes de traitement de texte disposent de moyens de télécommunication. Sous réserve de la compatibilité des matériels, il devient possible à deux systèmes d'échanger des textes par le biais du réseau commuté téléphonique, ou de tout autre réseau. A partir de là, toutes sortes de combinaisons sont d'ailleurs envisageables : liaison de lecteur optique de pages à machine de traitement de texte, liaison d'un poste de traitement de texte à ordinateur, etc.

Les efforts de nombreux pays regroupés au sein d'instances internationales de Télécommunications ont abouti à l'adoption fin 1980 d'une norme de communication de textes : le télétex. Cette norme garantit la *compatibilité mondiale* entre machines ayant accès au service Télétex, indépendamment de leur type (de la machine à écrire électronique à des systèmes évolués de traitement de texte), ou des réseaux utilisés.

1. A ne pas confondre avec les services de vidéotex diffusé, « télétexte » (français) et « teletext » (britannique). Voir glossaire. Le service et les machines de télétex devraient être pleinement opérationnels dès 1984-85 en France.

Ce nom a été choisi par référence au service télex avec lequel le nouveau service de télétex est compatible. A l'origine, en effet, le télétex est conçu comme une amélioration du service télex. Mais là s'arrête la comparaison, car le télétex offre de plus larges possibilités, et une bien meilleure qualité de service.

Domaine d'utilisation

Dans le cas du télétex, les messages échangés sont généralement plus longs, plus complexes, et requièrent davantage de qualité de présentation que ceux de la messagerie électronique textuelle. Pour fixer les idées, un texte transmis par télétex sera un document de quelques dizaines de pages environ (projet de contrat, note interne, compte rendu, etc.), alors qu'en messagerie textuelle, le texte tapé au clavier ne dépassera que rarement la dizaine de lignes.

Parmi les avantages, il faut noter la vitesse de transmission selon le réseau utilisé (entre 2,4 et 48 Kbits par seconde, soit environ entre 10 s et 1/2 s par page) [1], la possibilité de pouvoir utiliser toutes les ressources du traitement de texte pour mettre en forme les « messages », et surtout le fait qu'il peut ne pas y avoir d'original physique du document émis ou reçu. Il est effectivement possible de supprimer toute opération d'impression de papier, les textes étant transmis le plus souvent de support magnétique à support magnétique (disquettes), et parfois en « arrière-plan », c'est-à-dire automatiquement, sans déranger le travail en cours, de mémoire à mémoire.

A court terme, le télétex sera surtout utilisé en mode « privé » à l'intérieur d'une même organisation comme moyen de messagerie interne. Aussitôt que les services des P.T.T. européens seront plus largement disponibles, le service de télétex sera utilisé pour envoyer et recevoir des messages et du courrier entre différentes organisations équipées en machines télétex, constituant ainsi le *nouveau courrier d'affaires.*

Normalisation internationale

Le service télétex a fait l'objet d'avis internationaux du C.C.I.T.T. en novembre 1980 [2], permettant à l'Administration des P.T.T. et aux industriels de préparer le service et les terminaux télétex conformes à une norme internationale. Un service de base a été défini par les éléments suivants :

— système autonome de saisie et traitement de texte avec répertoire de caractères graphiques, répertoire de fonctions de commande, présentation des pages verticalement (A4) et horizontalement (A4 L), paramètres d'interligne, décalage vers le haut et vers le bas pour impression d'exposants et d'indices, ... ;

— transmission de mémoire à mémoire à 2 400 bit/s sur réseau téléphonique, ou réseau numérique à commutation de circuits ou de paquets ;

— dispositif d'identification ;

— réception automatique en l'absence d'opérateur (état de veille avec verrouillage des autres fonctions) ;

— simultanéité entre transmission et traitement local ;

— passage en jeu de caractères réduit pour émission vers le télex.

1. En faisant l'hypothèse d'une page pleine, soit 60 caractères/ligne et 40 lignes/page approximativement, soit 2 400 caractères (≃ 24 000 bits/page).

2. C.C.I.T.T. : Comité Consultatif International Téléphonique et Télégraphique. Avis F 200 (service télétex) et S 60 (terminaux télétex), novembre 1980.

En plus des fonctions de base, des fonctions facultatives sont déjà prévues afin d'accroître la qualité de la mise en page ou d'étendre le jeu de graphismes et d'autres seront mises en place lors du développement du service.

(Voir plus loin à propos des « terminaux polyvalents ».)

Principes de fonctionnement

Le transfert d'un document nécessite une négociation automatique préalable entre les deux terminaux de sorte que les opérations peuvent se diviser en trois phases :

1) *La préparation :*

— préparation du texte en mode local (incluant des moyens de traitement) ;

— mise en mémoire de l'information.

2) *La transmission* (normalement automatique) :

— établissement de la communication ;

— phase de pré-information (négociation) ;

— transfert de l'information de mémoire à mémoire ;

— phase de post-information (acquittement) ;

— fin de communication.

3) *La sortie locale :* édition des informations reçues en mémoire.

Contrairement au réseau télex vu précédemment, le support utilisé est généralement un réseau existant, laissé au choix de chaque nation et qui peut être :

— un réseau téléphonique commuté ;

— un réseau à commutation de paquets ;

— un réseau à commutation de données.

Chaque nation doit bien entendu assurer les interfaces fonctionnelles avec les voisines.

Dans leur définition de base, tous les terminaux télétex offrent un service de transmission automatique sur le réseau public. Les utilisateurs à fort trafic pourront probablement se raccorder à un réseau privé disposant d'importants volumes de stockage et de services de commutation de type messagerie. En revanche, les usagers isolés ou à faible et moyen trafic, pourront se raccorder à un réseau public offrant les services de messagerie aux terminaux télétex sur abonnement.

La normalisation internationale a prévu qu'une partie des graphismes du service télétex de base aurait son équivalent dans celui du réseau télex et inversement. Cette mesure a été prise afin de rendre compatibles les deux services au moyen de stations ou unités spécialisées qui se chargeront des conversions de vitesse, de codes et bien entendu de procédures [1].

Ainsi, le service télétex bénéficiera dès sa mise en service de la *desserte mondiale du réseau télex* (environ 1 200 000 abonnés télex dans le monde, constituant le plus vaste réseau de terminaux).

Performances usuelles de transmission

Le tableau 4.6 suivant montre les temps moyens nécessaires à la transmission d'un texte de 1 page de 2 000 caractères.

1. A. KARNYCHEFF, « Évolution des terminaux télex vers le télétex et la bureautique », *Actes du congrès bureautique Afcet-Sicob 81,* Afcet, mai 1981.

Tableau 4.6. Comparaison des performances de transmission de texte.

COMPARAISON TÉLÉTEX - TÉLÉCOPIE

DURÉE ET COÛT DE COMMUNICATION D'UNE PAGE DE 2 000 CARACTÈRES ENTRE PARIS ET LYON

Technique / Réseau	Télétex ou télex (20 kilobit, y compris protocoles)		Télécopie (300 kilobit)	
Télex (50 bit/s)	5 mn	10 F	—	
Téléphone (2 400 bit/s)	10 s	0,50 F	2 mn — 1 mn (à 4 800 bit/s)	6 F — 3 F
Transpac (par ex. à 9 600 bit/s)	2 s	0,18 F	30 s	2,66 F

N.B. a) En Télétex sur réseau téléphonique, on suppose qu'on transmet plusieurs pages dans la même communication : on considère alors comme négligeable l'incidence, sur le coût par page, de la phase d'initialisation (une dizaine de secondes) et du mécanisme d'implusions de taxe toutes les 12 secondes. Une page transmise isolément coûterait 1,20 F.
N.B. b) En transmission de nuit, les coûts sont réduits de moitié sur le téléphone, divisés par 5 sur TRANSPAC.

Entre PARIS et NEW YORK, le coût serait de 40 F en télex, 14 à 30 F en télécopie par téléphone, 1,40 F en Télétex sur TRANSPAC.

Source : *Transpac Actualités,* n° 2, déc. 1983.

L'examen des durées de communication de ce tableau montre l'intérêt de transmettre un document en mode télétex. Cependant, ce service est actuellement limité au mode caractère et ne permet pas la transmission de sigles, de marques emblématiques et de signatures (réservés aux télécopieurs) du fait que dans une correspondance, la partie principale est généralement constituée par du texte. L'ouverture d'un service assurant les deux fonctions est donc à l'étude (cf. les « modes mixtes » ci-dessous).

Des terminaux polyvalents à l'horizon

Se basant sur les remarques précédentes et sur les propriétés de la télécopie qui autorisent la reproduction en mode caractères, des travaux conduits par l'Administration française ont pour objet de définir des *modes mixtes de transmission et de reproduction.* Le procédé consiste à utiliser une transmission de type télétex et organiser des « zones » à l'intérieur d'une page, zones qui peuvent être parfaitement positionnées par les procédures télétex.

L'intérieur de ces zones peut être ainsi rempli en mode télécopie. Sur option, il sera possible d'obtenir un mode graphique permettant de transmettre une zone en télécopie (par exemple une signature), ou encore de télécommander un graphisme préenregistré sur le terminal récepteur (par exemple un logotype d'en-tête de lettre).

D'autre part, il est parfaitement envisageable de reproduire des pavés mosaïques du type vidéotex (le vidéotex est détaillé dans la section suivante). Ainsi, il sera possible de créer un *terminal polyvalent* résultat de l'association de plusieurs modules complémentaires :

— une unité programmable (processeur et mémoire « vive ») ;
— un clavier dactylographique pour la saisie des textes et des données ;
— un écran de visualisation pour la mise en forme du texte ;
— un télécopieur pour la reproduction mixte (texte et graphisme) ;
— une imprimante à frappe globale pour les documents qui nécessitent une reproduction de haute qualité (type « marguerite ») ;
— un processeur de communication chargé des protocoles réseau.

A terme, lorsque les procédures à mettre en œuvre seront définies, il sera envisageable de disposer de terminaux polyvalents capables d'assurer certains types de liaisons en mode mixte : Télétex + Télécopie + Vidéotex.

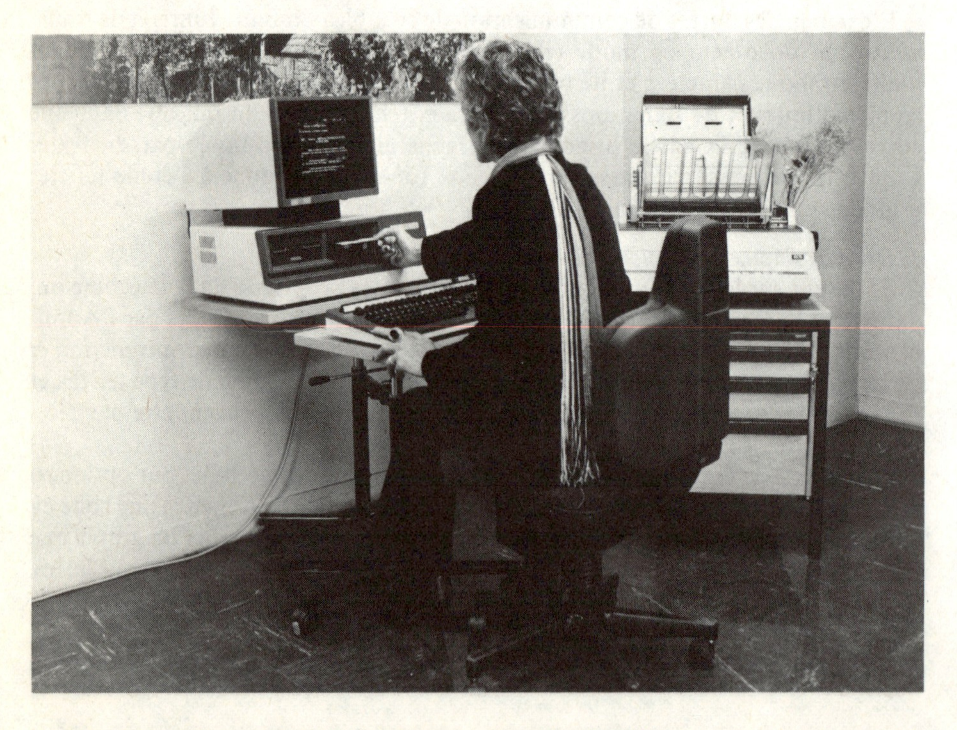

Machine de télétex SAGEM-TCE700 opérationnelle dès 1984.
Source : Doc. P.T.T.-Direction de la Formation.

4.4. LE VIDÉOTEX

Définition et services

Le vidéotex désigne le système et le service de communication de pages d'information (textes et graphismes) transmises aux abonnés qui les visualisent sur un récepteur de télévision grand public (noir et blanc ou couleur), et les sélectionnent à partir d'un clavier.

On distingue deux types de vidéotex (voir fig. 4.10) :

— le *vidéotex interactif*, où les pages sont transmises sur demande de l'usager, par le *réseau de type téléphonique,* les pages étant extraites d'une banque* ou base de données* maintenue sur un ordinateur relié au réseau. Il s'agit par exemple du service « Télétel » français ou du service « Viewdata » britannique.

— le *vidéotex diffusé*[1], où un ensemble limité de pages, formant des magazines, est transmis par le *réseau de type télévision* (hertzien ou par câble), simultanément à un grand nombre d'abonnés qui choisissent l'information désirée par sélection d'une page dans le flux transmis. Il s'agit ici de services tels celui d'« Antiope diffusé », exploité par T.D.F.[2] sur le réseau de diffusion de données (Didon), ou celui de « Prestel » exploité par le British Post Office.

Fig. 4.10. Principe de fonctionnement du vidéotex (interactif et diffusé)

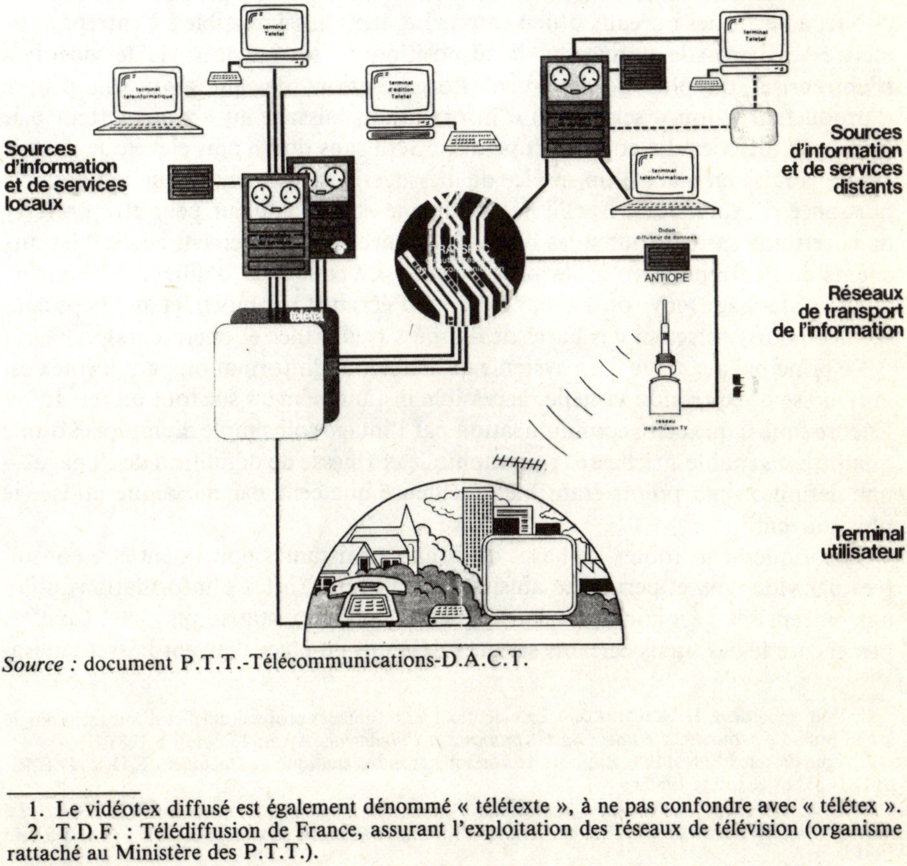

Source : document P.T.T.-Télécommunications-D.A.C.T.

1. Le vidéotex diffusé est également dénommé « télétexte », à ne pas confondre avec « télétex ».
2. T.D.F. : Télédiffusion de France, assurant l'exploitation des réseaux de télévision (organisme rattaché au Ministère des P.T.T.).

Principe de fonctionnement

Dans le vidéotex interactif, l'usager dispose d'un clavier alphanumérique relié à une « boîte de connexion » couplant le combiné téléphonique et le téléviseur (ou un autre écran terminal). Après appel au centre serveur* via le téléphone, un « menu » apparaît à l'écran, permettant à l'utilisateur de sélectionner avec son clavier les informations qu'il souhaite recevoir parmi celles disponibles. Avec ce clavier, il est possible de composer des mots ou des phrases entières, un aspect qui est important dans l'optique de la messagerie électronique.

En revanche, dans le vidéotex diffusé, l'utilisateur ne dispose généralement que d'un clavier réduit (les chiffres de 0 à 9, et quelques lettres), lui permettant seulement de donner le code des pages qu'il veut voir affichées sur son écran. Ce code autorise la sélection « au passage » parmi le flux des informations diffusées par l'émetteur de télévision.

Domaines d'utilisation

Développé à l'origine plutôt pour des applications « grand public », le vidéotex peut s'avérer également fort utile pour des *applications professionnelles*. Ce seront surtout ces dernières qui seront analysées ici dans le contexte bureautique [1].

S'il est envisageable d'accéder aux bases de données proposées au grand public, à partir des bureaux d'une entreprise, il est aussi possible à l'entreprise de mettre ses bases de données à la disposition de ses services via le vidéotex. L'entreprise, ou plus généralement l'organisation, devient ainsi son propre « producteur » (ou « serveur ») d'information, laissant au « transporteur » le soin de la diffuser. Le coût de l'opération sera sans doute plus élevé que dans le cas de la mise en place d'un service de messagerie strictement textuelle ; mais, la puissance d'expression visuelle liée à l'image et à la couleur peut être préférée dans certains cas (surtout si les bases de données sont également accessibles aux clients de l'entreprise ou à des prospects...). Le coût tient d'ailleurs essentiellement au stockage (environ 4 F par contenu d'écran et par mois), et au temps consommé pour l'entretien des bases de données (redevance et opérateurs) [2].

Le principal avantage d'un système de diffusion d'information par vidéotex est la richesse d'expression visuelle, accessible instantanément sur tout un territoire. Encore faut-il que cette communication par l'image soit simple d'emploi et d'une qualité convenable : richesse typographique et finesse de définition de l'image — une définition par points étant bien meilleure que celle par mosaïque utilisée le plus souvent [3].

Théoriquement, toutes les bases de données existantes pourraient être consultées par vidéotex, et permettre ainsi l'accès à toutes sortes d'informations utiles aux entreprises : économiques, juridiques, financières, statistiques, etc. Ce n'est pas encore le cas, mais certains services déjà mis en place peuvent laisser envisa-

1. Voir également, H. AZEMARD, « Le vidéotex : les retombées professionnelles d'une technologie grand public », *Journée d'étude : La télématique et l'ingénieur,* Afcet, 15 octobre 1981.

2. Voir Bernard LENOËL, « Rapport de mission sur la bureautique ». Document E.D.F./D.E.R., n° H.I. 3522.06, juillet 1980.

3. Pour davantage de détails, voir notamment les articles sur le vidéotex dans : C.I.T.E.L., *La conception des systèmes télématiques* », Actes du congrès organisé par le C.I.T.E.L., Nice 3-5 juin 1981.

ger des développements futurs dans le domaine professionnel, aussi bien dans les grandes organisations que dans les P.M.E./P.M.I. :

— coût du terminal largement inférieur à celui de tout autre terminal informatique de performance équivalente. A titre d'exemple, le « terminal annuaire » (appelé également « minitel ») devrait coûter — à terme — environ 500 F ;

— simplicité d'utilisation, ne nécessitant aucune connaissance ni formation spécifiques ;

— pouvant s'adapter aux structures informatiques déjà en place dans les entreprises quand elles existent ;

— offrant une vaste gamme de services (interrogations de banques de données externes ou internes, annuaires électroniques, service de messagerie électronique, etc.).

4.4.1. *Antiope-diffusé* [1]

Il s'agit d'un service vidéotex offert par Télédiffusion de France (T.D.F.), entièrement compatible avec le service interactif Télétel.

La technique mise en œuvre consiste à utiliser les réseaux de télévision pour transmettre, en supplément ou en remplacement des images et des sons composant les programmes habituels, des textes et des schémas codés sous forme numérique. Ces informations sont visualisées, à la réception chez l'usager, sur un téléviseur couleur muni d'une « boîte noire » servant à décoder les signaux. Un petit clavier analogue à une calculette de poche, permet au téléspectateur de sélectionner les pages Antiope. Il peut ainsi consulter plusieurs milliers de pages regroupées en « magazines ».

Aux caractéristiques des systèmes de radio-télévision (mise à jour instantanée, possibilités d'emploi à un moment donné par des millions d'utilisateurs — sans risque de saturation du réseau), Antiope ajoute la souplesse de consultation du texte écrit : maîtrise du choix des rubriques et du rythme de lecture.

Les domaines d'application d'Antiope-diffusé concernent des domaines aussi variés que l'information économique (Antiope-bourse), météorologique (Antiope-météo), la formation et l'emploi (Antiope-Orep), les conditions de circulation routière (Antiope-Cicr), le tourisme, les loisirs, les petites annonces, etc. Les services offerts sont destinés aussi bien aux applications professionnelles qu'aux activités personnelles [2].

4.4.2. *Télétel*

Télétel, système français de vidéotex interactif, utilise un clavier et un écran de télévision pour accéder, par l'intermédiaire du réseau téléphonique, à des services d'informations ou de messageries et effectuer des transactions.

Qu'il s'agisse d'une simple consultation de pages de renseignements ou de véritables dialogues, les exemples d'utilisation du système Télétel sont extrêmement nombreux : renseignements administratifs, scientifiques, professionnels, annonces classées, consultations de l'état d'un compte bancaire, enseignement assisté par ordinateur, jeux, réservations, commandes, envoi et réception de messages personnels, etc.

1. ANTIOPE : Acquisition numérique et télévisualisation d'images organisées en pages d'écriture.
2. Éric SORLET, « ANTIOPE-services : mise en place d'un magazine de télétexte diffusé », *Com'7*, n° 1, octobre 1980.

Le matériel connecté au réseau téléphonique est un terminal graphique dont l'écran peut être celui d'un récepteur de télévision couleur du commerce ou intégré au terminal (voir fig. 4.11).

Certaines versions du terminal Télétel peuvent être équipées d'un dispositif permettant de recevoir des informations par le réseau de diffusion de la télévision, c'est-à-dire avoir accès au service Antiope : la compatibilité vidéotex interactif-vidéotex diffusé est l'une des grandes spécificités du système français.

Avec Télétel, aucune formation ni connaissances particulières ne sont requises pour rechercher un document, une information, un renseignement pratique. Chacun peut apprendre à s'en servir rapidement, et recevoir en quelques secondes les renseignements demandés.

L'accès s'effectue en composant le numéro d'appel du centre serveur Télétel [1]. Le choix de l'information du service demandé, s'obtient :

— soit en consultant le sommaire général qui indique le numéro de la page correspondante ;

— soit en composant directement ce numéro quand on le connaît à l'avance.

A titre d'exemple, Télétel peut :

— *Renseigner :* médecins de garde, horaires (train, avion, ...) ;

— *Informer :* actualités, services sociaux :

— *Permettre de réserver :* un billet de voyage, une place de spectacle, une chambre d'hôtel ;

— *Enseigner :* formation professionnelle, cours de langue ;

— *Transmettre ou recevoir :* des commandes, des messages, du courrier (boîte aux lettres électronique) ;

— *Distraire :* jeux éducatifs, jeux divers (échecs, mots croisés).

Mais Télétel intéresse aussi tous les *organismes* qui collectent, traitent, mettent à jour et diffusent de l'information. En particulier, Télétel permet à ces organismes d'améliorer et d'accroître la disponibilité des informations qu'ils possèdent : c'est la vocation « professionnelle » de Télétel.

Dans le milieu de l'année 1981, a été officiellement inaugurée une expérimentation de Télétel en vraie grandeur dans la banlieue sud-ouest de Paris (Télétel 3V) . Ce test portant sur environ 2 500 ménages, évaluera notamment l'utilisation et la réceptivité du public et des entreprises vis-à-vis de Télétel. Selon les résultats obtenus, ce système de vidéotex pourrait être appelé à se généraliser dans toute la France. Des efforts de commercialisation des systèmes de vidéotex français sont également entrepris à l'étranger, notamment aux États-Unis. La concurrence est vive sur le plan international entre les systèmes français et les systèmes britannique (Viewdata), canadien (Telidon), japonais (Captain), etc. (voir le terme vidéotex dans le glossaire).

A titre d'exemple, deux services offerts par le vidéotex interactif français « Télétel », pouvant s'utiliser aussi bien pour des applications grand public que professionnelles dans les bureaux, sont décrites ci-dessous : l'annuaire électronique et la boîte aux lettres électronique.

Encadré 5
Télétel : un matériel simple.

Télétel se compose :
— d'une ligne téléphonique ;
— d'un téléviseur grand public (noir et blanc ou couleur) ;
— reliés par un terminal Télétel comprenant un clavier de commande à distance (le terminal de faible encombrement est conçu pour s'adapter sous le téléviseur).

Dans un certain nombre de cas, notamment **pour les abonnés ne possédant pas de téléviseur à domicile,** un terminal Télétel comprenant l'écran de lecture et le clavier de commande incorporé, sera fourni par les Télécommunications.
Ce terminal ne donnera pas accès aux programmes de télévision.

Source : Document Ministère des P.T.T.-Télécommunications. Projet Télétel.

A) L'annuaire électronique

Il s'agit d'un service de vidéotex interactif, indépendant ou intégré à Télétel. A terme, il permettrait de remplacer l'annuaire téléphonique actuel en papier. Par consultation de cet annuaire électronique, l'usager voit s'afficher directement sur l'écran de son « minitel », le numéro de téléphone de l'abonné recherché, ainsi que des annonces publicitaires le cas échéant.

Présentation du minitel (voir fig. 4.12)

Ce terminal se présente sous la forme d'un ensemble autonome composé d'un écran de visualisation d'environ 22 cm de diagonale et d'un clavier à touches permettant le dialogue avec l'ordinateur.

Certaines versions permettent également d'inclure le combiné téléphonique dans ce terminal.

Principe de fonctionnement

L'abonné appelle par le 11 le centre informatique à l'aide de son poste téléphonique raccordé au réseau téléphonique commuté. Son appel parvient à un équipement d'accès au service qui l'aide dans sa recherche et l'aiguille sur la base de données « annuaire » de sa zone ou d'une zone distante par l'emploi du réseau Transpac.

La réponse de l'ordinateur se fait par l'affichage sur l'écran des numéros de téléphone, nom, prénom et adresse de l'abonné dans le cas où il n'y a pas ambiguïté entre plusieurs abonnés, par l'affichage des noms de tous les abonnés homonymes sur une ou plusieurs pages d'écran dans l'autre cas.

Les premières installations de minitels ont été faites en Ille-et-Vilaine où 250 000 abonnés seront équipés d'ici 1984[1].

L'avantage du service annuaire électronique est la mise à jour en temps réel de l'annuaire, contrairement à l'annuaire traditionnel sur papier.

Fig. 4.12. Les Minitels

Source : Doc. P.T.T./D.G.T.

1. Plusieurs millions de Minitels doivent être installés dans les années à venir équipant aussi bien les particuliers que les entreprises.

L'inconvénient de ce service est le coût d'une communication par consultation.

L'accès à d'autres services vidéotex : le service annuaire électronique étant un système de vidéotex interactif utilisant la même norme que le service Télétel (norme Antiope) est compatible avec ce dernier et il sera donc possible, à plus long terme, en disposant d'un terminal annuaire d'avoir accès à certaines sources de données vidéotex telles que renseignements, informations, ou transactions. *Le « terminal-annuaire » (Minitel) peut donc devenir ainsi un terminal de télébureautique à bas prix et de grande diffusion pour toutes les applications de consultation à distance et de messagerie électronique*[1].

B) La boîte aux lettres électronique

Il s'agit d'un des services inclus dans Télétel, pour l'instant. La « boîte aux lettres électronique » permet aux usagers de Télétel de se laisser des messages (au sens de la messagerie électronique textuelle analysée précédemment), qui sont consultables « en différé », selon le principe de l'asynchronisme des communications.

Les messages sont préparés sur l'écran à l'aide du clavier alphanumérique, et adressés à leur(s) destinataire(s) par leur nom ou par leur numéro de téléphone (d'où un couplage possible avec l'annuaire électronique). Le destinataire prend connaissance des messages dans sa « boîte », à sa convenance, lorsqu'il se connecte sur Télétel. Il s'agit donc d'un système qui s'apparente exactement à ceux de la messagerie électronique textuelle par ordinateur. L'avantage en est sa mise en œuvre simplifiée, puisqu'il suffit de pouvoir disposer d'un téléphone, d'un téléviseur standard et du boîtier de connexion muni du clavier pour être immédiatement opérationnel (sous réserve, bien sûr, de s'abonner à Télétel). Voir fig. 4.13.

La limitation du système peut venir du nombre d'abonnés. S'il y en a peu, il sera difficile d'échanger des messages ! On retrouve là, le même problème qu'avec la télécopie ou les autres services de messagerie électronique. En revanche, s'ils sont nombreux, on peut s'interroger s'il sera possible de gérer un parc de 3 millions en 1986-87 et les réseaux correspondants, quand on connaît les difficultés techniques et d'organisation auxquelles se heurtent aujourd'hui les entreprises désireuses d'implanter ou d'accroître leur réseau téléinformatique...

D'autres difficultés peuvent survenir à l'ensemble des systèmes et services de vidéotex en général, car leur avenir est encore incertain.

4.4.3. *Perspectives d'avenir du vidéotex en France*

Une relative incertitude pèse sur l'avenir du vidéotex — tout au moins en France. Pourtant, il s'agit d'un domaine où la France (et la Grande-Bretagne) ont été les précurseurs, et devraient bénéficier d'une certaine antériorité sur le plan international, notamment sur les États-Unis.

1. En 1985, le prix d'un Minitel simple est de 1 200 F, et il est appelé à baisser dans les années à venir. Il est loué 85 F par mois par les P.T.T. ou distribué gratuitement dans certaines zones.

Fig. 4.13. Vues de l'écran Télétel « Boîtes aux lettres ».

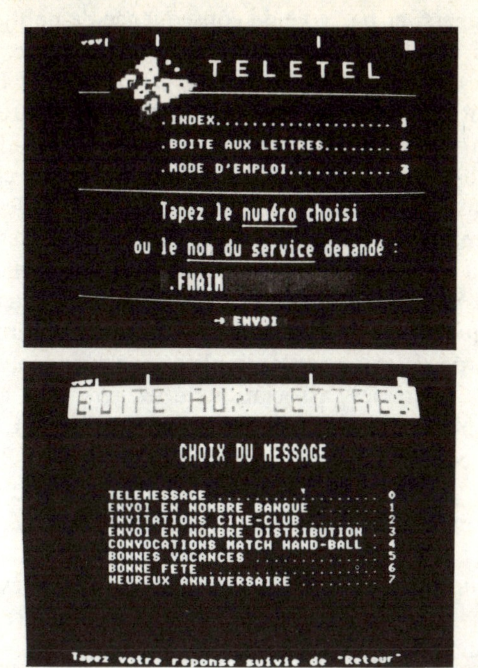

Minitel 10 équipé d'une imprimante de recopie d'écran et d'un lecteur de carte à mémoire permettant de valider des transactions.
Photo. Doc. P.T.T./D.G.T.

Cette incertitude est liée à des considérations de politique industrielle, d'implications pour les usagers, et par voie de conséquence de politique tout court [1]. Il faut savoir que les développements du vidéotex en France, ont été le fait de l'Administration des P.T.T., et plus particulièrement de la Direction Générale des Télécommunications, sous l'ancien gouvernement du Président Valéry Giscard d'Estaing. Il lui a souvent été reproché — à juste titre — de se livrer à de vastes expériences socio-techniques (Télétel à Vélizy, l'annuaire électronique en Ille-et-Vilaine, etc.), sans consultation préalable des usagers, ni des élus locaux, ni du Parlement ou du Sénat [2]. On parlait même de l'ambition démesurée de la D.G.T., à qui l'on reprochait de vouloir faire un « nouveau Concorde » ! Avec la mise en place du nouveau gouvernement du Président François Mitterrand, il est tout à fait vraisemblable que les choses évoluent dans ce domaine, probablement dans le sens d'une plus grande réflexion sur les implications du vidéotex, et d'une participation effective des intéressés (associations d'usagers, élus à tous les niveaux, organismes mis en place dans le cadre de la décentralisation, etc.).

D'autre part, un certain nombre d'experts, notamment à l'I.R.E.S.T. [3], ainsi que Bruno Lussato [4], se sont interrogés sur l'opportunité d'une mise en place généralisée de l'annuaire électronique dans sa forme envisagée initialement : terminal annuaire chez chaque abonné avec redevance de location, et taxation à l'unité lors de chaque consultation. Il existe pourtant d'autres moyens technologiques envisageables pour servir de support à un « annuaire électronique », le disque optique numérique* par exemple.

A la place du terminal annuaire, l'Administration pourrait distribuer un disque optique à chaque abonné, avec une mise à jour moins fréquente que celle envisagée sur l'annuaire électronique, mais néanmoins plus fréquente que celle de l'annuaire papier (la distribution pourrait être trimestrielle au lieu d'annuelle). Cela rendrait les abonnés moins tributaires de la tarification imposée par l'Administration, et permettrait du même coup de favoriser l'industrie française du disque optique, domaine où elle est en pointe par rapport à l'industrie internationale, notamment avec Thomson. Le débat n'est pas encore tranché dans cette affaire, dont il faudra suivre les développements dans les années à venir.

Entre-temps, quelques inflexions au programme initial de l'annuaire électronique sont intervenues depuis juillet-août 1981, notamment le fait que les services de vidéotex en général seront attribués sur la base :

— du volontariat des abonnés ;
— de la concertation avec tous les intéressés, et
— de la prise en considération des besoins collectifs [5].

1. Voir notamment J.-M. QUATREPOINT, « L'annuaire électronique, une fausse solution d'avenir ? », *Le Monde*, 17 février 1981.

2. Il a été mis en place une « Commission de suivi de la télématique » dont certains ont dit — sous l'ancienne majorité — qu'elle ne pouvait en effet que « suivre », et non pas anticiper les décisions ni les effets de la télématique.

3. *Bulletin de l'I.R.E.S.T.*, n° 20, décembre 1980.

4. Bruno LUSSATO, « Télématique et privatique », *Actes du Congrès : La conception des systèmes télématiques*, C.I.T.E.L., Nice, 3-5 juin 1981. Voir également Bruno LUSSATO, *Le défi informatique*, Fayard, 1981 et *Le dossier de la micro-informatique*, Les Éditions d'Organisation (1980).

5. Voir notamment l'interview de Louis MEXANDEAU, ministre des P.T.T., dans *01 Informatique mensuel*, n° 153, septembre 1981.

Ils ne seront pas « imposés » par l'Administration des Télécommunications. En effet, il ne semble pas raisonnable, en 1982, d'attendre de la part du grand public, une demande suffisamment importante pour supporter une telle industrie. Il est donc nécessaire d'orienter les nouveaux services vers les entreprises et donc de consacrer plus d'efforts au télécopieur de grande diffusion (T.G.D.), au télétex et au vidéotex à vocation professionnelle. Dans un premier temps, l'annuaire électronique sera utilisé en interne par les P.T.T., venant secourir les opératrices des renseignements téléphoniques, débordées de demande surtout dans les grandes agglomérations. D'autre part, les applications vidéotex seront orientées vers les services publics : S.N.C.F., collectivités locales, bureaux de poste...

En termes d'orientation politique, il a été clairement affirmé à plusieurs reprises que la priorité sera désormais accordée au développement des *usages professionnels du vidéotex,* et plus généralement de la *télématique professionnelle :* c'est-à-dire celle qui ne s'adresse pas à des particuliers à leur domicile. Elle est donc relative à des activités collectives ou de « guichet », ou enfin à des transferts d'informations à l'intérieur ou entre entreprises [1]. Sur le plan des artères de transmission, le mode de transmission numérique, bien adapté à la télématique, sera généralisé de sorte que la « connexité numérique » soit réalisée en 1985. Autrement dit, des artères numériques à grand débit (64 000 bit/s) permettront de relier deux points quelconques du territoire à la fois par le réseau terrestre et par le futur réseau spatial transitant par le satellite Télécom 1 en 1983-1984 (voir section 5.2).

4.5. L'ACCÈS AUX BANQUES DE DONNÉES EXTÉRIEURES A L'ENTREPRISE

Maîtriser l'information est une des clés du bon fonctionnement des organisations de notre temps. Il est devenu pratiquement impossible de résoudre les différents problèmes rencontrés à tous les niveaux de la vie économique, politique, sociale, technique, etc. en ne faisant appel qu'à ses propres connaissances. Or, cette information est de plus en plus volumineuse, diffuse et difficile à gérer. La multiplication exponentielle des documents provoque l'engorgement des systèmes documentaires manuels traditionnels qui deviennent de moins en moins efficaces. L'information risque ainsi de perdre toute sa signification si elle n'est pas disponible rapidement au moment opportun, et aussi exhaustive et pertinente que possible.

L'informatique et la télématique offrent une assistance considérable à l'organisation systématique de l'information par la constitution de banques de données [2] et leur consultation à distance. Les banques de données constituent en quelque sorte de vastes systèmes documentaires automatisés susceptibles de contenir en mémoire plusieurs millions d'informations et d'en assurer le traitement, le tri et l'accès rapide en fonction des demandes. En outre, le développement des réseaux

1. Interview de Jacques DONDOUX, « La D.G.T. met en place les moyens technologiques du développement de la télématique professionnelle », *le Journal de la Télématique,* n° 46, 26 octobre 1981.
2. Ne pas confondre *banque* de données et *base* de données (voir le glossaire en fin d'ouvrage).

de télécommunications nationaux et internationaux offrent à l'usager la possibilité de consulter, à partir de n'importe quel poste de téléphone simplement couplé à un terminal, les banques d'information du monde entier, à des coûts raisonnables. Depuis quelques années, ce domaine est en pleine expansion, avec la création de plus d'un millier de systèmes documentaires automatisés. En Europe, une nouvelle banque de données naît tous les deux jours. En France, le nombre d'interrogations double tous les deux ans.

D'une manière générale, les banques de données sont constituées et exploitées par quatre types d'intervenants [1] :

— les *producteurs,* organismes publics ou privés, qui recueillent les données et organisent les fichiers ;

— les *serveurs** (ou centres serveurs), qui regroupent les fichiers des producteurs, les enregistrent en mémoire dans de puissants ordinateurs, et les mettent à la disposition des abonnés ;

— les *transporteurs* (ou réseaux), qui assurent le transport physique des informations entre l'ordinateur où est stockée la banque de données et l'utilisateur ; et

— les *organismes relais,* qui jouent le rôle d'intermédiaire entre les serveurs et les utilisateurs qui ne sont pas équipés en terminaux et n'ont pas l'expérience nécessaire pour interroger directement une banque de données (Chambres de Commerce et d'Industrie par exemple).

Pour accéder à l'information, plusieurs cas de figure peuvent se présenter. Celui qui tend le plus à se développer est le cas où l'utilisateur est équipé d'un terminal (acheté ou loué), et où le producteur confie la diffusion de la banque de données à un serveur. L'utilisateur peut alors accéder directement à la banque de données par l'intermédiaire du réseau téléphonique commuté, télex, Transpac, etc. L'interrogation s'effectue « en temps réel », et en « mode conversationnel »*, c'est-à-dire que l'utilisateur a immédiatement accès à l'information, avec la possibilité d'affiner sa question en fonction des réponses obtenues. Si l'utilisateur ne possède pas de terminal, il peut s'adresser soit à un organisme relais, soit directement au producteur. La question sera alors traitée en temps différé par ces derniers qui lui feront parvenir les résultats par courrier par exemple.

Les organismes relais ne connaissent pas encore un développement important en France [2]. Mais, à terme, il en ira sans doute autrement, car, pour tirer le meilleur parti d'un terminal permettant de dialoguer avec un centre serveur, il faut avoir l'habitude de le manipuler, ce qui nécessite plusieurs heures d'utilisation par semaine en général, — en attendant que l'on arrive à mettre au point des langages d'interrogation « naturels », c'est-à-dire voisins du français et très simples à utiliser.

---

1. Pour davantage de détails sur les banques de données, voir notamment le dossier-série sur ce sujet introduit par Vincent MEISSONNIER, « Les banques de données s'ouvrent sur l'extérieur », dans *Informatique et Gestion,* n° 117, septembre 1980.

2. A ce propos, il convient de noter l'effort important consenti par la Chambre de Commerce et d'Industrie de Paris, qui est *producteur* de trois banques de données (I.S.I.S. : références bibliographiques économiques, Télexport : informations sur l'export-import et son environnement, et B.S.I. : références sur l'informatique et ses applications), et *organisme relais* d'une cinquantaine de banques de données françaises et étrangères dans les domaines économique, politique, juridique, social, scientifique et technique, pour le compte de ses ressortissants.

Des banques de données existent dans pratiquement tous les domaines : données économiques générales (macroéconomie, indices conjoncturels, monnaie, crédit, financement, etc.), données individualisées par entreprises ou par secteurs (résultats boursiers, activités, etc.), données scientifiques et techniques (domaines de la chimie, biologie, physique nucléaire, etc.), données juridiques, commerciales, etc. [1].

Parmi les principaux serveurs en France, citons Télésystèmes, Cisi, Spidel, Gcam, ...

Il faut également noter que le vidéotex constitue un moyen d'accès à des banques de données qui devrait se développer dans les années à venir, notamment par la prolifération de « microserveurs » particuliers [2].

Le coût d'accès à une banque de données dépend de nombreux facteurs, en particulier du producteur, du serveur, et éventuellement de l'organisme relais. En moyenne, le coût de l'heure d'interrogation en conversationnel est de l'ordre de 250 à 500 F (H.T.), et le temps de connexion nécessaire pour traiter une question peut varier entre 10 et 20 minutes ou davantage.

Néanmoins, il ne faudrait pas croire que l'accès aux banques de données constitue une panacée pour résoudre tous les besoins en information. En premier lieu, l'importante capacité de stockage des ordinateurs favorise la quantité plus que la qualité des informations. D'autre part, bien que le dialogue avec l'ordinateur ne nécessite pas l'apprentissage d'un langage informatique, il faut néanmoins se familiariser avec les commandes du logiciel d'interrogation. Enfin, près de la moitié des banques de données ne permettent d'accéder qu'à des références bibliographiques, parfois accompagnées d'un court résumé. Si l'accès à cette référence (titre, auteur, sujet, résumé, ...) est quasi instantané, il est souvent beaucoup plus difficile d'obtenir le document correspondant lui-même [3].

4.6. LA TÉLÉCONFÉRENCE

La téléconférence est un procédé ou un service de télécommunication permettant à des personnes distantes les unes des autres, de participer à des réunions de travail sans avoir pratiquement à se déplacer.

Les moyens de téléconférence recouvrent diverses technologies, ayant chacune leur dénomination particulière :

— téléréunion ou conférence téléphonique ;
— audioconférence ou téléconférence audiographique ;
— visioconférence ;
— vidéotransmission ;
— téléconférence informatisée (assistée par ordinateur).

Tous ces procédés mettent en œuvre des techniques de télécommunications plus ou moins sophistiquées. Chacune possède ses avantages et ses inconvénients

1. Voir notamment une liste des principales banques de données mondiales in : M.I.D.I.S.T., « Les banques de données, enjeux et réalités », *Informatique et Gestion*, n° 118, octobre 1980.
2. Richard CLAVAUD, « La révolution des microserveurs », *Le Monde*, 25 octobre 1981.
3. Voir notamment « Bases et banques de données : systèmes d'information automatisés », *Com'7*, n° 4, février-mars 1981.

pour assurer une communication fiable entre des individus ou des groupes de personnes géographiquement dispersés et désireux de se réunir à distance [1].

Il ne s'agit pas de les détailler tous avec précision ici, mais seulement d'en présenter sommairement les principales caractéristiques de façon à pouvoir en apprécier les possibilités dans le cadre des activités de bureau et de la bureautique. Pour davantage de précisions sur chacun des procédés ou services, le lecteur est renvoyé aux références bibliographiques.

4.6.1. *Téléréunion ou conférence téléphonique*

La possibilité de converser à plusieurs interlocuteurs éloignés les uns des autres, existe depuis longtemps sur le réseau téléphonique commuté. Il suffisait de demander ce service à l'opératrice qui, à une heure convenue à l'avance, assurait les branchements nécessaires entre les abonnés concernés (trois ou quatre seulement). Pour des conversations internes, l'autocommutateur privé peut également assurer ces liaisons.

Actuellement, les P.T.T. commercialisent en France un nouveau service, — appelé téléréunion ou conférence téléphonique —, réalisant automatiquement la relation entre une douzaine de postes téléphoniques simultanément. Après rendez-vous pris, il suffit que les abonnés téléphonent à la même heure à un numéro de téléphone particulier, et ils sont mis en communication les uns les autres. Ce service expérimental est organisé à partir d'un central situé dans la région de Montpellier.

Ses avantages sont liés à la nature du moyen de communication habituel qu'est le téléphone : pas d'apprentissage nécessaire, discussion en simultané, et pas de besoin de se déplacer. En revanche, ses contraintes sont assez nombreuses :

— prise de rendez-vous et présence simultanée de tous les participants nécessaires ;

— difficultés de bien suivre la conversation (identité des interlocuteurs, ordre de parole, langage utilisé) ;

— nécessité d'un poste « mains libres », car il est fatiguant de tenir le combiné à l'oreille après dix minutes de conversation ;

— qualité technique de la communication souvent médiocre (parasites, brouillages, effets « larsen » accentués par les postes « mains libres », etc.) ;

— coût souvent élevé (en fonction des distances) ;

— échange d'information limité à l'aspect verbal.

Applications envisageables : toutes celles du type « tour de table » rapide, effectuées régulièrement entre participants se connaissant bien (exemple : directeur de production et responsables d'usines réparties sur le territoire).

4.6.2. *Audioconférence ou téléconférence audiographique*

L'audioconférence consiste en un réseau de studios publics ou privés, spécialement aménagés, permettant de réunir, deux, trois ou quatre groupes de six per-

1. Michel KLEIN et Marc CHAUCHARD, « L'aide à la décision et à la gestion des projets décentralisés », Document C.E.S.A., n° I.487.N.80, Jouy-en-Josas, 1980.

sonnes maximum [1]. Chaque groupe se rend dans le studio de sa localité (ou de son entreprise) et s'installe autour d'une table hexagonale équipée d'un micro directionnel à chaque place, d'un haut-parleur central, et d'un tableau de voyants lumineux destinés à identifier l'interlocuteur distant qui prend la parole. Les participants peuvent parler et être entendus de tous sans aucune contrainte, ni aucune manipulation, comme dans une réunion ordinaire (voif fig. 4.14 et 4.15).

Les conférenciers peuvent aussi accéder à divers services complémentaires tels que :

— combiné téléphonique privatif, permettant d'appeler quelqu'un à l'extérieur, avec possibilité de le brancher momentanément pour suivre le cours de la réunion ;

— télécopieur (voir infra 4.3.1) pour transmettre un document papier d'un studio à l'autre ;

— tablette de téléécriture* permettant aux participants de dessiner des schémas sommaires en deux couleurs, ou d'orthographier des noms complexes, et de les visualiser ou de les modifier simultanément d'un studio à l'autre (le système comprend une tablette sensible 20 × 25 cm, un stylo électronique, un processeur graphique et un téléviseur couleur standard).

La multiécriture, entre plus de deux studios devrait se développer à partir de 1982-83.

— vidéo-imprimante pour obtenir une recopie sur papier (ou « tirage* ») de l'image créée par téléécriture sur le téléviseur.

Pour se réunir en audioconférence, des studios publics ou privés sont disponibles. Ils sont interconnectables, et constituent le réseau français d'audioconférence :

— les studios publics, appelés Télécentres, sont ouverts à tous. Il suffit de réserver par téléphone ou télex, une plage horaire entre le ou les studios désirés ;

— les studios privés sont installés au sein même des organismes qui ont de fréquentes utilisations d'audioconférence et souhaitent utiliser leurs propres studios.

Les studios sont mis en relation par l'intermédiaire du réseau spécialisé Caducée qui offre une grande qualité de transmission. Il existe une soixantaine de studios publics en service à fin 1981, répartis sur l'ensemble du territoire français (voir fig. 4.16), et une centaine de studios privés, assez concentrés dans la région parisienne et dans la région Rhône-Alpes. Des installations de studios privés ont également été réalisées à l'étranger (États-Unis, Belgique, Luxembourg, Suisse, Maroc, Côte-d'Ivoire).

Le principal avantage de l'audioconférence est de ne demander qu'un faible apprentissage, à condition d'avoir la pratique des réunions. C'est surtout un procédé bien adapté aux réunions d'information, de coordination ou d'étude technique d'un problème. En revanche, il se prête peu aux réunions de « négociation », ou demandant un fort engagement émotionnel des participants. Tous les secteurs de l'entreprise peuvent être concernés : secteurs administratif, commercial, tech-

1. Pour davantage de détails sur l'audioconférence, voir notamment :
— Valérie JOANNES, « La téléconférence en France », *Bureau Gestion*, n° 33, avril 1981 ;
— Maurice VIALARON, « Réseau français de téléconférence audiographique », Journées d'étude bureautique, C.E.S.A.-C.F.C., Doc. n° 1.575.N.81, juin 1981.

nique ou direction générale. La durée d'une audioconférence est strictement limitée au temps indiqué lors de la réservation. Cela entraîne davantage de concision dans les réunions, et une prise de décision plus rapide.

En matière de tarification, la particularité de l'audioconférence est l'indépendance totale entre les coûts et la distance existant entre les télécentres. Seule la durée est prise en compte. Le coût de l'audioconférence est en général vite amorti : les frais de déplacement d'une personne de province à Paris avoisinent les 1 000 F par jour par exemple, alors qu'une heure d'audioconférence entre deux télécentres coûte environ 450 F de taxes. Des économies substantielles sur les frais de déplacements de leurs cadres, sont rapportées par diverses sociétés ayant fait installer des studios privés [1].

Fig. 4.14. Exemple de disposition d'une salle d'audioconférence.

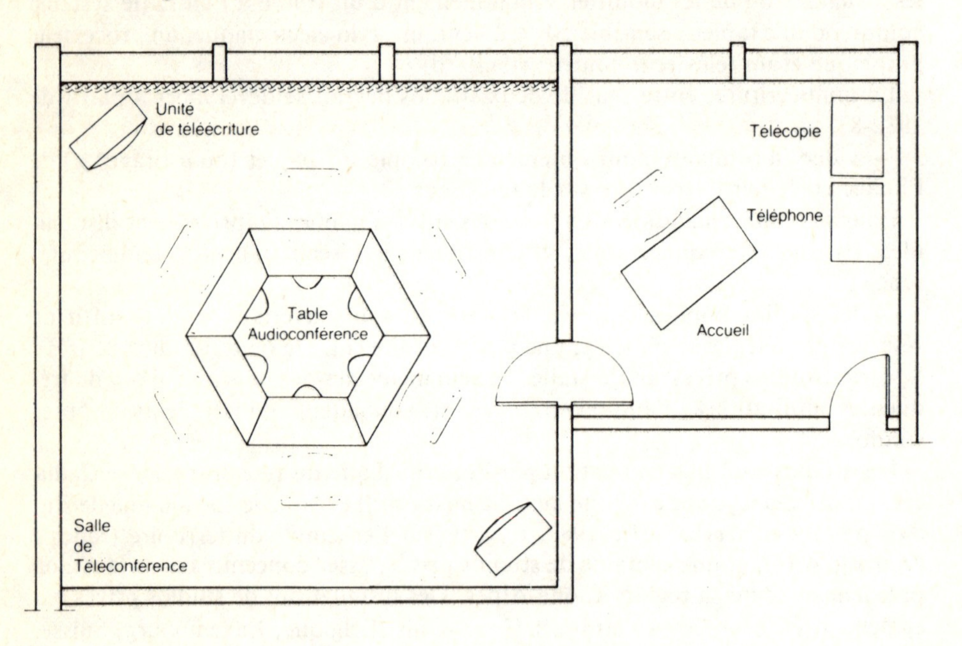

Source : Direction Générale des Télécommunications et France Câbles et Radio.

1. B. de SAINT-ALBIN, « Le système audioconférence à C.C.M.C. », *Travail et Méthodes,* n°s 376/377, août-septembre 1980.
C. de RENNEKAMPF et J. SALAIN, « Mise en place et exploitation d'un système de téléconférence dans une grande entreprise française », *Actes du Congrès bureautique Afcet-Sicob 81,* Afcet, juin 1981.

Fig. 4.15. Vue d'un studio d'audioconférence.

Source : P.T.T.-D.G.T./Score.

Fig. 4.16. Début 1984, soixante-cinq télécentres répartis sur le territoire français.

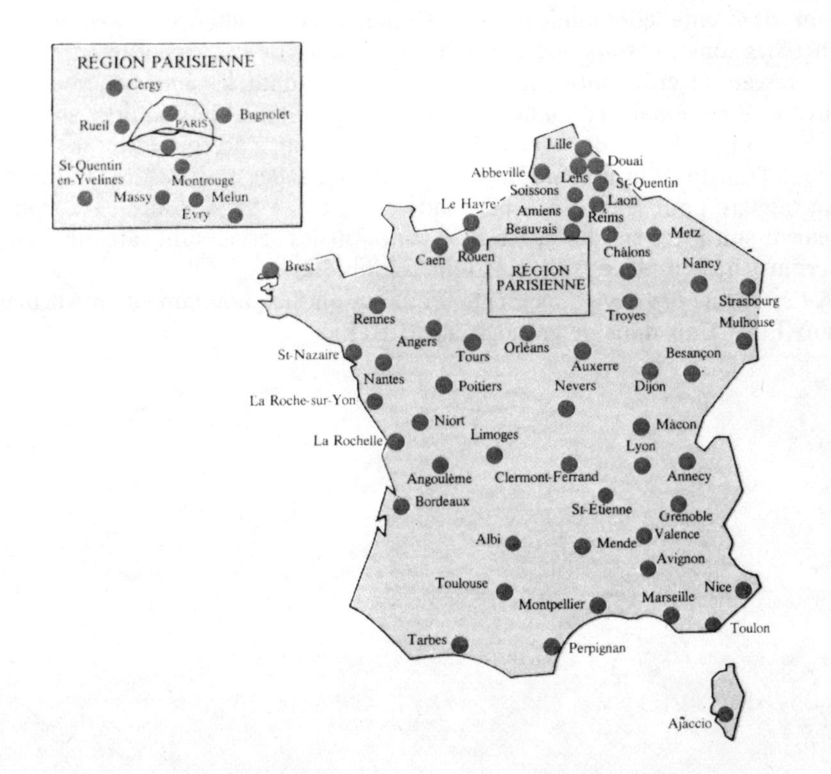

4.6.3. *La visioconférence*

La visioconférence élargit les possibilités de l'audioconférence en permettant aux participants de voir l'image de leur(s) locuteur(s) sur un écran de télévision. Selon les pays, divers procédés techniques sont employés, mais le principe de base reste l'utilisation d'un visiophone* (poste comprenant un écran de type télévision, un micro et un haut-parleur).

En France, le service de visioconférence met en relation deux groupes de quatre personnes au maximum. Dans un studio de visioconférence (voir fig. 4.17), chaque participant dispose d'un poste visiophonique qui lui permet de voir les interlocuteurs du studio distant. Dès sa prise de parole, l'intervenant est détecté par une régie automatique : son image est visualisée pour tous les autres participants, tandis que lui-même garde l'image de l'intervenant précédent. Il est également possible d'utiliser le visiophone pour visualiser des images de documents ou de schémas, en les glissant à l'endroit prévu sous l'appareil.

La visioconférence utilise des liaisons numériques à très haut débit du réseau P.T.T. Il s'agit d'un service encore expérimental, car ces liaisons n'existent pas sur l'ensemble du territoire. Les premières liaisons ont eu lieu en 1975, et actuellement un réseau public probatoire de visioconférence est ouvert entre Paris, Nantes, Rennes et Lyon.

Ce procédé est encore très onéreux : 200 F de location pour un studio et 800 F de taxes de transmission par heure. En effet, pour transmettre une image, il est nécessaire de disposer d'une « largeur de bande de fréquence » au moins trente fois plus étendue que celle nécessaire pour transmettre la voix, c'est-à-dire l'équivalent de trente communications téléphoniques simultanées classiques. Des recherches sont en cours pour faire baisser le coût de la visioconférence.

Le réseau de visioconférence devrait s'étendre dans les années à venir, avec l'ouverture de nouveaux studios publics et la possibilité de s'équiper en studios privés. Les possibilités du service devraient également s'accroître avec la télécopie rapide (Transfax), la multiconférence (plusieurs salles en relation), l'utilisation d'un satellite pour les liaisons internationales, etc. La visioconférence trouvera sûrement son plein-emploi après 1986, une fois les services du satellite français Télécom 1 mis en place (voir plus loin section 5.2).

A l'étranger, des développements similaires ont lieu notamment en Allemagne et aux États-Unis dans de grandes entreprises.

Fig. 4.17. Exemple d'implantation des locaux de visioconférence.

6m
5m
6m
3m
4m
Télé-copieur
Codec
Régie
LOCAL TECHNIQUE
Appareils de mesure et de maintenance
Caméra et moniteur panoramique
Vestiaire
Poste téléphonique public
SALLE D'ACCUEIL
SALLE DE VISIOCONFÉRENCE
Hôtesse

Source : Direction Générale des Télécommunications et France Câbles et Radio.

Encadré 5 :
Studio de visioconférence

Photo SIC-PTT

Salle d'audioconférence. Photo P.T.T.-D.G.T.-Score.

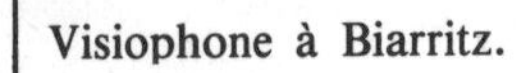

Visiophone à Biarritz. Photo SAT

4.6.4. *La vidéotransmission*

Il s'agit d'un système de diffusion de programmes audiovisuels, en provenance **d'équipements fixes ou mobiles, permettant leur projection sur grand écran dans des lieux éloignés, qu'ils soient publics ou privés[1]. Voir fig. 4.18.**

De prime abord, la vidéotransmission apparaît comme une synthèse de la télévision et du cinéma. Les matériels employés (caméras, régies, ...) et les techniques utilisées, tant pour la production que pour la transmission, sont ceux de la télévision. Seule la projection s'apparente au cinéma dans la mesure où les « vidéo-spectateurs » doivent se déplacer dans une salle (cinéma, salles de conférence, ...) ou dans une enceinte publique (stade, palais des congrès, ...) spécialement aménagée. Par rapport au cinéma, la vidéotransmission offre l'avantage, par un retour son et éventuellement, un retour image, de pouvoir dialoguer entre le lieu principal de prises de vues et les salles de réception. Le public participe donc au « vidéoprogramme ».

La vidéotransmission est un « média de groupes » permettant une adaptation des programmes transmis en fonction des préoccupations des personnes concernées. Deux marchés intéressent la vidéotransmission : le marché grand public avec vente de billets (retransmissions de manifestations sportives, culturelles, etc.), et le marché professionnel avec locations de salles : séminaires, congrès, conférences, présentations de matériels, lancement de nouveaux produits... Les publics concernés peuvent atteindre plusieurs centaines de personnes pouvant dialoguer entre elles, mais cette forme de « téléconférence », par les moyens qu'elle met en œuvre, est encore extrêmement coûteuse. En France, Vidéotransmission International (G.I.E. entre les P.T.T./D.G.T., T.D.F. et la S.F.P.) s'active à faire baisser les coûts, notamment des vidéoprojecteurs, encore très onéreux.

Fig. 4.18. La vidéotransmission : un système de télécommunication (transmission et retour son)
qui offre en outre une synthèse originale de la télévision (prises de vues) et du cinéma (projection).

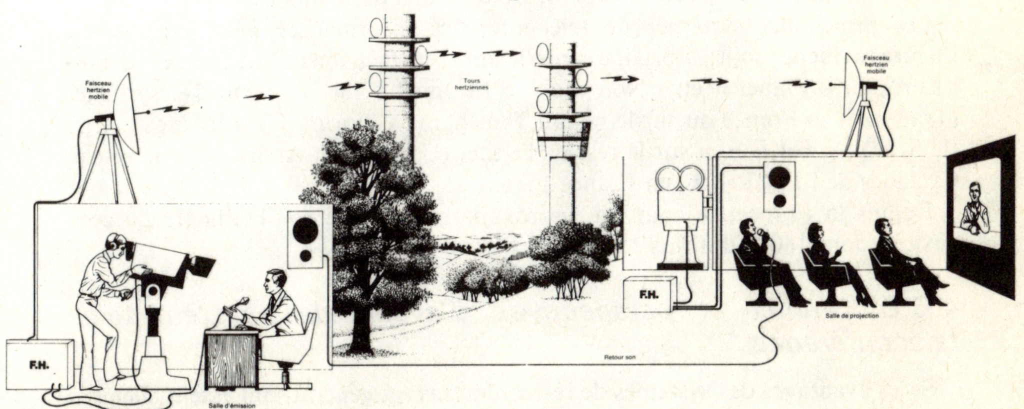

Source : Ministère des P.T.T./Score.

1. « Une nouvelle agora : Vidéotransmission International », *Télécom 2000,* n° 7, novembre 1980 (D.G.T.-Score).

4.6.5. *La téléconférence informatisée (ou téléconférence assistée par ordinateur)*

La téléconférence informatisée est une extension des systèmes de messagerie électronique textuelle, permettant à un groupe de correspondants d'échanger des messages sur un sujet d'intérêt commun, par l'intermédiaire d'une « boîte aux lettres » électronique établie dans un ordinateur central. Les messages sont expédiés et reçus sur des terminaux qui peuvent être répartis sur plusieurs continents [1].

Le point important à souligner dans ce mode de téléconférence, est que les participants n'ont pas besoin d'être simultanément en liaison les uns aux autres, contrairement aux autres procédés de téléconférence décrits précédemment. D'autre part, le nombre de participants est quasiment illimité. Ils peuvent ainsi prendre connaissance, à leur convenance, des messages laissés par les autres participants à la « conférence », et les commenter après réflexion en se connectant au système.

Il s'agit d'un procédé destiné aussi bien aux réunions de travail étalées dans le temps, qu'au simple échange d'information entre correspondants. Certaines téléconférences informatisées ont mis en jeu parfois plus d'une centaine de participants ayant correspondu ainsi pendant de nombreux mois. Les exemples les plus célèbres se trouvent parmi les équipes de la N.A.S.A. mettant au point le projet Apollo, ou parmi les sites et sociétés d'énergie nucléaire lors de l'incident de la centrale nucléaire de Three Mile Island aux États-Unis.

Ce type de système tient un participant informé de ce qui s'est passé depuis son dernier contact, et permet à l'expéditeur d'un message de l'adresser simultanément soit à tous les correspondants, soit à quelques-uns seulement. Les avantages sont liés à la fiabilité de l'écrit, aux déplacements évités, à l'accès facile à sa documentation personnelle, et à la possibilité de services annexes : accès à des bases de données, à des programmes de calcul, au traitement de texte éventuellement. Les inconvénients viennent de l'absence de contacts humains, de la transmission limitée à des écrits ou à des graphiques simples, et à la nécessité d'utiliser un clavier de terminal. L'apprentissage est en général rapide (une heure environ) et le temps de connexion sur le réseau est de l'ordre de une à deux minutes.

Les principaux systèmes de téléconférence informatisée commercialisés à l'heure actuelle sont d'origine américaine, et facilement accessibles depuis l'Europe : « Planet » et « Notepad » d'Infomédia sur le réseau Télésystèmes (Transpac) en France ou sur le réseau Tymshare ; « Forum » sur le réseau Arpa (U.S.A.) ; « E.I.E.S. » sur le réseau Telenet (U.S.A.) ; « Agora » sur le réseau Cyclades de l'I.N.R.I.A. en France ; etc.

Depuis la France, le coût est approximativement de 400 F l'heure de connexion, dont 180 F dus aux taxes P.T.T.

4.6.6. *Limites et perspectives d'avenir des systèmes de téléconférence*

Si les avantages des systèmes de téléconférence en général sont essentiellement

1. • Yvon Gardan, « Téléconférences assistées par ordinateur », *Actes du Congrès bureautique 78*, I.M.A.G.-I.R.I.A.-A.F.C.E.T., Grenoble, mars 1978.
• Annie Bloch, « Vers une télématique naturelle : la téléconférence assistée par ordinateur », *Actes du Congrès : La conception des systèmes télématiques*, C.I.T.E.L., Nice, 3-5 juin 1981.

dans la limitation des déplacements physiques des personnes, source indéniable d'économies d'énergie, il n'en reste pas moins qu'ils ne supprimeront jamais totalement ces déplacements. L'aspect social des « voyages d'affaires » est encore très important pour bon nombre de cadres, bien qu'une certaine lassitude commence à gagner ceux qui ont à effectuer de fréquents déplacements. Une étude de la Conférence Européenne des Administrations des Postes et Télécommunications, a montré que les téléconférences pourraient remplacer les réunions d'affaires traditionnelles dans la proportion d'un cas sur deux.

D'autre part, la productivité des réunions par téléconférence n'est pas encore bien connue. Tout ce que l'on sait, c'est qu'elles sont généralement raccourcies, mais sans pouvoir évaluer précisément si elles sont d'une efficacité optimale [1]. Il faut aussi tenir compte de l'entraînement et de la formation des utilisateurs, qui se sont avérés déterminants dans certains cas. Même si le système utilisé est d'un apprentissage simple et rapide, les réactions de comportement des participants ne sont pas identiques à celles d'une situation de réunion en face à face [2].

Avec le développement des télécommunications par satellites à un coût raisonnable, il est permis d'imaginer que les procédés de téléconférence vont être de plus en plus utilisés, en conjonction avec les techniques audio-visuelles. L'impact de ces outils sur le travail en groupe sera très certainement important, mais il est encore mal perçu.

La téléconférence a un impact potentiel significatif sur les activités de bureau, à un moment où une plus grande participation de tous est souhaitée dans la prise de décision. En permettant d'associer plus facilement et plus rapidement des centres de décision dispersés, la téléconférence est un outil puissant de décentralisation. A ce titre, tous les intéressés vont devoir se consulter pour une mise en œuvre la plus harmonieuse possible, respectant les priorités de chacun (travailleurs, partenaires sociaux, organismes publics, constructeurs, association d'utilisateurs, etc.).

5. Technologies et services de demain

5.1. LES COMMUNICATIONS PAR FIBRES OPTIQUES

Les fibres optiques sont appelées à jouer un rôle déterminant dans l'évolution des télécommunications et des réseaux. Au-delà de l'innovation technologique, les fibres optiques vont apporter toute une gamme de services aux usagers des télécommunications, notamment sur le plan professionnel, pour la transmission du son, de l'image et des données numériques.

1. Murray TUROFF, « Meeting through your computer », *I.E.E.E. Spectrum*, n° 5, 1977.
2. Voir notamment les travaux réalisés en audioconférence par le Collège Bureautique de l'A.F.C.E.T. en 1980.

1. Principes et caractéristiques des fibres optiques

Véritables cheveux de verre, les fibres optiques permettent la transmission de l'information sous forme d'ondes lumineuses. Constituée de deux milieux concentriques, le cœur et la gaine, d'indice de réfraction différent, la fibre optique guide le rayon lumineux par réflexions successives sur les parois de séparation entre ces deux milieux. Pour véhiculer ainsi des informations, il suffit de transformer un signal électrique (analogique ou numérique) en impulsions lumineuses, grâce à une diode-laser. En sortie, le signal optique est restitué sous forme électrique.

Les avantages de ce mode de communication sont nombreux :

— les fibres optiques sont légères et d'un *encombrement réduit :* quelques grammes au kilomètre, d'un diamètre extérieur de l'ordre de 1/10e de millimètre, et cent fois moins encombrant qu'un câble traditionnel, ce qui en fait le support idéal pour les câblages urbains pour les villes au sous-sol déjà bien encombré ;

— elles offrent également de *grandes capacités de transmission,* car elles disposent d'une « bande passante » très large, c'est-à-dire qu'elles acceptent un trafic beaucoup plus intense qu'un simple fil de cuivre. Par exemple, une fibre optique possède une capacité équivalente à :

• 16 fois celle d'un câble coaxial ;

• 70 fois celle d'un câble téléphonique contenant 672 paires de fils en cuivre.

On peut ainsi faire passer 16 000 voies téléphoniques sur un câble de 70 fibres travaillant à 34 Mbit/s. Qui plus est, les fibres optiques permettent de transmettre simultanément le *son* (paroles et musique), les *images fixes ou animées,* et des *caractères numériques* (textes, données, etc.) ;

— il faut ajouter à cela, une *atténuation faible* (peu de pertes en ligne), ce qui permet d'envisager des liaisons de l'ordre de 50 km, sans répéteur de signaux. D'autre part, les fibres optiques présentent une *insensibilité totale aux parasites* électromagnétiques, autorisant la conception de systèmes simples sans blindage, contrairement aux liaisons traditionnelles par fils de cuivre. Par ailleurs, les fibres optiques présentent l'avantage de rendre les pays industrialisés indépendants des sources d'approvisionnement en cuivre pour leurs besoins de communications. La silice, matériau de base des fibres optiques, est une *matière première abondante et peu coûteuse,* à l'inverse du cuivre.

2. Domaines d'application des fibres optiques

Selon les distances de communication, il est possible de distinguer essentiellement deux domaines d'application des fibres optiques :

— en courtes distances dans les milieux urbains (sans répéteur) :

• pour les liaisons entre centraux téléphoniques [1] ;

• pour les liaisons périphériques-unités centrales des configurations d'ordinateurs ;

• **ainsi que pour la distribution de services de télécommunication aux abonnés (visiophonie, télévision par câble, radio haute-fidélité, etc.). Voir la fig. 4.19.**

1. Depuis septembre 1980, les P.T.T. exploitent une liaison expérimentale par fibres optiques de 8 000 circuits entre les centraux parisiens Philippe-Auguste et Tuileries, distants de sept kilomètres.

Fig. 4.19. L'expérience de Biarritz, premier réseau de fibres optiques « multiservices » à large bande pour 1 500 à 2 000 abonnés (mise en service début 1983).

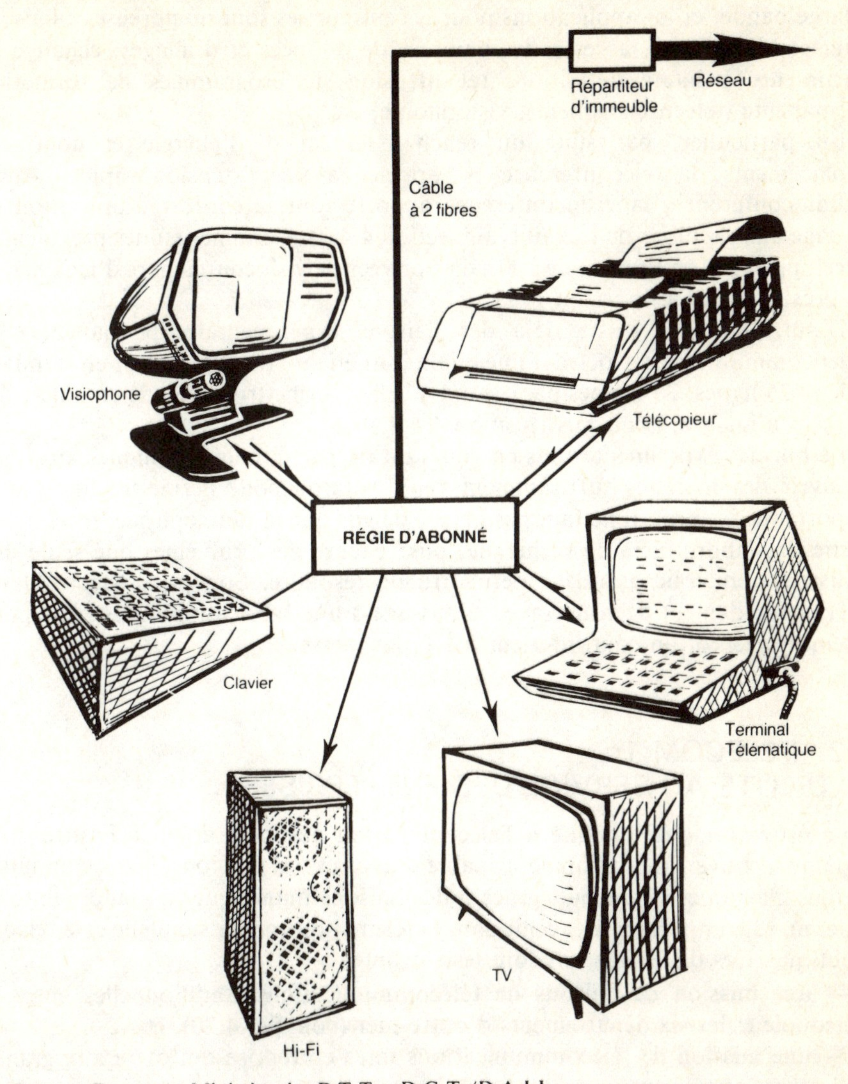

Source : Document Ministère des P.T.T. - D.G.T./D.A.I.I.

L'expérience de câblage par fibres optiques de la ville de Biarritz, offrira aux abonnés la possibilité de recevoir des programmes radio et télévision, de communiquer par visiophones et par télécopieurs, de se relier à des banques de données, etc. Cette expérimentation devrait permettre de mieux cerner les implications sociales, et de maîtriser les technologies et les problèmes industriels qui en découlent.

— en longues distances (avec répéteur) :
• pour les liaisons interurbaines, et
• les câbles sous-marins intercontinentaux (projet de câble entre le continent et la Corse).

3. Les fibres optiques et les services professionnels

Le domaine professionnel sera un lieu privilégié de développement des services à large bande, et les applications pour les entreprises sont nombreuses : liaisons inter-établissements, accès à des banques de données et d'images, échange de documents à haute définition, télédiffusion de programmes de formation permanente (téléenseignement), visiophonie, etc.

En particulier, par suite du renchérissement de l'énergie et donc des déplacements, la téléconférence est appelée à une extension rapide. Après l'audioconférence, la visioconférence apporte tout le confort d'utilisation de l'image aux réunions de travail (voir section 4.4.3). Certaines études prévoient le développement en France, de 200 salles privées de visioconférences d'ici 1983, et de près de 2 000 à l'horizon 1985.

D'autre part, il existe déjà des liaisons expérimentales permanentes de vidéocommunications, offrant une qualité supérieure (image couleur en standard vidéo-625 lignes, 25 images par seconde). Elles permettront l'étude complète des services d'images. (Voir aussi section 4.4.4.)

Le but des expérimentations en cours est de parfaire les techniques ainsi que d'ouvrir des marchés suffisamment représentatifs pour permettre une baisse importante des prix. Il ne faut pas perdre de vue que la fibre optique, récemment sortie des laboratoires de recherche, pose encore des problèmes que seule une utilisation en vraie grandeur permettra de résoudre. Son prix, encore élevé, devrait rapidement décroître avec le passage à une fabrication industrielle pour atteindre bientôt un coût inférieur à 1 F par mètre.

5.2. TÉLÉCOM 1 : SATELLITE AU SERVICE DES ENTREPRISES

Le programme de satellite « Télécom 1 » est destiné à doter la France d'un système à couverture nationale, capable d'assurer des missions de télécommunications classiques et surtout, grâce à des liaisons numériques à grand débit, de jouer un rôle important à l'avenir dans la télématique professionnelle et la télébureautique. Ces deux missions sont les suivantes :

— une mission de liaisons de télécommunications traditionnelles entre la métropole et les six départements d'outre-mer (voir fig. 4.20), et

— une mission de télécommunications intra-entreprise qui offre aux grands utilisateurs quatre catégories de produits :

1. *La téléconférence :* depuis la simple audioconférence, enrichie éventuellement par la téléécriture et la télécopie, jusqu'à la visioconférence.

2. *Le transfert de données à haut débit* (de 64 Kbit/s à 2 Mbit/s) qui permet d'interconnecter des ordinateurs qui se transmettent des quantités de données très importantes en des temps très courts. Ces données peuvent être aussi bien des fichiers informatiques que des informations numérisées : courriers, microformes, plans, photos, etc.

3. *Le raccordement d'autocommutateurs privés multiservices* qui sauront intégrer les flux de trafic générés par le téléphone, la télébureautique ou la téléinfor-

matique, et qui trouveront à chaque instant dans Télécom 1 le moyen d'adapter le débit de leur réseau d'interconnexion à l'importance de leur trafic sortant [1].

4. *La diffusion de programmes vidéo* destinés à la formation permanente ou à l'information des employés des différents établissements de l'entreprise. Dans ce cas, les antennes de réception sont seulement réceptrices et donc simplifiées.

Figure 3.20. Les zones de service de Télécom 1.

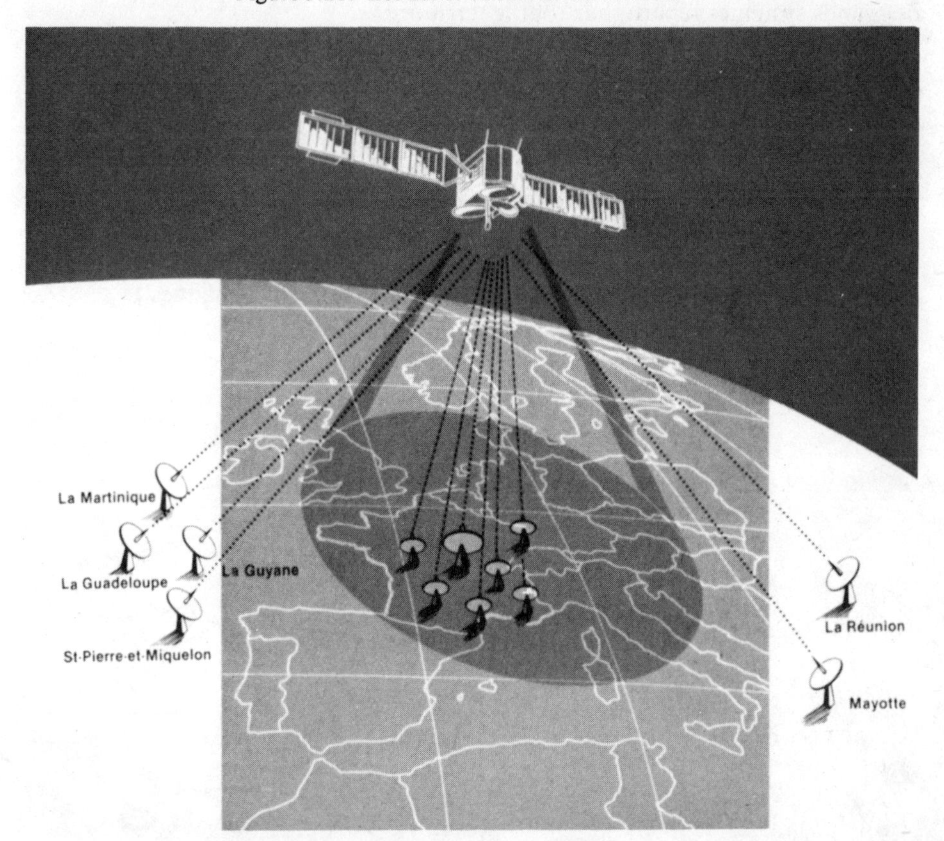

Source : L'Écho des Recherches (C.N.E.T.), n° 101, juillet 1980.

L'accès à ces différents services est possible grâce à des antennes paraboliques de petit diamètre (3,50 mètres pour le trafic d'entreprises et moins de 2 mètres pour la vidéotransmission), qui sont installées à proximité immédiate des utilisateurs. Par ailleurs, le système Télécom 1 comporte deux satellites, l'un en service et l'autre en secours, et sont placés en orbite géostationnaire par le lanceur Ariane en 1984 et 1985. La mise en service devrait intervenir en 1986 ou 1987.

Parmi les applications professionnelles envisagées, on peut citer :

— la possibilité d'établir dans des délais extrêmement brefs toutes les liaisons

1. Adaptation instantanée des débits grâce au système « d'accès multiple par division du temps » (T.D.M.A.) permettant d'obtenir une capacité totale de 125 Mbit/s.

permanentes ou occasionnelles que peut souhaiter une entreprise, même dans des endroits difficiles d'accès, pour la transmission de données numériques à grand débit[1]. Par exemple, le siège d'une entreprise peut distribuer des données à tous ses établissements à 64 Kbit/s pendant 30 secondes, puis (ou simultanément) tenir une visioconférence (2 Mbit/s) de plusieurs heures avec une direction commerciale. Ou bien encore, le service informatique de l'entreprise peut effectuer des transferts de charge entre ses ordinateurs, ainsi que réaliser l'interconnexion de grands systèmes répartis sur tout le territoire[2] ;

— en bureautique, il est possible d'établir des liaisons entre réseaux locaux de systèmes bureautiques multifonctions disséminés dans les divers établissements d'une même organisation ;

— d'autres applications professionnelles concernent la télécopie à grande vitesse, la transmission d'images, de photographies en couleurs, de fac-similé de presse, etc., ainsi que la téléconférence (audio et visio) comme mentionné précédemment (voir fig. 4.21).

Le niveau des tarifs ne sera déterminé qu'une fois tous les coûts connus et intégrés, mais les principes suivants seront vraisemblablement appliqués :

Figure 4.21. Les services intra-entreprise offerts par Télécom 1.

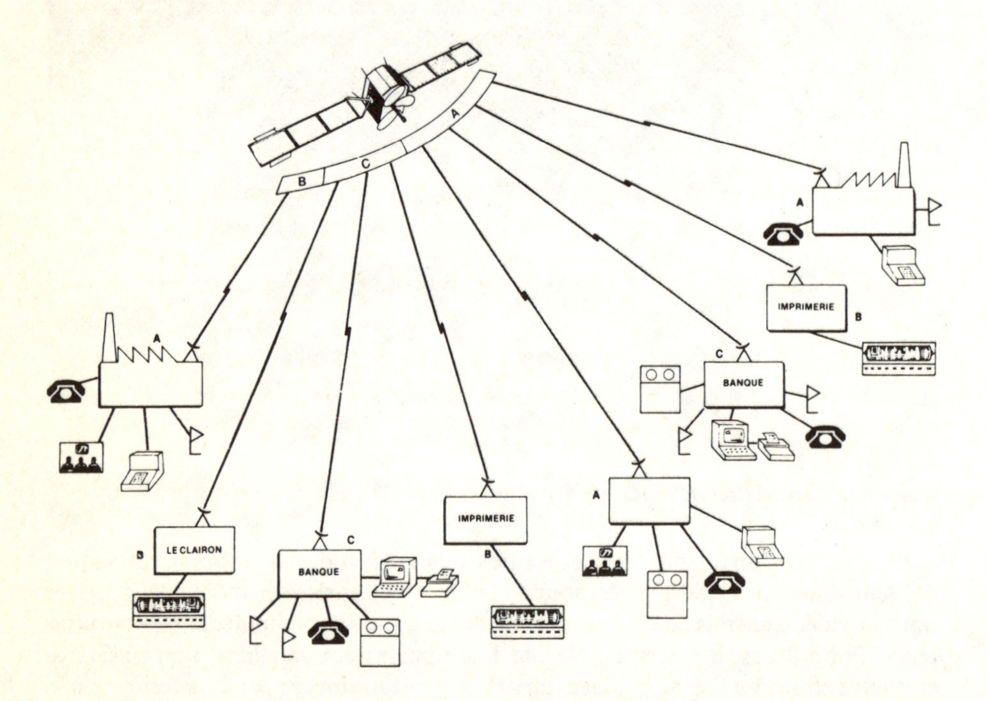

Source : L'Écho des Recherches (C.N.E.T.), n° 101, juillet 1980.

1. Système d'assignation de canaux numériques à la demande (A.M.R.T.).
2. Jean-Paul Croize, « Satellites : les futures autoroutes de l'informatique », *Temps Réel*, n° 3, 8 au 28 décembre 1980.

— Redevance liée à la transmission :
- indépendante de la distance de communication ;
- proportionnelle au débit du canal de transmission occupé et au temps d'utilisation de ce canal ;
- incitatrice pour les utilisations en heures creuses ;
- incitatrice pour les utilisations à haute vitesse ;
- forfaitaire pour les destinations multiples ;
- moins chères pour un canal réservé à l'avance que pour une demande instantanée.

— Abonnement : proportionnel au nombre et au débit nominal des accès dont disposera un utilisateur sur une antenne. En outre, une taxe d'installation couvrira les frais d'installation du réseau de raccordement.

Dans le cas de la diffusion seule, les tarifs seront forfaitaires, c'est-à-dire indépendants du nombre de récepteurs.

Le programme Télécom 1 doit assurer en souplesse la transition entre l'ère téléphonique et l'ère télématique. Les enjeux industriels, politiques et sociaux de l'utilisation d'un tel satellite multiservices sont extrêmement importants aussi bien à l'échelon national qu'international [1]. Il faut espérer que pour préparer au mieux cette transition, l'administration des P.T.T. agira comme avec le vidéotex, c'est-à-dire par la concertation avec les usagers potentiels, et mettra en œuvre les moyens de les sensibiliser et de les former à l'ère nouvelle qui s'ouvre devant nous.

6. Poste et/ou Télécommunications ?

Depuis quelques années, un malaise certain s'est fait jour au sein de l'Administration des P.T.T. Tout le monde se souvient des grèves lancées de-ci de-là dans certains centres de tri, et qui avaient tendance à s'organiser en « grève générale » menaçant de durer longtemps.

La question est de savoir si la Poste est « en sursis » comme le titraient certains articles [2] à la suite d'une étude sur les moyens d'améliorer ce service public (Rap-

1. Pour davantage de détails sur la technologie et les services de Télécom 1, voir notamment :
— Lionel FLEURY, « Télécom 1 au service des entreprises », *Revue Française des Télécommunications*, n° 35, avril 1980.
— Lionel FLEURY, J.-P. GUÉNIN et P. RAMAT, « Le système Télécom 1 », *L'Écho des Recherches*, n° 101, juillet 1980.
— « Les télécommunications et l'espace », édition spéciale de la *Revue Française des Télécommunications*, mai 1981.

2. Voir notamment :
— Bernard LALANNE, « Qui veut tuer la Poste ? », *L'Expansion*, octobre 1978 ;
— Sylvie HERIARD-DUBREUIL, « Informatisation de la société : un rôle pour la Poste ? », *Informatique et Gestion*, n° 100, octobre 1978.
— Alain FAUJAS, « La Poste en sursis... », série d'articles parus dans *Le Monde*, janvier 1979.

port de Jean Ripert en 1978). La rivalité de longue date entre les services de la Poste et ceux des Télécommunications semble s'être quelque peu atténuée depuis les déclarations gouvernementales de la nouvelle majorité française mise en place en mai 1981. Bien que le problème soit davantage politique que technique, et que les activités de la Poste ne se limitent pas au transport du courrier, il n'en reste pas moins que l'on peut se demander si l'évolution future n'est pas inéluctable : ne va-t-on pas vers une compression constante des services postaux traditionnels, étant donné que la maladie de la Poste est étroitement liée aux coûts grandissants de la main-d'œuvre ? L'activité de la Poste ne risque-t-elle pas d'être réduite au transport de courrier à caractère strictement personnel, un courrier « de luxe » à un prix prohibitif ?

Certes la Poste ne fait pas que transporter des lettres, des journaux ou des magazines. Les colis postaux représentent un service non négligeable, par exemple. Il ne faut pas oublier non plus que la Poste exerce une activité financière très importante : Comptes Chèques Postaux, Caisse Nationale d'Épargne, Caisse Nationale de Prévoyance, etc. Pourtant, en ce début de la décennie 1980, il semble que nous vivions une période de transition. Certains services publics du futur sont déjà mis en place, mais leur diffusion n'est pas encore très bien assurée auprès des entreprises ou du public ; d'autres n'en sont encore qu'au stade expérimental.

A titre d'exemple, le cas du service Télécopie paraît significatif à bien des égards. Anciennement dénommé « Téléfax », les P.T.T./Télécommunications proposent ce service qui utilise le réseau commuté téléphonique pour transmettre des documents d'un point du territoire à un autre. Cela permet déjà de faire parvenir une copie d'une page d'un document quelconque de Paris à Marseille par exemple, en trois minutes. D'autre part, dès 1982-83 des télécopieurs grande diffusion (T.G.D.) commenceront à être commercialisés. Le télécopieur pourra ainsi quitter le milieu des grandes organisations pour atteindre progressivement les petites entreprises, voire même éventuellement celui des particuliers. A plus ou moins longue échéance, la télécopie risque de faire disparaître à la fois la poste traditionnelle et le télex ; la Poste à cause de son coût de plus en plus prohibitif, et le télex à cause du service « rustique », de maniement compliqué qu'il représente (voir fig. 4.22).

Outre les questions de restructuration interne et de rééquilibrage des services des P.T.T., le développement de ces nouveaux services publics ne sera pas neutre sur le plan de l'évolution future de nos sociétés [1].

Ce mariage entre les télécommunications et l'informatique qu'est la télématique marque l'avènement d'une société à visage nouveau.

Dans ce contexte, la poste traditionnelle représente un mode de communication qui devrait connaître dans les années à venir une diminution notable de son trafic, surtout en ce qui concerne le « papier-paperasse » (périodiques, catalogues, publicités, « mailings » ou publi-postages...) qui « encombrent » et engorgent de plus en plus les services postaux.

1. Face à la demande croissante de services et d'équipements sophistiqués de télématique, télébureautique, les P.T.T. européens pourraient même être amenés à céder du terrain sur le plan de leur monopole face aux entreprises privées. Voir notamment, « Boom des communications en 1984 : les P.T.T. garderont-ils le monopole ? », *Le Monde Informatique*, 9 mars 1981.

Fig. 4.22. L'évolution du cheminement d'un document.

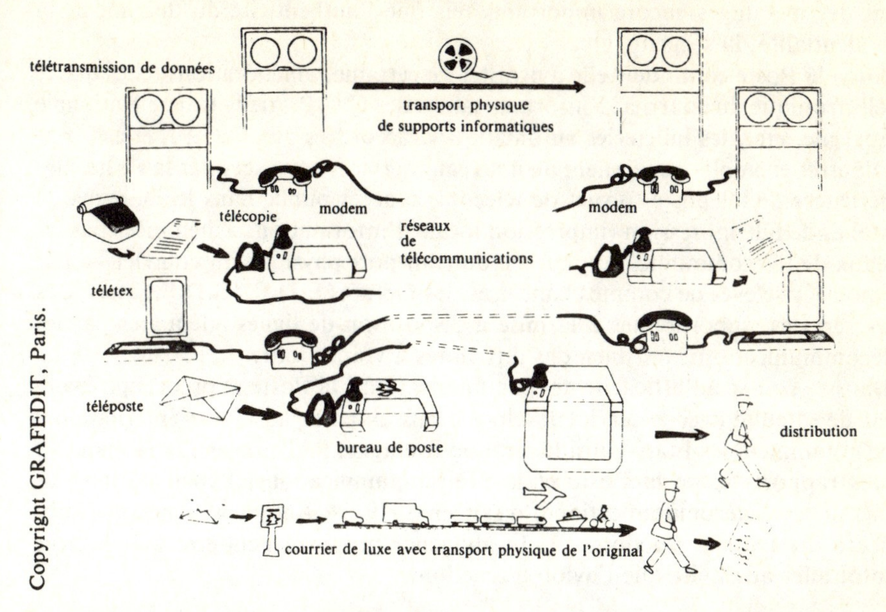

Il est clair qu'avec la mise en place récente ou imminente de nouveaux services proposés par la Direction Générale des Télécommunications (D.G.T.) tels que télécopie, téletex, messagerie électronique, vidéotex, etc., les services postaux de la Direction Générale des Postes (D.G.P.) — l'autre Direction Générale du **Ministère des Postes, Télécommunications et Télédiffusion** — vont avoir leur trafic sérieusement concurrencé par les services nouveaux de la D.G.T. Progressivement, l'on assiste en effet à un transfert très net des activités traditionnelles du secteur postal au profit du secteur télécommunications/télédiffusion. Ceci n'ira pas sans poser un certain nombre de problèmes, notamment sur le plan de l'emploi. La Poste est un secteur qui emploie traditionnellement une main-d'œuvre nombreuse assurant la collecte, le transport sous formes variées, le tri et la distribution des courriers. La transmission électronique des documents risque de toucher de plein fouet l'emploi de milliers d'agents des P.T.T. D'autant plus que même si l'équipement français en télécommunications/télédiffusion doit créer des emplois, il s'agira surtout d'emplois très qualifiés d'ingénieurs et techniciens d'études de conception, de maintenance, etc. Le transfert des excédents d'emplois d'un secteur vers l'autre posera des problèmes conjoncturels non négligeables de formation, de qualification, de reclassement, etc.

D'ailleurs, un tel problème a déjà été à l'origine de la décision de scinder en deux entités distinctes, la poste et les télécommunications du British Post Office en Grande-Bretagne qui deviendra effective en 1982-83. En France, on peut se poser la question quand on constate la différence d'image entre la Poste et les Télécommunications (sigles différents, couleur jaune ou bleu pour les véhicules, etc.).

D'un autre côté, la Poste garde son importance et on ne peut prévoir exactement avec quelle rapidité se fera la transition vers d'autres modes de transmission de messages. De plus, le transport physique du texte original lui confère également des avantages encore importants tels que l'authenticité du document, la confidentialité, la sécurité, etc.

Aussi la Poste continue-t-elle à profiter de certaines améliorations telles que le tri électronique du courrier, l'informatisation des C.C.P., de la Caisse Nationale d'Épargne, etc., les billeteries automatiques raccordées aux C.C.P., etc.

D'autres exemples concernent de nouveaux services envisagés par la Poste : les expériences de téléposte (projet de télécopie à accès public dans les bureaux de poste) et de téléimpression (impression locale d'informations acheminées par les réseaux de télécommunication au lieu du transport physique du courrier — par exemple les relevés de comptes bancaires, les factures E.D.F./G.D.F., etc.). Ces deux services, subordonnés à la mise à disposition de lignes adéquates par les Télécommunications, ont bien des difficultés à voir le jour.

Dans sa course à l'efficacité des communications, la Poste se préoccupe également de satellite avec le service Intelposte mis au point au niveau international avec notamment les États-Unis, la Grande-Bretagne, l'Allemagne, la Hollande [1].

Des rapports entre la Poste et les Télécommunications, l'ancien Directeur Général des Télécommunications, disait en 1979 : « Autant attacher une diligence à un avion à réaction... ». La diligence prouvera peut-être qu'elle peut bientôt aller aussi vite que l'avion à réaction...

7. L'avènement de la télématique professionnelle

Sous l'impulsion de progrès technologiques très rapides, le domaine des télécommunications est entré dans une phase de mutation qui marquera inévitablement l'histoire de notre temps.

L'introduction en masse des microprocesseurs, qui touche progressivement la plupart des secteurs de la vie économique, a déjà sensiblement modifié les équipements et les réseaux de télécommunications. Portée par ses évolutions, la mutation vers les techniques numériques semble désormais irréversible. La porte est ouverte aux communications à large bande permettant de véhiculer textes, données, voix et images, dans des conditions économiques réalistes. L'arrivée à maturité des technologies de communication optique et opto-électronique — attendue dans le courant de cette décennie —, laisse également entrevoir des possibilités considérables. Par ailleurs, les satellites de télécommunications, encore essentiellement réservés aux liaisons internationales, vont se rapprocher de l'ensemble des usagers et leur fournir ainsi toute la gamme des services de communications d'une manière beaucoup plus simple que par le passé.

---

1. Sylvie HÉRIARD-DUBREUIL, « Poste et Télématique : où en est-on ? », *Informatique et Gestion*, n° 109, octobre 1979.

En ce qui concerne *les relations entre la bureautique et la télématique*, elles sont forcément étroites puisque la télématique regroupe l'ensemble des techniques utilisant les télécommunications et l'informatique. Les relations les plus privilégiées se font naturellement avec la télématique dite « professionnelle », pour autant qu'elle s'applique aux activités de bureau, telles que le télétex, le vidéotex professionnel (diffusé ou interactif), le courrier électronique multifonctions, etc. Dans ces conditions, la télématique professionnelle est une des techniques mises en œuvre par la bureautique au service des activités de bureau.

Ceci étant, la télématique permet d'envisager que ces activités de bureau sortent du cadre traditionnel du « bureau » dans lequel se rendent chaque jour des millions de « cols blancs ». Certains moyens bureautiques et télématiques autorisent désormais le travail « à distance » — à son domicile ou près de chez soi. D'ailleurs, des expériences de « télétravail » dans les « télélocaux » sont déjà en cours[1]. En dehors de cela, la télématique « grand public » n'intéresse que très marginalement le travail de bureau, comme par exemple l'accès aux renseignements concernant les médecins de garde, les spectacles, les restaurants, etc.

En revanche, d'autres services peuvent s'avérer fort appréciés dans certaines activités de bureau, comme par exemple la consultation de banques de données économiques et financières, l'enseignement assisté à distance dans le cadre de la formation professionnelle, ou la consultation de renseignements administratifs. Bureautique et télématique professionnelle sont donc deux domaines complémentaires permettant d'assister les « cols blancs » dans leurs activités.

L'avènement de la télématique professionnelle s'énonce essentiellement en termes de réseaux et de services nouveaux. Mais comment exploiter les atouts de l'ère électronique pour les responsables d'entreprises ? Devant le foisonnement des concepts, des normes et surtout des équipements, procédés ou services proposés par les constructeurs, les sociétés de services et conseils, et l'Administration des P.T.T, les responsables sont souvent mal informés. Il leur est difficile d'apprécier l'impact de ces technologies sur les choix des entreprises en matière de télématique et de bureautique, pour en tirer le meilleur parti dans la conception des systèmes de demain.

Pour répondre à ces préoccupations, il convient de dresser auparavant un panorama cohérent des nouveaux services de télécommunications, comme nous avons essayé de le faire. Ensuite, les choix stratégiques de l'entreprise doivent être confrontés aux nouvelles technologies pour déterminer la meilleure adéquation possible sur les divers plans : caractéristiques techniques, coûts actuels des services, leur évolution, leur disponibilité, les domaines d'application à privilégier pour l'entreprise, etc. En abordant la phase de réalisation, les spécialistes concepteurs de réseaux sont, eux aussi, confrontés à de nouvelles questions : comment élaborer le cahier des charges technique ? Comment appréhender et maîtriser les problèmes d'architecture de systèmes et de compatibilité entre eux ? Comment évaluer et ajuster les performances, la sécurité, l'exploitation et les coûts ?

Toute phase active doit être précédée d'une synthèse cohérente et pratique sur la définition des besoins comparés aux techniques et composants des réseaux de télécommunications, et aux types de configurations et d'architectures possibles. Des études de cas seront conduites avant de déboucher sur un schéma général d'organisation. Ces études conduisent inévitablement à la notion de « réseau », qu'il soit « local », « privé » ou « public » (dans ce dernier cas, il prend souvent le nom de « service »).

Bien qu'il soit nécessaire d'élaborer des modèles, la réflexion prospective a ses limites, tant la réalité évolue à un rythme rapide. Dès lors, il convient de retenir une méthodologie qui, sans être parfaite, a le mérite d'être simple et transposable.

Cette méthodologie passe par :

• *Une analyse de la situation* qui doit débuter par une prise de conscience de l'entreprise concernée afin d'obtenir une description précise de sa structure et de cerner au mieux ses besoins.

Les paramètres suivants sont donc nécessaires :
— implantation géographique des établissements ;
— liens avec la maison-mère ;
— nature du travail et des liaisons ;
— recensement des moyens de télécommunications en place ;
— estimation des besoins ;
— estimation de l'évolution ;
— desiderata des usagers ;
— disponibilité en personnels qualifiés ;
— répartition et montant des dépenses :
  — d'investissement ;
  — de fonctionnement ;
  — par secteur.

• *Une analyse des besoins* qui vise à élaborer une situation idéale sans entrer dans le détail interne de fonctionnement. La description externe du système comprend :
— la source des informations entrantes, la durée, le type, le volume ;
— la destination des informations sortantes, la durée, le type, le volume ;
— la nature et le débit du trafic ;
— la procédure d'établissement, le traitement particulier.

• *Une analyse des contraintes* qui peuvent être internes ou externes à l'entreprise :
— contraintes juridiques envers l'Administration des P.T.T. ;
— contraintes techniques (locaux, énergie, ...) ;
— contraintes budgétaires ;
— contraintes d'exploitation (absentéisme, qualification, ...) ;
— contraintes externes (fournisseurs, délais, ...) ;
— contraintes politiques (décentralisation, autonomie, ...).

• *Une étude de faisabilité :*
— fonctionnelle ;
— technique ;
— opérationnelle ;
— financière.

En fait ce découpage se résume en deux phases :

• *Phase préparatoire :* où il convient de :
— rassembler toutes les informations utiles ;
— examiner les différents objectifs envisageables ;

— analyser les coûts et les avantages ;
— fonder des recommandations.

• *Phase active :*

— recenser les produits et services disponibles aujourd'hui ou à court terme ;
— quantifier les différentes hypothèses de développement ;
— préciser les évolutions possibles ou prévisibles ;
— évaluer les conséquences techniques, financières, humaines ;
— estimer l'impact sur la Société dans son ensemble ;
— évaluer les coûts et avantages ;
— proposer des priorités.

En matière de recensement des produits et services de télécommunications disponibles, il convient d'avoir présent à l'esprit que *les technologies de communication sont en pleine mutation* (voir le tableau 4.7 sur la situation des équipements et services acquis, en cours ou à l'étude). Cette mutation se caractérise notamment par :

• *l'interconnexion des réseaux :*

— l'utilisation croissante de réseaux téléphoniques pour la transmission de données de plus en plus variées (télécopie, messagerie, banques de données, etc.) ;

— l'atténuation de plus en plus nette de la différence entre réseaux téléphoniques — par nature bidirectionnels — et réseaux de télédiffusion (radiotélévision) — jadis unidirectionnels — qui présentent aujourd'hui des *possibilités de dialogue* par jumelage avec le téléphone ;

— la substitution progressive du *signal numérique* au signal analogique. Le téléphone et la télévision sont aujourd'hui transmis selon le mode analogique, mais le seront très vraisemblablement selon le mode numérique d'ici une dizaine d'années.

• *l'avènement des satellites de télécommunication :*

— ces satellites des années 80 offriront des débits de transmission considérables, de l'ordre de plusieurs millions de bits par seconde. Ils marqueront la généralisation des *communications « à large bande »*, c'est-à-dire la fusion progressive entre les différents modes de transport de signaux et l'imbrication entre ordinateurs et réseaux de télécommunications (télévision, téléphonie, téléinformatique, télébureautique...).

• *l'avènement des fibres optiques :*

— les caractéristiques des fibres optiques vues précédemment (section 5.1) permettent d'envisager le développement de *la « large bande » à bas prix* pour les liaisons terrestres (cf. expérience de la ville de Biarritz) ;

— les P.T.T. envisagent d'ailleurs en France un vaste programme de développement de visiophones (50 000 en 1985, 100 000 en 1986 et 500 000 en 1990).

Tableau 4.7. Situation des équipements et services de télématique et télébureautique en fonction des communications (1985)

	Acquis	En cours	A l'étude
Communications vocales	• Réseau téléphonique international (300-3 400 Hz)suffisant pour reconnaître la voix de son interlocuteur ; • Signalisation pauvre ; • Faible coût ; • Taxation à la durée. • Signalisation par clavier haute fréquence : — services vocaux ; — déclenchement de services à distance. • Audioconférence ; • Téléréunion ; • Péritéléphonie : palliatif à la faiblesse du service (répondeurs/enregistreurs, téléphones « mains libres », sans fil, ...).	• Numérisation du réseau (64 Kbits/s) : — baisse des coûts des matériels ; — légère amélioration de la qualité.	• Facturation détaillée : — implications techniques et sociales multiples. • Base de données vocales : — messagerie ; — diffusion d'information. • Enrichissement de la signalisation (par exemple : affichage sur le poste téléphonique du numéro du demandeur et de son identité). • Numérisation chez l'abonné en liaisons 64 Kbits/s P.C.M. de bout en bout permettant d'acheminer voix, données, textes et images (décision non encore prise) : — problèmes techniques ; — problèmes commerciaux ; — codage radio hi-fi. • Mise en communication de personnes (et non de terminaux) : par exemple, une carte glissée dans un téléphone permettant d'être contacté non pas par son numéro mais par son nom.
Communications de l'écrit	• Télex : — réseau international ; — mais service « rustique ». • Télécopie (groupes II et III) ; • Images lentes (télésurveillance) ; • Messagerie télex. • Télétex alphanumérique (avec protocole télétex).	• Télécopie (groupe IV : 5 s/page) ;	• Télécopie couleur ; • Télétex en mode mixte (alphanumérique et graphique) ; • T.G.D. sur réseau grande vitesse 64 Kbits/s ; • Messagerie électronique (cf. C.O.M.C.E.T.) (incl. télécopie et télétex) : • transmission de photos (cf. Mavika de Sony) ; • Archivage de l'écrit.

Communications de données	• Réseaux téléinformatique ; • Réseau public Transpac ; • Serveurs de banque de données ; • Réseau international de transfert de fonds (S.W.I.F.T.) ; • Vidéotex professionnel : — diffusé (Antiope) ; — interactif (Télétel) ; • Annuaire électronique ; • Etc.	• Paiement électronique : — terminaux « points de vente » ; — à carte magnétique ; — à carte à mémoire ; — à carte holographique. • Terminaux d'autorisation. • Terminaux de paiement : — type Vélizy (1982) ; — type « annuaire » (1983). • Service télématique touristique (S.T.T.) (réflexions seulement) ; • Etc.	• Télégestion : — bas crédit ; — sécurité (téléalarme) ; — normalisation ; — couplage nécessaire à un ordinateur domestique. • Ensemble télématique personnel (écran + clavier + téléphone + tirage papier (fascim) + lecteur de carte à mémoire) ; • Etc.
Communications d'images fixes et animées	• Réseau hertzien de télévision (T.D.F.).	• Visioconférence ; • Vidéotransmission ; • Fibres optiques : — liaison entre autocommutateurs ; — réseau « Albatros » en région parisienne (1982) ; — visiophones (noir et blanc). • Etc.	• Fibres optiques : — visiophones couleur ; — expérience de Biarritz (1983 +) ; — visioconférences par satellite ; — banques d'images (assistance télévisuelle) ; — transport de données à grand débit ; — télésurveillance visuelle (sécurité, contrôle d'appareils, ...) ; — formation-enseignement-éducation ; — information publicité ; — télévente-téléachat ; — loisirs.

En conclusion, une approche aussi brève d'un domaine aussi vaste et évolutif que celui des télécommunications dans l'environnement du bureau, ne peut que demeurer incomplète et relativement superficielle. Néanmoins, les enjeux et les implications des télécommunications sur la bureautique sont si importants qu'il faut en tenir le plus grand compte. Ils représentent déjà des enjeux industriels, économiques et sociaux qui conduisent progressivement à une restructuration profonde de notre société dans son ensemble. Il convient d'y être attentif et de saisir l'opportunité que ces technologies constituent pour une plus grande compétitivité des entreprises, et de meilleures conditions de travail pour tous. Cela suppose, bien entendu, des efforts non négligeables d'information, de formation, de concertation, de réflexion à tous les niveaux, et... d'expérimentations en commun.

TÉLÉBUREAUTIQUE : ADRESSES UTILES

C.F.T.C.
(Compagnie française des câbles télégraphiques)
13, rue du 4-Septembre
75002 Paris.
(Transfax)

C.N.E.T.
(Centre national d'études des télécommunications)
38-40, rue du Général-Leclerc
92131 Issy-les-Moulineaux.
(Comcet, Phonex, ...)

E.G.T.
(Entreprise générale de télécommunications)
66, avenue du Maine
75682 Paris Cedex 14.
(Télécopie - Péritéléphonie)

FRANCE CABLES ET RADIO
25, rue des Jeûneurs
75002 Paris.
(Studios de téléconférence - Télécom 1)

FRANCE CABLES ET RADIO
Réseaux privés
18-20, rue de l'Armorique
75015 Paris.
(Messagerie électronique)

MINISTÈRE DES P.T.T.
Direction générale des télécommunications
D.A.C.T./Service de la télématique
20, avenue de Ségur
75700 Paris.
(Télématique)

S.N.I.T.
(Syndicat national des installateurs en télécommunications et courants faibles)
5, rue Hamelin
75116 Paris.
(Téléphonie - Autocommutateurs privés...)

TRANSPAC
Tour Maine-Montparnasse
33, avenue du Maine
B.P. 145
75755 Paris Cedex 15
(Réseau Transpac)

VIDÉOTRANSMISSION INTERNATIONAL
Direction générale
30, rue du Commandant-Mouchotte
75675 Paris Cedex 14
(Vidéotransmission)

Chapitre V

LES AUTRES TECHNOLOGIES BUREAUTIQUES ET LEUR INTÉGRATION

1. Introduction

Dans ce chapitre nous examinons les autres composantes de l'iceberg bureautique : reprographie électronique, archivage électronique, et postes de travail bureautiques intégrés. Ces technologies ne sont pas toutes « nouvelles ». Certaines sont même utilisées depuis longtemps par des professionnels. Pourquoi les considérer alors comme des outils bureautiques ?

Le fait significatif est que, ces dernières années, la micro-électronique et la micro-informatique ont littéralement envahi des procédés et des techniques réservés jusqu'alors à des spécialistes professionnels. Les microprocesseurs notamment, ont fait leur apparition dans nombre de machines qui, si elles deviennent ainsi plus complexes « à l'intérieur », s'en trouvent très simplifiées du point de vue de leur utilisation. De la sorte, des personnels de bureau non-spécialistes de certaines de ces techniques, peuvent les utiliser sans formation particulière, ou tout au moins après un apprentissage très simple. Ces techniques, — « banalisées », comme l'on dit parfois —, deviennent donc des « outils bureautiques » à part entière, conformément à notre définition de la bureautique (cf. chap. I).

Un des exemples les plus frappants de cette évolution des technologies, est celui de la photocopie. Souvenez-vous, jusqu'au début des années 1970, les photocopieurs étaient des machines volumineuses, complexes, requérant un personnel spécialisé, et par conséquent difficiles d'accès aux utilisateurs. Il fallait donner les documents à reproduire au « service duplication » où des professionnels, ayant suivi la formation appropriée, réalisaient les copies demandées. L'utilisateur recevait ensuite ses copies après un certain délai. Le fonctionnement de ce service était du type « guichet ». Cette organisation était rendue obligatoire parce que les photocopieurs de l'époque étaient des machines délicates dans leur fonctionnement et dans leur entretien. Aujourd'hui, après l'apparition sur le marché des photocopieurs de table à microprocesseurs, chaque utilisateur dans les bureaux peut réaliser lui-même ses copies directement, sans intermédiaire et sans formation particulière. La photocopie s'est « banalisée ». Cela n'empêche pas de voir se développer d'un autre côté, les services de duplication de masse nécessitant toujours des professionnels très qualifiés, pour traiter les très grands volumes.

Le même phénomène de « banalisation » s'est produit dans la photocomposition, l'archivage, l'aide à la décision, etc. C'est la raison pour laquelle nous avons choisi de présenter certaines des technologies qui ont quitté le domaine des professionnels spécialistes — ou qui sont sur le point de le faire —, pour se répandre largement dans les bureaux :

— impression électronique ;
— photocomposition ;
— archivage photographique (micrographie) ;
— archivage électronique (sur supports magnétiques ou sur disques optiques numériques).

Dans le même esprit, nous présentons un certain nombre de systèmes d'aide aux activités de bureau qui devraient se « banaliser » dans les années à venir, même si certains n'en sont encore qu'au stade expérimental ou de recherche :

— agendas électroniques ;
— systèmes de suivi automatique de dossiers ;
— systèmes d'aide à la décision, et
— d'autres systèmes faisant l'objet de recherches dans l'aide aux activités de bureau.

Sans avoir l'ambition de se substituer aux ouvrages spécialisés, ces technologies et systèmes sont présentés avec l'objectif de sensibiliser et préparer les utilisateurs présents, futurs ou potentiels des bureaux, qu'ils soient exécutants ou dirigeants, ainsi que ceux qui ont pour mission de former des plans pour les mettre à la disposition des entreprises. Pour tous se pose alors une question primordiale : va-t-il falloir équiper chaque bureau de toutes ces machines et systèmes ?

Dans ce cas, il faudrait que pratiquement chaque poste de travail soit équipé d'un terminal informatique, d'une machine de traitement de texte, d'un lecteur de microfiche, d'un téléphone, d'un photocopieur, d'un terminal vidéotex, etc. Ce n'est pas pensable. Cela ferait trop d'appareils monofonction pour tenir sur le même bureau, sans parler du fait que seuls des génies pourraient arriver à maîtriser des systèmes incompatibles entre eux, ayant chacun des « protocoles » et des modes d'emploi différents. Aussi, commencent à apparaître des « postes de travail bureautiques intégrés », véritables systèmes multifonctions permettant de réaliser sur le même matériel des travaux de calculs, de traitement de texte et de graphiques, d'impression, d'archivage, d'accès à des dossiers, d'aide à la décision, de communication, etc.

Ces postes de travail ou systèmes bureautiques intégrés connaissent déjà un développement important et sont appelés à se diffuser largement dans les années à venir. Ils sont présentés dans la dernière section de ce chapitre. Bien que la plupart d'entre eux soient conçus pour servir les besoins individuels des personnels travaillant dans les bureaux, notamment les cadres d'études, les ingénieurs concepteurs et les professionnels de la gestion, il n'en demeure pas moins que ces postes de travail multifonctions devront pouvoir communiquer les uns avec les autres à travers des *réseaux.* Cette condition est impérative dans l'optique de l'intégration des fonctions du bureau des organisations modernes.

Or, à l'heure actuelle, cette question fait l'objet des plus grandes incertitudes quant à l'orientation à privilégier. Si tout le monde s'accorde à reconnaître ce besoin de communication, personne ne sait exactement comment il se réalisera : à travers un *réseau local* à l'entreprise spécialement conçu pour cela ? à travers le réseau constitué par l'*autocommutateur téléphonique privé* ? à travers le *réseau public de télécommunications* intégrant divers services ? ou bien encore à travers les *réseaux téléinformatiques classiques* mis en place par les grandes organisations ? Cette question est au cœur du débat bureautique sur les plans technique et organisationnel et conditionne le processus de planification de la bureautique dans les entreprises. Aussi, avons-nous choisi délibérément de développer ces aspects quelque peu techniques liés à la « stratégie de mise en œuvre de la bureautique » lors de l'examen du « plan bureautique » dans notre autre ouvrage aux Éditions d'Organisation [1].

2. Les technologies de reprographie

Associée aux équipements de traitement de texte, la reprographie est une fonction vitale du bureau, qu'il s'agisse de l'impression des documents ou de leur reproduction. En effet, le papier subsistera encore pour longtemps dans les bureaux. Posséder un document, le feuilleter, l'emporter avec soi, l'annoter facilement, sont autant de gestes familiers que la bureautique ne supprimera pas de si tôt, mais perfectionnera en améliorant le rapport qualité/coût.

Néanmoins, il est un phénomène majeur qui marque notre époque : l'introduction de la microélectronique, et notamment des microprocesseurs dans différents équipements d'impression et de duplication, qui renforce l'enchaînement automatique des opérations de production de documents depuis leur création, et leur mise en forme, jusqu'à leur diffusion. Ainsi, le fait qu'un document préparé sur un équipement bureautique soit enregistré sur un support magnétique, autorise sa diffusion sans pratiquement aucune intervention humaine. C'est le cas notamment des « imprimantes électroniques » d'apparition récente, qui font l'objet d'une attention toute particulière dans cette section.

Après la phase de saisie du texte et celle de son traitement proprement dit, le type d'opération qu'il convient d'étudier est celui de l'impression du texte traité et de son éventuelle reproduction en plusieurs exemplaires pour diffusion sur place ou à distance. Les procédés utilisés dans ces deux domaines sont divers et les différences entre les types de matériels utilisés sont parfois considérables.

Nous envisagerons tout d'abord le problème de l'impression et de son évolution actuelle, puis le problème de la reproduction.

2.1. L'ÉVOLUTION DES TECHNIQUES D'IMPRESSION

Vous souvenez-vous des premiers rapports informatiques qui vous ont été remis ? La moitié supérieure ou inférieure de certaines des lettres était probablement mal imprimée, les caractères mal alignés produisaient des lignes ondulées, et le type de majuscules utilisé faisait immanquablement « ordinateur ». Aujourd'hui, pratiquement tout ce que vous lisez — magazines, journaux, cata-

1. Jean-Paul de BLASIS, *Les enjeux-clés de la bureautique,* Les Éditions d'Organisation, 1982.

logues publicitaires, et même ce livre —, a été « traité par ordinateur » sans que vous vous en aperceviez.

La qualité de l'impression est devenue une nécessité dans notre société très influencée par l'audiovisuel, et ceci est particulièrement vrai en bureautique. En effet, les bureaux sont de grands consommateurs de papier, et l'impression y joue un rôle très important, tout en imposant de nouvelles contraintes : grande vitesse, bruit réduit, impression de haute qualité, grande diversité de polices de caractères, impression de graphiques et d'images, etc.

La plupart des imprimantes couramment utilisées en informatique ne répondent pas à ces besoins bureautiques, aussi les constructeurs d'ordinateurs et de périphériques sont en train de mettre au point de par le monde, de nouvelles *imprimantes électroniques* pour remplacer les anciennes imprimantes électromécaniques.

2.1.1. *Les différentes familles d'imprimantes*

Il est clair que le domaine de l'impression a connu une évolution importante ces dernières années. Les matériels voient leurs performances augmenter régulièrement et des matériels qui étaient considérés dans un passé récent comme ayant des possibilités intéressantes se trouvent rapidement frappés d'obsolescence. La vitesse d'impression, les types d'écriture, les styles de caractères, le mode d'alimentation en papier et les diverses performances des nouveaux matériels d'édition rendent vite dépassés ceux des générations antérieures qu'il faut renouveler sous peine d'être pénalisé face à la concurrence. La véritable guerre que se livrent à l'heure actuelle les différents constructeurs principalement les Américains et les Japonais, autour des technologies du « bureau du futur » fait du marché des équipements bureautiques d'impression, un de ceux où les enjeux, et donc la concurrence, sont les plus âpres.

Nous nous limiterons ici à l'examen des matériels récents ; les imprimantes traditionnellement utilisées en informatique ont des possibilités qui ont été largement diffusées... et critiquées pour donner naissance aux nouvelles générations d'imprimantes « intelligentes ».

Il faut pourtant savoir que l'on distingue deux grandes familles technologiques :

— les *imprimantes à impact* où l'impression est obtenue par pression sur le papier d'un caractère préformé mobile ou d'un caractère formé à la demande d'un certain nombre de points (impression dite « matricielle ») ;

— les *imprimantes sans impact* où l'impression est obtenue par divers procédés physiques ou chimiques, qui ne permettent aujourd'hui que l'impression d'un seul exemplaire original.

D'autre part, les imprimantes fonctionnent selon divers modes d'impression : caractère par caractère, ligne par ligne, ou bien selon le mode page par page. Enfin, il faut savoir que certaines techniques d'impression nécessitent du papier « spécial » (thermosensible, électrosensible, diélectrique ou photoconducteur), alors que d'autres utilisent un papier « ordinaire » moins coûteux que les précédents.

Parmi les *imprimantes à impact* les plus couramment utilisées en bureautique, les techniques d'impression à « sphère » ou à « marguerite » donnent une excellente qualité d'impression, mais avec des vitesses limitées (entre 15 caractères par seconde (cps) et 55 cps), soit environ une page pleine de texte par minute pour les plus rapides. Ces types d'imprimantes, caractère par caractère, sont également relativement onéreuses, de l'ordre de 20 000 à 30 000 F, et représentent une large part du coût d'une machine de traitement de texte par exemple. A l'avenir, il semble que cette technique se vulgarisera par une diminution sensible des prix (autour de 10 000 F) pour des performances moins élevées (environ 20 cps), convenant aux petits travaux de secrétariat par exemple. Néanmoins, certaines imprimantes « matricielles » à aiguilles de bas de gamme viennent concurrencer les imprimantes à marguerite. Entre autres, l'imprimante de Sanders permet de commander automatiquement, non seulement un vaste choix typographique de caractères différents, mais également la vitesse d'impression. Elle permet notamment d'accroître la qualité, en réduisant la vitesse par plusieurs passages d'impression successifs (de 1 à 8) d'une même ligne de caractères. Avec un seul passage, la qualité n'est pas très bonne, mais peut convenir pour un brouillon de relecture, et la vitesse est alors de 200 cps. A l'opposé, pour obtenir une impression de très haute qualité, ou des caractères de grande taille ou plus complexes (logotypes par exemple), la vitesse peut tomber aux environs de 15 cps en faisant huit passages successifs. Son prix est de l'ordre de 25 à 30 000 F.

Quant aux *imprimantes sans impact,* nous nous intéresseront essentiellement à l'impression sur papier ordinaire, qui semble — à terme — devoir l'emporter sur les papiers spéciaux, ne serait-ce qu'en regard du coût du papier en général et du papier traité en particulier. Plusieurs techniques d'impression sur papier ordinaire sont utilisées : impression électrophotographique à laser, impression par jet d'encre, impression magnétique[1]. Voir tableau 5.1.

Tableau 5.1. Principales catégories d'imprimantes à composition de caractères.

Type	Technique d'impression	Papier
Impression à impact	Aiguilles	Papier ordinaire ou papier sensible à la pression
Impression sans impact	Thermique	Papier sensible à la chaleur
	Électrostatique	Papier diélectrique
	Électrophographie à laser	Papier ordinaire
	Jet d'encre	
	Magnétique	
	Ionique	

1. Pour davantage de détails sur les nouvelles techniques d'impression, on pourra se reporter utilement à l'article de F. NEEMA, « L'avenir des techniques d'impression », *Actes du Congrès bureautique Afcet-Sicob 81,* Afcet, mai 1981.

Fig. 5.1. A propos de la Xerographie...

En 1937, C.-F. CARLSON, physicien de l'image et juriste américain, invente un procédé de reproduction d'image : la Xerographie.

Les photoconducteurs ont la propriété de conserver une charge électrostatique dans l'obscurité et de la perdre sous l'effet de la lumière : c'est le principe de la Xerographie. Le photoconducteur utilisé le plus fréquemment est le sélénium.

La Xerographie permet une reproduction :
— à sec, sans aucun intermédiaire chimique ;
— sur n'importe quel support ;
— en pleine lumière.

L'image obtenue est précise, stable dans le temps et rapide à produire sur machine automatique.

Dans l'obscurité, une surface de sélénium (plaque ou tambour) est balayée par une grille sous courant à haute-tension.

Ainsi, est obtenue une surface photo-sensible.

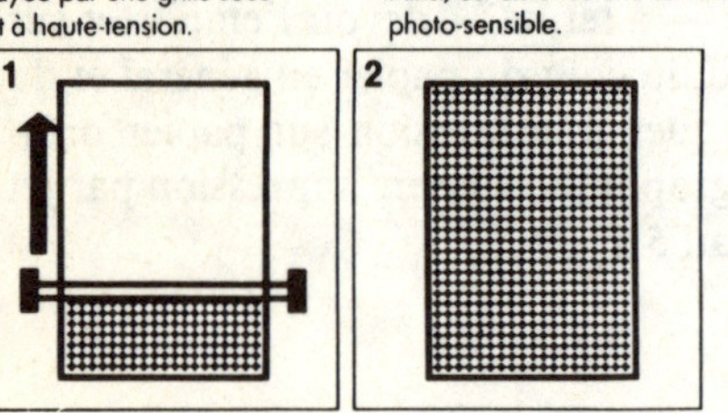

L'image du document original (E) est projetée sur la surface de sélénium: les zones atteintes par la lumière perdent leur charge électrique, les zones restées dans l'ombre la conservent.

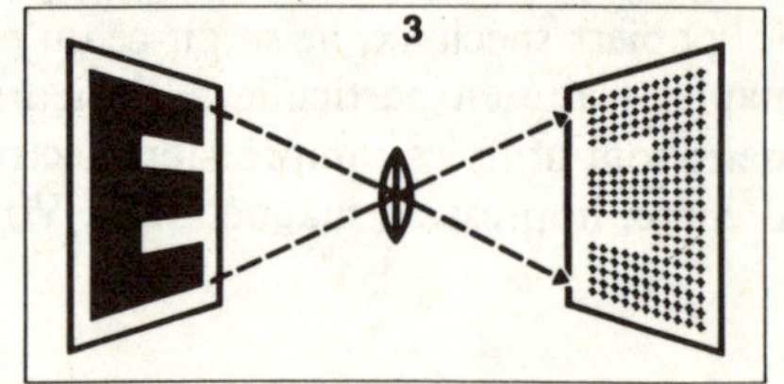

Une poudre est projetée uniformément sur la surface de sélénium; elle est attirée par les zones qui ont conservé leur charge électrique. Une image poudreuse est ainsi obtenue.

Une feuille de papier, par exemple, est appliquée sur la surface de sélénium et reçoit une charge électrique.

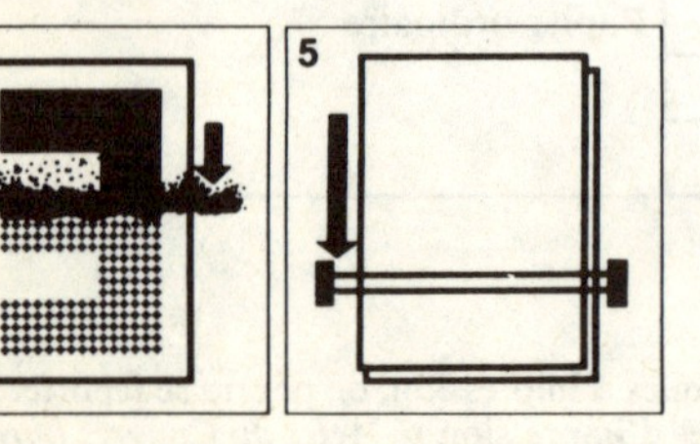

L'image poudreuse est transférée du sélénium sur le papier au moyen de la charge électrique qui lui est appliquée.

L'image est fixée thermiquement sur le support choisi.

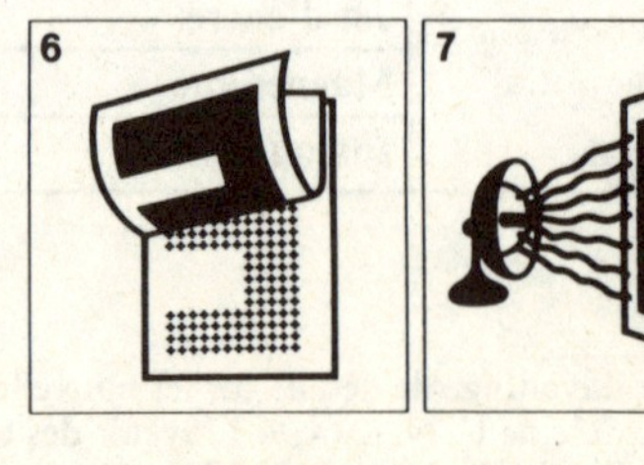

Source : document Rank Xerox.

2.1.2. *Les imprimantes électroniques à laser*

De ces techniques d'impression, celle utilisée par les imprimantes électroniques à laser est assurément supérieure aux autres en termes de vitesse et de qualité. Ce type d'imprimante utilise un laser pour générer les images, ainsi que la technique électrophotographique, très répandue dans de nombreux photocopieurs de bureau, pour imprimer les images sur du papier ordinaire. Voir la fig. 5.1 présentant le principe de l'impression électrostatique à photoconducteur (xerographie). La fig. 5.2 schématise le diagramme fonctionnel d'une imprimante électronique à laser, et la fig. 5.3 représente le système optique à laser. Pour l'instant, ces imprimantes électroniques sont encore relativement onéreuses et volumineuses, mais au fur et à mesure que les lasers, les matériaux photosensitifs, les microprocesseurs et les équipements de mémoire font des progrès, la taille et le coût des imprimantes à laser devraient décroître. Par ailleurs, certaines de ces imprimantes déjà commercialisées, peuvent communiquer l'une l'autre à distance, accomplissant ainsi les fonctions de télécopieurs rapides [1].

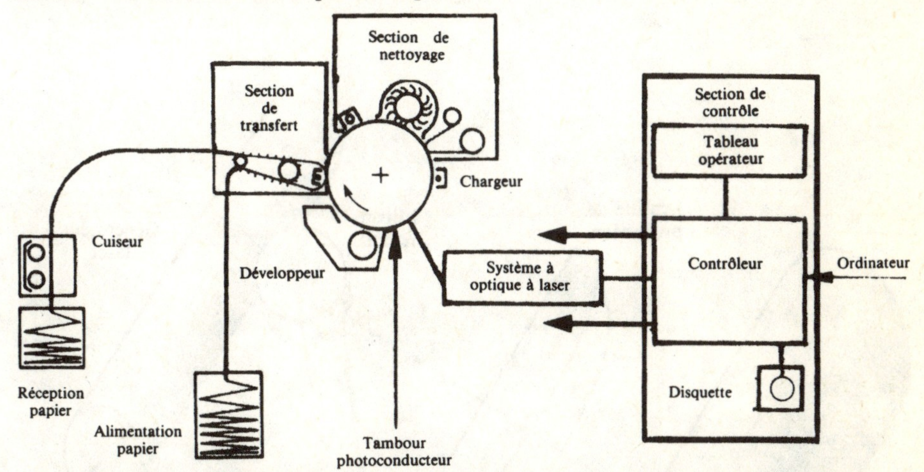

Fig. 5.2. Diagramme fonctionnel d'une imprimante électronique à laser.

Il existe un nombre important de sociétés sur le plan international, qui désirent être présentes sur le marché du « bureau du futur ». Pour cela, les constructeurs doivent avoir des compétences dans plusieurs domaines, et pas seulement dans celui du traitement de texte. Ces compétences s'expriment parfaitement avec la mise sur le marché des petits « copieurs intelligents » à laser, intégrant des fonctions d'édition, de communication, de composition, de reprographie, etc. Les firmes leaders sur ce marché sont, là encore, I.B.M. et le groupe Xerox, qui commercialisent des imprimantes « intelligentes » rapides à laser. Ces imprimantes intègrent en une seule machine des fonctions réalisées auparavant par des appareils différents : traitement de texte, impression de qualité des documents, télécommunications, liaison avec ordinateurs et photocopie classique (voir tableau 5.2).

1. Il est ainsi possible d'imaginer, qu'à terme, ces « copieurs intelligents » serviront également d'organes d'entrée d'information (données, textes, images), comme « numériseurs » en vue de l'archivage ou de la communication avec d'autres systèmes bureautiques numériques.

Par exemple, le « distributeur d'informations » I.B.M. 6670 est doté de deux microprocesseurs qui commandent le déroulement de toutes ses fonctions et d'un système d'impression par laser. Cette machine peut fonctionner comme imprimante pour le traitement de texte et pour certains ordinateurs de la gamme I.B.M. avec transmission de documents à distance au moyen de lignes téléphoniques. L'impression peut se faire recto-verso, plusieurs polices de caractères sont disponibles et peuvent être utilisées de façon conjuguée sur la même page à l'édition. Ceci ajouté à sa vitesse d'impression de 36 pages par minute, fait du 6670 un matériel de pointe dans le domaine de l'impression, matériel précurseur d'une nouvelle génération (voir fig. 5.4).

Il ne faut pas oublier que jusqu'alors les vitesses d'impression de qualité étaient de 55 caractères par seconde, pour un système d'impression à impact du type « marguerite », soit environ 2 pages par minute, et de 92 caractères par seconde pour l'impression par projection d'encre, soit environ 3 à 4 pages par minute.

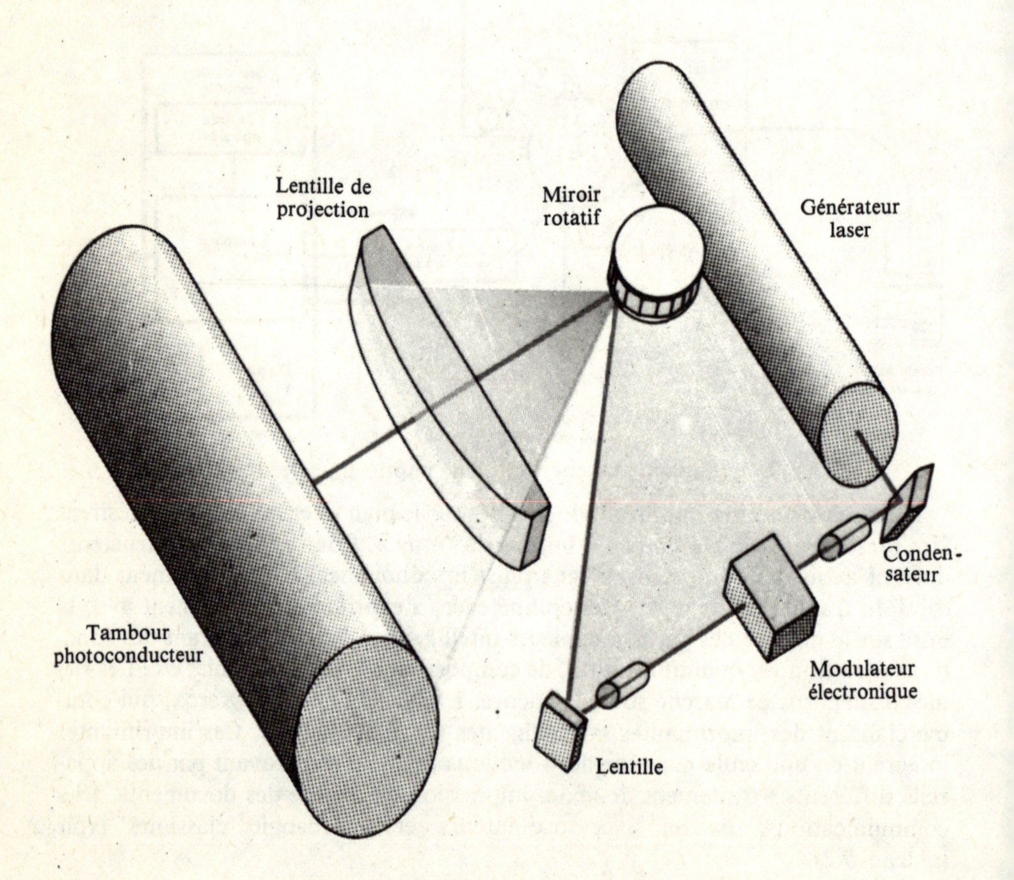

Fig. 5.3. Principe du système optique à laser.

	Wang IP	I.B.M. 6670	Canon LBP-10	Ubix copieur impr.	Ricoh GT 1000	Olivetti LPC 2000	Xerox 5700	Xerox 8000
Vitesse (pages/minute)	18	36	10	24	30	30	45	12
Résolution (points/mm)	9,5	9,5	9,5	12,6	11,8	11,8	11,8	11,8
Technologie	Fibres optiques	Laser	Laser	Fibres optiques	Laser	Laser	Laser	Laser
Option copie	Non	Oui	Non	Oui	Oui (digital)	Oui	Oui	Non
Annonce	1976	1979	1979	1980	1980	1980	1980	1981
Prix KFF	200	450	40 OEM	40 OEM	ND	120 (OEM)	500	180

Tableau 5.2. Imprimantes rapides « bureautique ».

Source : F. NEEMA, « L'avenir des techniques d'impression », *Actes du Congrès bureautique Afcet-Sicob 81,* Afcet, mai 1981.

A noter aussi les annonces de Toshiba, Iwatsu, N.E.C., Hewlett Packard. Nouvelles annonces probables : 3 M, Kodak, Wang...

Le système d'impression électronique *Xerox 5700* combine plusieurs fonctions : impression traitement de texte, courrier électronique, et photocopie classique. Le 5700 est environ 40 fois plus rapide qu'une imprimante traditionnelle de traitement de texte et peut envoyer ou recevoir une page de texte en 3 secondes. Par son système à laser, cette imprimante électronique dispose d'une grande variété de caractères en taille et en forme, ainsi que de possibilités graphiques pour produire dessins, logos et signatures. Elle peut également créer électroniquement des pré-imprimés qu'elle remplit de texte simultanément à partir de papier blanc standard. Naturellement, le 5700 peut servir d'imprimante rapide en sortie d'ordinateur. Peut-être le plus remarquable pour l'utilisateur de ce copieur intelligent est son écran sensible que l'on touche du doigt pour désigner ce que l'on veut faire, et il y a même une touche « help » si l'on ne sait plus quoi faire (voir fig. 5.5).

Dans le même genre, le *« serveur d'impression » Série 8000* (Xerox 3700) peut imprimer jusqu'à 12 pages à la minute grâce au laser, et se connecte à des postes « Star » via le réseau local Ethernet (voir plus loin section 6.1).

De son côté Wang, propose une imprimante « intelligente » d'images qui peut atteindre la vitesse d'impression de 18 pages par minute. Cette machine, qui travaille en liaison avec des ordinateurs et des systèmes de traitement de texte de Wang, combine la technologie du tube à rayons cathodiques, des fibres optiques et de la photocopie sur papier non traité. La machine de Wang effectue également 9 photocopies à la minute. Les premières livraisons de ce type de matériel ont eu lieu en mars 1979. Le prix est d'environ 200 000 F.

Exemples de documents produits sur imprimantes de bureau à laser

Feuillet produit sur Modula de Diser avec impression sur Canon LBP10.

PRESENTATION GENERALE
DU SYSTEME DE PREPARATION DE DOCUMENTS
Modula de Diser

INTRODUCTION

DESCRIPTION DU POSTE DE TRAVAIL

Le ***système de préparation de documents* Modula** se compose d'un poste de travail individuel, -appelé parfois "*Lilith*" [1]- comprenant une unité centrale de 128 K mots de 16 bits et un processeur "en tranche" microcodé orienté pour le traitement du langage MODULA-2 [2]. Ce langage structuré, mis au point par Nicklaus WIRTH comme successeur au langage Pascal qu'il avait lui même défini dans les années 70, est utilisé dans le système d'exploitation (Medos-2) de cette machine. L'archivage de masse se fait sur un disque magnétique CII-Honeywell Bull en cartouche de 10 Mo.

L'**écran pleine page** monochrome noir et blanc est d'excellente définition avec 592 lignes de 768 points (en mode "bitmap"), soit 454 656 points au total occupant 28 416 mots de 16 bits, ce qui permet de représenter à l'écran une grande variété de "styles" (fontes) de caractères différents ainsi que des graphiques et des images numérisées.

Le clavier ergonomique, en standard QWERTY pour l'instant encore, comporte 96 touches + quelques touches spéciales. L'originalité de l'interface homme-machine réside dans l'utilisation d'un **pointeur électronique** ("souris") pour la manipulation du document à l'écran (texte, graphique ou image) et pour l'accès aux commandes des différents "menus" de mise en forme.

Le poste de travail est relié à une **imprimante laser** Canon LBP10 qui offre des possibilités d'impression de documents de très bonne qualité permettant de reproduire n'importe quel style de caractères, de graphiques ou d'images, à la vitesse d'environ 10 pages par minute, ...et en silence !

Références

[1] **The personal Computer Lilith**,
N. WIRTH, in *Software Development Environments*, A. I. Wassermann, Ed., IEEE Press, 1981.

[2] **Programming in Modula-2**,
N. WIRTH, Springer-Verlag, 1982.

Jean-paul de BLASIS, EPFL, Lausanne, Février 1984.

Feuillet produit sur XEROX 8010 de SERETE avec impression sur XEROX 3700

1.4. BUREAUTIQUE

Le terme de *Bureautique* n'existe pas au japon. Ils n'ont pas créé de nom spécial et utilisent l'abréviation américaine : OA. Il y a donc ambiguité constante dans les exposés: ce que nous considérons comme informatique répartie est assimilé au Japon à la bureautique. Pourtant il semble que les choses se clarifient actuellement avec l'arrivée de la micro-informatique qui représente réellement la bureautique telle que nous l'entendons.

1.4.1. Généralités

Une enquête sur le nombre d'articles traitant de bureautique parus dans 10 revues spécialisées montre que le "boom" de la bureautique s'est produit en 1980. Les sujets traités sont relatifs aux problèmes suivants: réseaux locaux, poste de travail multifonction, traitement de textes, ordinateur personnel, télécommunication, graphiques de gestion, systèmes d'information inter-sociétés, opérations bancaires directes par interconnexion d'ordinateurs, réseaux à valeur ajoutée, etc...

1.4.2. Utilisation des matériels bureautiques

L'histogramme ci-dessous donne les résultats de cette même enquête en ce qui concerne l'équipement en matériels bureautiques des 162 entreprises interrogées. On remarque, par exemple, que toutes sont équipées de photocopieurs et que ces matériels sont couramment utilisés, alors que les matériels video, également très répandus, sont relativement peu utilisés en comparaison des MTT.

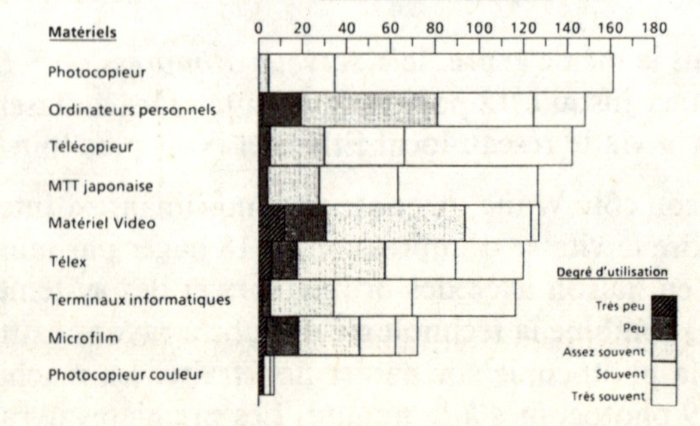

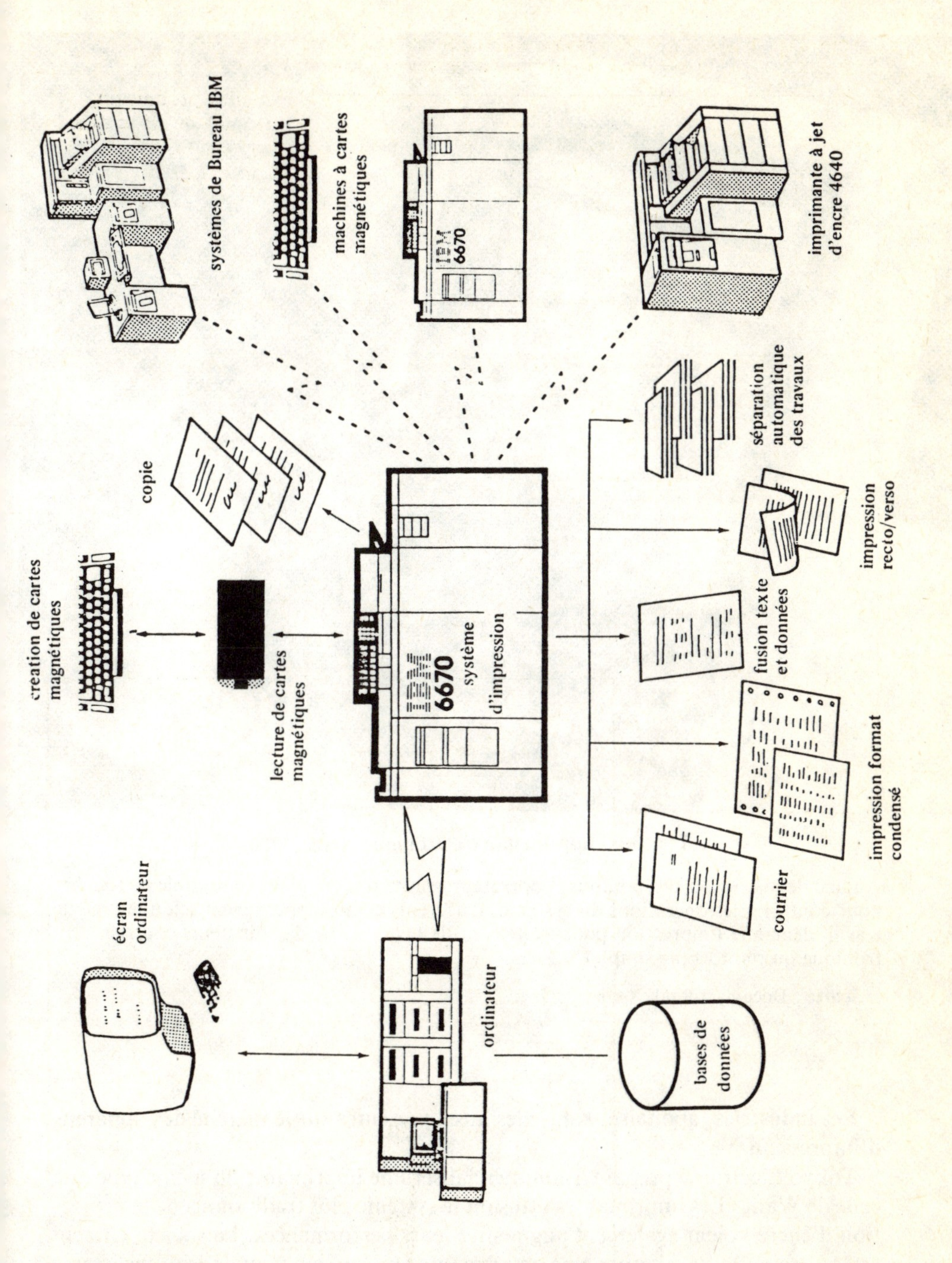

Fig. 5.4. Diagramme fonctionnel des possibilités du système d'impression I.B.M. 6670.

Source : Document I.B.M.-France.

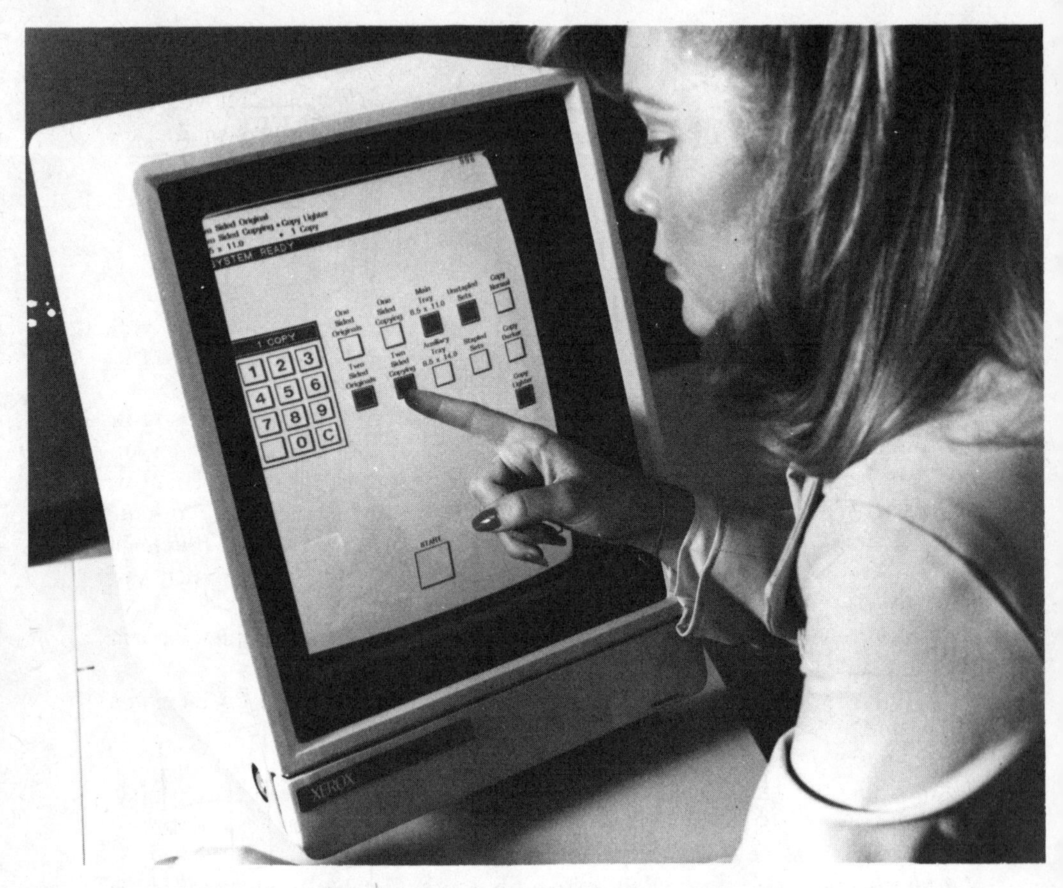

Fig. 5.5. Imprimante électronique Xerox 5700.

Au lieu de manipuler des boutons, l'opérateur touche du doigt l'écran sensible au toucher pour contrôler les opérations du système. Différents écrans apparaissent selon le type de travail demandé (impression pour traitement de texte, sortie d'ordinateur, courrier électronique ou photocopie simple).

Source : Document Rank Xerox.

Les industries japonaises sont-elles aussi présentes sur le marché des appareils d'impression ?

Tokyo Electric se prépare à commercialiser une imprimante du même type que celle de Wang. Les imprimantes utilisant le système plus traditionnel de la projection d'encre voient également augmenter leurs performances. La société Hitachi est en train de développer une imprimante qui pourrait atteindre une vitesse d'impression de 1 090 caractères par seconde quand la qualité d'impression exigée n'est que moyenne, et 530 caractères par seconde pour la très bonne qualité exigée par le traitement de texte.

Sharp Corporation, dans la même gamme de matériel, imprime 500 caractères par seconde (250 pour les documents soignés). Au niveau des constructeurs européens, c'est surtout la firme Siemens qui se positionne sur le marché, elle propose une imprimante dont la capacité est de 170 caractères par seconde. On voit donc que ces nouveaux matériels arrivent à des performances qui risquent de faire apparaître les produits de certains concurrents comme largement dépassés.

2.2. LA REPROGRAPHIE TRADITIONNELLE

Le second volet de l'étude de l'édition et de la reproduction est celui de la reprographie [1]. On peut définir la reprographie comme l'ensemble des procédés de reproduction et de duplication permettant la diffusion de l'information écrite, en plus ou moins grand nombre d'exemplaires.

Cette information écrite peut émaner soit de l'entreprise elle-même, soit de l'environnement extérieur à l'entreprise. L'origine du document a son importance, car on ne pourra agir directement que sur les documents provenant de l'entreprise. L'autre grand critère entrant en ligne de compte est l'évaluation du nombre de copies à réaliser, elle détermine en effet la vitesse de fonctionnement nécessaire et donc le type de matériel à utiliser. En terme de marché, on peut distinguer les 2 grandes catégories de besoins suivantes :

- la reproduction qui permet d'obtenir un nombre réduit de copies à partir d'un original sans manipulation de document ;
- la duplication qui permet de livrer un nombre important de documents à partir d'une plaque (offset) ou d'un stencil.

— *Domaine de la reproduction*

La thermocopie : ce procédé permet d'utiliser la chaleur directement par noircissement local du papier sensible ou indirectement par transfert de colorant en intercalant un carbone entre l'original et le papier sensible.

La photocopie : dérive de la technique photographique avec illumination de papiers photo-sensibles et la nécessité de passer par un négatif.

La diazocopie : est un procédé de reproduction par transparence. L'action se fait sur papiers spéciaux au moyen de rayons ultra-violets. Ce procédé est très utilisé par les bureaux d'études pour la reproduction de plans. La simplicité de création de l'original, qui peut être dactylographié ou manuscrit sur papier calque, et le faible prix de revient des copies sont les principaux avantages de ce système.

L'électrocopie : les tirages sont effectués sur papier couché à l'oxyde de zinc. L'exposition a lieu dans le copieur électrostatique par projection de l'image qui est fixée sur le papier par dépôt, puis fusion ou séchage d'une encre appelée « toner ».

— *Domaine de la duplication*

L'offset de bureau : c'est un procédé de duplication par report mécanique basé sur l'action répulsive des corps gras et de l'eau. On distingue plusieurs types de clichés offset de bureau, la plaque-carton (établie directement à la machine à écrire) et la plaque électro-offset (établie sur un copieur électrostatique).

La plaque étant montée sur une machine, toutes les opérations sont exécutées

1. La reprographie traditionnelle n'intéresse pas la bureautique à proprement parler. Il en est fait mention ici pour mémoire.

selon un cycle automatique : mouillage, encrage, report sur le blanchet, impression sur papier.

La qualité des copies, le rendement, le faible prix de revient en font un procédé adapté à la moyenne et à la grande diffusion.

3. La photocomposition

La photocomposition consiste à assembler des caractères un par un par un procédé photographique, de manière à aligner leurs images sur une surface sensible (film photographique ou papier sensible).

La photocomposition n'est pas une technique récente. Ce procédé, d'origine française, date du début du siècle. L'innovation vient de l'électronique et des microprocesseurs utilisés dans les photocomposeuses modernes, qui remplacent la composition traditionnelle des caractères au plomb (linotype et monotype). Les avantages de la photocomposition sont de deux ordres : elle évite les manipulations lourdes et toxiques de la composition au plomb, et elle est nettement plus rapide [1].

Si la photocomposition est donc une application de typographie électronique intéressant plus particulièrement la presse, elle devient de plus en plus accessible à toutes les entreprises ayant des besoins en préparation de documents de grande qualité dans la présentation (catalogues, brochures commerciales, dépliants publicitaires, etc.). Grâce à l'apport des technologies de l'électronique, la photocomposition a permis de revoir les techniques de l'industrie graphique, de la typographie, de l'imprimerie et de l'édition. Toute la « chaîne de production » de documents imprimés se trouve ainsi modifiée (voir fig. 5.6), ce qui permet d'envisager ultimement que de très nombreuses entreprises traiteront elles-mêmes cette chaîne par des moyens bureautiques, sans faire appel à des spécialistes professionnels extérieurs.

3.1. PRINCIPE

Comme les machines de traitement de texte, une photocomposeuse est formée d'un microprocesseur, d'un écran, d'un clavier et de systèmes de stockage (le plus souvent sur disquettes).

Les photocomposeuses modernes permettent d'enregistrer, de corriger, de modifier et de stocker les textes pratiquement de la même manière que les matériels de traitement de texte.

1. Serge GILLES-CHAIN, « L'essentiel sur la photocomposition », *Bureau Gestion,* n° 25, juin-juillet 1980.

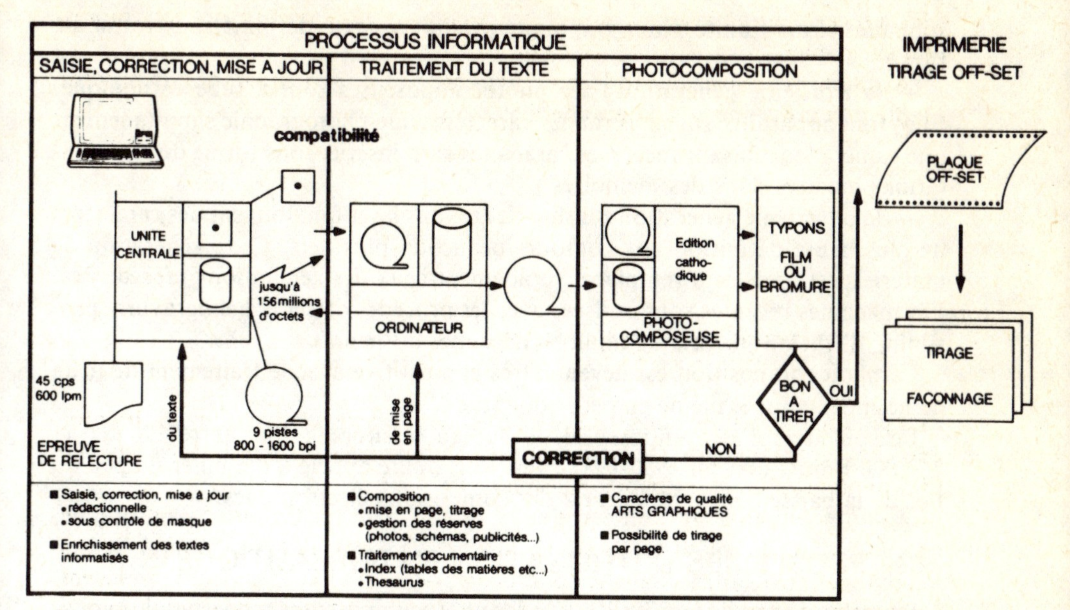

Fig. 5.6. Exemple d'une « chaîne de production de textes », de la saisie à l'impression, en passant par le traitement de textes et la photocomposition.

Source : Document M.D.S. dans *Traitement de Texte,* N° 2, novembre 1980.

Le texte est introduit à partir d'un clavier. Dans le texte sont insérés les codes photocomposition (codes typographiques de cadrage, de polices de caractères...). Le document créé (texte plus codes) est enregistré sur disquettes.

La « composition » du texte est obtenue à partir d'images optiques ou de programmes informatiques de génération de caractères, signes ou symboles qui sont enregistrés par divers procédés (flashage, insolation, etc.) sur un papier photographique sensible. Le cliché est ensuite révélé dans un appareil spécial appelé une « développeuse » pour obtenir un document reproductible sur plaque offset par exemple. Certaines photocomposeuses disposent désormais d'un papier spécial à développement « à sec » ne demandant plus de développeuse. L'emploi de produits chimiques de développement n'est donc plus nécessaire, favorisant ainsi l'introduction de ces photocomposeuses dans l'environnement des bureaux.

La composition des documents est plus rapide qu'en typographie classique, et le document est de qualité comparable, voire encore meilleure.

3.2. ÉQUIPEMENTS

L'on distingue quatre générations de photocomposeuses :

— les machines qui photographient les assemblages de fonte des composeuses-fondeuses ;

— la deuxième génération : le texte est frappé au kilomètre (non justifié) sur un clavier qui fournit un ruban perforé. L'ordinateur traite ce ruban selon un programme appliquant les règles de composition, la justification et l'interlignage souhaités. Puis l'unité photographique produit le texte définitif sous forme de film ;

— la troisième génération : les photocomposeuses sont à tube cathodique. Elles font apparaître sur un écran les caractères que photographie simultanément une caméra leur faisant face. Ces caractères sont inscrits sous forme de représentations binaires dans des mémoires ;

— la quatrième génération : utilise des rayons laser qui donnent des caractères de plus haute définition aux contours beaucoup plus nets. Cette génération de matériels est appelée à remplacer rapidement ceux des générations précédentes. Les machines récentes sont utilisées avec les procédés offset et héliogravure (possibilité d'édition jusqu'à 10 millions de signes à l'heure).

La photocomposition est devenue très compétitive avec le traitement de texte de haut de gamme, même en petite quantité [1].

Le coût des photocomposeuses de bureau se situe environ entre 120 000 et 250 000 F hors taxe en 1980-1981 et est sans doute appelé à diminuer un peu du fait de la baisse constante du prix des composants électroniques.

3.3. PROBLÈMES D'UTILISATION EN BUREAUTIQUE

Du point de vue de leur utilisation, les photocomposeuses modernes de la quatrième génération ne sont guère différentes des machines de traitement de texte, à la différence près suivante : la composition de textes implique certaines connaissances techniques liées à la profession même des « ex-typographes » et de l'édition en général. Tout un jargon particulier est utilisé pour désigner les caractéristiques typographiques d'un texte : corps des caractères, polices diverses, interlignage, alignement, etc. Toutes choses qui n'existent pas, ou très peu, lorsqu'on se sert d'une machine de traitement de texte. Ce sont donc tous les codes typographiques qui devront être insérés dans le texte lorsqu'on utilise une photocomposeuse pour désigner la taille des caractères désirés, leur style, leur épaisseur, etc. A ceci, il convient d'ajouter que les professionnels de la composition de textes ont acquis par leur expérience du métier un sens de « l'esthétique de texte » pour aligner, justifier, équilibrer ou gérer la composition. Cet aspect important de l'« art graphique » n'est donc pas à la portée immédiate de n'importe quel personnel de bureau non-spécialiste, ni même de ceux ou celles qui sont très familiarisés avec le traitement de texte.

Tout ce qui précède a pour objet de mettre en évidence les problèmes suivants que pose l'utilisation des photocomposeuses dans un environnement bureautique :

1. Les codes typographiques ne font généralement pas partie des codes classiques générés par une machine de traitement de texte. Donc, si l'on utilise un système de traitement de texte monoposte à écran et imprimante de qualité courrier par exemple, en vue de la photocomposition d'un texte, il conviendra tout d'abord — en l'état actuel des technologies — de convertir les codes caractères du traitement de texte en codes compréhensibles par la photocomposeuse, générale-

1. Bernard LENOËL, « La photocomposition banalisée », Document E.D.F.-D.E.R., n° HI/3585-06, 15 octobre 1980.

ment d'une autre marque et non compatible directement ; d'où l'utilisation d'un appareil spécial à intercaler entre les deux et appelé « transcodeur » pour assurer la compatibilité des codes caractères entre les deux machines. Ensuite, il faudra « reprendre » le texte sur la photocomposeuse pour y insérer les codes typographiques adéquats. Sur certains systèmes de traitement de texte, les codes typographiques peuvent être insérés directement en même temps que la saisie de texte, mais un transcodeur et une vérification à la photocomposeuse sont pratiquement nécessaires.

2. L'autre problème qui se pose est celui de l'utilisation d'une photocomposeuse par un personnel de secrétariat non spécialiste. Les expériences connues montrent que les photocomposeuses ne sont pas tout à fait aussi simples d'emploi que les systèmes de traitement de texte, même si le constructeur l'affirme. L'idée de rentabilité étant bien entendu de remplacer du personnel spécialisé en typographie par du personnel de secrétariat non spécialisé. La plus grande prudence est à recommander en ce domaine compte tenu des considérations faites précédemment. Ne doutons pas qu'à terme cela soit possible : l'utilisation des photocomposeuses se simplifiera grâce aux progrès de l'électronique, des microprocesseurs et des logiciels de composition ainsi que grâce à la mise au point de « formats standards » de composition où l'extrême variété des polices de caractères sera réduite à quelques-unes par exemple. La « qualité typographique » y perdra sans doute un peu, au profit d'une simplification de l'utilisation des photocomposeuses.

3.4. LIAISON TRAITEMENT DE TEXTE - PHOTOCOMPOSITION

Quelques temps après avoir mis en œuvre le traitement de texte, les utilisateurs commençant à devenir chevronnés ont tout naturellement tendance à vouloir en faire davantage, notamment sur le plan de la qualité d'impression des documents. Aussi, ils se tournent souvent vers la photocomposition. Après un examen rapide, il leur apparaît que les photocomposeuses modernes présentent de nombreuses analogies avec leurs systèmes de traitement de texte, et ils souhaiteraient connecter directement leurs matériels à une photocomposeuse.

La justification économique de l'acquisition d'une photocomposeuse découle très directement des avantages qu'ils comptent en retirer :

— éviter la frappe à nouveau, et

— éviter la relecture d'un texte déjà mis au point sur un système de traitement de texte.

Ne serait-ce que par ces simples avantages, sources de gains en temps non négligeables aussi bien du côté des opératrices que des auteurs, l'acquisition d'un matériel de photocomposition peut se justifier économiquement.

D'autre part, outre le fait qu'un texte photocomposé est d'une *qualité de présentation esthétique remarquable,* il peut également procurer une *économie substantielle de la consommation de papier.* On estime, en effet, qu'il est courant d'obtenir un gain de 50 % en papier consommé par l'impression de documents photocomposés, par rapport aux mêmes documents imprimés en caractères dactylographiques. Cette estimation s'applique aux documents rédactionnels (rapports, devis, contrats, etc.), mais il est fréquent que le gain soit encore plus important pour des documents techniques comportant de nombreux tableaux chiffrés (statistiques, comptabilité, etc.), et *cela pour une bien meilleure lisibilité des documents* (voir encadré 1).

Encadré 1

Comparaison entre un texte dactylographié à partir d'une machine de traitement de texte en insérant des codes simplifiés de photocomposition, et le résultat photocomposé.

```
*0*2CE QU'IL FAUT SAVOIR POUR COMMENCER*6◀
◀
◀
◀
◀
*4Avant d'entrer dans le détail des différentes manipulations du Système de
bureau, il est nécessaire de préciser quelques définitions fondamentales.◀
◀
◀
◀
*3QU'EST-CE QU'UN DOCUMENT ?◀
◀
◀
*4*5Le Système de bureau crée et exploite des documents. Mais qu'est-ce qu'un
document ?◀
◀
*4On appelle document tout texte enregistré par le système sous un numéro de
code (quatre chiffres et une lettre), indépendamment de sa nature et de sa
longueur.◀
◀
*4Le document peut être un rapport de plusieurs pages, une liste d'adresses,
un mémo de deux paragraphes, voir une simple ligne.◀
```

CE QU'IL FAUT SAVOIR POUR COMMENCER

Avant d'entrer dans le détail des différentes manipulations du Système de bureau, il est nécessaire de préciser quelques définitions fondamentales.

QU'EST-CE QU'UN DOCUMENT ?

Le système de bureau crée et exploite des documents. Mais qu'est-ce qu'un document ?

On appelle document tout texte enregistré par le système sous un numéro de code (quatre chiffres et une lettre), indépendamment de sa nature et de sa longueur.

Le document peut être un rapport de plusieurs pages, une liste d'adresses, un mémo de deux paragraphes, voir une simple ligne.

Source : R. DUMAINE-C.N.C.A.

D'un point de vue technique, la liaison traitement de texte - photocomposition passe encore le plus souvent par une « interface »* — matérielle ou logicielle —, en attendant qu'une solution universelle soit mise au point. Il faut savoir, en effet, que les codes internes de représentation des caractères sont généralement différents entre une machine de traitement de texte et une photocomposeuse. La principale raison de cette différence de codification vient d'ailleurs du fait que ce ne sont pas les mêmes constructeurs qui produisent ces deux équipements... Aussi, l'« interface » consiste à « transcoder » les caractères issus de la machine de traitement de texte en caractères « compréhensibles » par la photocomposeuse. Bien entendu, ce transcodage sera fonction des types de machines utilisés de part et d'autre. A chaque équipement correspond donc une solution spécifique, encore qu'il soit désormais possible de trouver sur le marché des « transcodeurs programmables universels » permettant de convertir les codes des machines de traitement de texte les plus répandues, en codes compréhensibles par les photocomposeuses les plus diffusées (notamment le transcodeur Shaffstall)[1].

Les problèmes techniques de base sont les suivants :

— *Compatibilité des codifications :*

• *Les caractères « texte » :* pas de changement au cours du transfert. Ces caractères sont seulement convertis un à un du codage ASCII (matériels traitement de textes) sous procédure TTY (compréhensible par la plupart des photocomposeuses).

• *Les codes « contrôle » :* pour les opérations fonctionnelles et les instructions de format. Ces codes changent au cours du transfert du texte d'un type de matériel à un autre.

La conversion des codes devient encore plus complexe avec les paramètres typographiques (un sous-ensemble des codes « contrôle ») : l'interface doit reconnaître ces codes et les changer en sortie en caractères adéquats pour la photocomposition.

— *Compatibilité des supports d'enregistrement :*

La disquette, par exemple, bien que largement utilisée en traitement de texte, diffère d'un système à l'autre : face simple/double, densité simple/double, format, codes d'accès, codes liaisons...

Les solutions apportées : 4 types d'interface

• *Type 1 :* les matériels de traitement de texte et de photocomposition sont reliés par câble (liaison« on line »). La photocomposition reçoit sur sa disquette les informations contenues sur le support magnétique du matériel traitement de texte. Dans la plupart des cas, un équipement intermédiaire assure la conversion des codes. Les codes spécifiques de photocomposition sont introduits ultérieurement.

C'est le type de connexion le moins cher pour l'utilisateur, mais il est peu répandu pour des questions de compatibilité des codes de langages utilisés.

• *Variante du Type 1 :* les matériels de traitement de texte et de photocomposition sont reliés par ligne téléphonique. Un programme de conversion assure la compatibilité des codifications.

• *Type 2 :* on insère le support magnétique du matériel traitement de texte (carte, cassette, disquette) dans l'équipement d'interface. Ce dernier lit le contenu du support et le transmet par câble à la photocomposeuse (voir fig. 5.7).

• *Type 3 :* « image symétrique » du Type 2. L'interface est câblée avec le matériel de traitement de texte et génère des supports compréhensibles par la photocomposeuse (ruban perforé généralement).

1. Pierre MAYNARD, « La photocomposition et le traitement de texte enfin réconciliés », *Bureau Gestion*, n° 21, janvier-février 1980.

C'est une solution pratique pour les photocomposeuses qui ne possèdent pas de connexion par câble.

• *Type 4 :* pas de « câblage » : l'interface est un poste autonome acceptant les supports de traitement de texte et générant un support compatible avec les photocomposeuses.
C'est l'équipement le plus cher, — généralement offert par des sociétés de service.
Avantage : pas ou peu de modifications des équipements traitement de texte et photocomposition existants ; nécessaire pour les matériels de traitement de texte ne possédant pas de possibilités de communication.

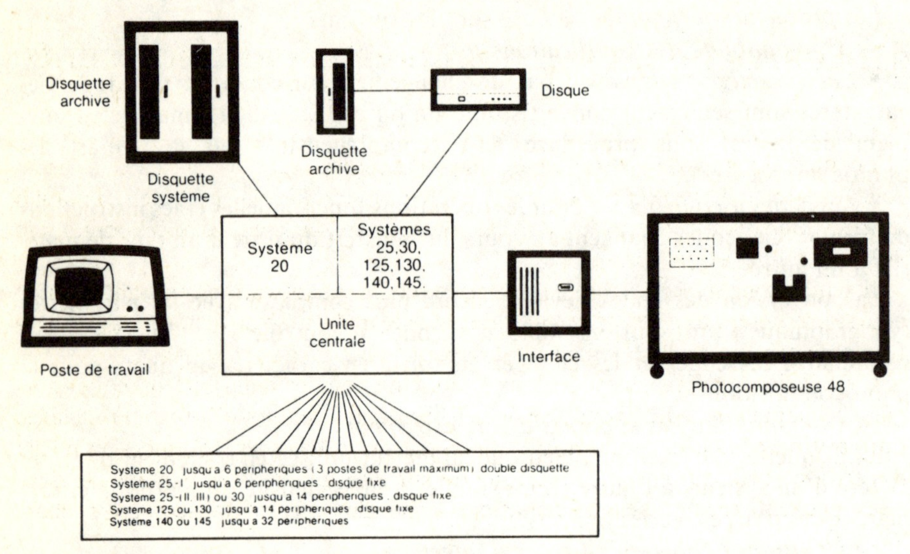

Fig. 5.7. Intégration d'une photocomposeuse dans divers systèmes de traitement de texte et informatiques.

Source : Document Wang-France.

Remarques

Un critère important dans le choix de l'interface traitement de texte/photocomposition est la possibilité ou non pour une opératrice d'introduire les codes de photocomposition (servant à spécifier les paramètres typographiques) à partir du matériel de traitement de texte (en utilisant en général un « code précédence » plus 1 ou 2 caractères alphanumériques).

Cependant, il est important de savoir que ce choix dépend non seulement des besoins en équipement présents et futurs mais aussi de l'habitude de travail des services administratifs de l'entreprise [1].

En effet, une opératrice qui a peu d'expérience en typographie ne pourra utiliser que très difficilement ces commandes complexes, ce qui entraîne une perte de temps. Dans ce cas, une introduction ultérieure des codes de photocomposition serait souhaitable.

1. Roger DUMAINE, « Traitement de texte et photocomposition », *Actes du Congrès bureautique 1980*, A.F.C.E.T., mars 1980.

Toutefois, il est possible de créer un langage naturel sur machine de traitement de texte, qui évite d'utiliser les codes ésotériques de photocomposition, en les regroupant par types couramment employés. Par exemple, définition sous « Format 1 » de la succession des codes typographiques définissant la police, le corps, la graisse, le cadrage des titres de paragraphes (c'est ce qui a été utilisé dans l'Encadré 1).

4. Les technologies d'archivage des documents

L'archivage et l'accès aux informations

Le meilleur moyen de savoir ce qui se passera dans les bureaux à brève échéance en matière d'archivage est d'aller voir ailleurs, dans des domaines autres, mais connaissant les mêmes problèmes de coût, d'accessibilité, de volume, ou les ayant connus.

Il semble que les bibliothèques, compte tenu des innovations existantes ou en cours, présentent une image comparable à celle du bureau de demain, sans toutefois pouvoir être directement transposable.

L'évolution a déjà commencé aux États-Unis, où certaines bibliothèques gorgées de papier, se sont transformées en véritables centres d'information, avec l'apparition des bases de données, contenant des références, résumés, ou même des textes, sortis sur écran cathodique ou sur imprimante. Les banques de données peuvent recéler des informations générales ou spécialisées (voir chap. IV.4.5).

Un frein au développement de ces méthodes et systèmes est leur coût actuel, qui devrait être réduit par une plus large utilisation, ainsi que par des méthodes de saisie plus efficaces à partir de caractères lisibles directement par l'ordinateur.

Les systèmes modernes d'archivage utilisent des supports tels que les bandes magnétiques, les vidéo-cassettes, les microformes, les vidéodisques et les disques optiques numériques.

Le bureau du futur peut et doit s'inspirer des modernisations effectuées dans certaines bibliothèques mais en les adaptant à ses spécificités : fréquence et type de consultation des documents, rapidité de l'accès, coût de la saisie et du stockage, durée du stockage...

Certaines entreprises avancent à grands pas dans l'utilisation des techniques de stockage d'information : ainsi, General Motors équipe ses concessionnaires en vidéodisques, afin que ceux-ci identifient les pièces et utilisent la nomenclature G.M. pour leurs besoins en pièces détachées.

En France, on voit aujourd'hui apparaître des entreprises de service dont le travail consiste à mettre des documents sous forme de microfilms et microfiches, à partir de méthodes de reproduction photographique, et demain se généralisera la mise sous forme de vidéodisques et disques optiques.

Pourquoi utiliser de nouvelles techniques d'archivage ?

Parce que le papier ne donne plus, aujourd'hui, toute satisfaction : le papier devient vite lourd, encombrant, peu maniable et peu accessible, difficile à stocker compte tenu du prix de revient et d'entretien des bureaux [1]. On cherche donc des moyens nouveaux, particulièrement lorsqu'il faut stocker de grandes quantités d'informations.

D'autre part, l'archivage traditionnel se traduit par toute une série d'opérations consommant beaucoup de temps, de main-d'œuvre, de surface et de volume mobilisé (voir tableau 5.3.)

Tableau 5.3. Les différentes phases de l'archivage des documents

Entrée des documents	Recherche des documents	Autres travaux
• Sélection des documents à conserver parmi tous ceux qui sont manipulés. • Indexation des documents sélectionnés. • Mise à jour des catalogues permettant de retrouver les documents selon les clés d'accès choisies. • Mise en rayonnage des documents et identification de l'endroit choisi pour les retrouver ultérieurement.	• Recherche des documents dans le catalogue à partir de la clé d'accès. • Accès aux documents dans les rayonnages de stockage. • Consulter le document sur place, ou réaliser une copie, ou se faire adresser une copie par courrier.	• Duplication en grand nombre d'exemplaires des documents recherchés pour diffusion. • Pratiquer un inventaire régulier des documents archivés. • Supprimer éventuellement les documents devenus inutiles.

En définitive, l'archivage coûte cher. Même si la plupart des organisations n'en ont pas véritablement chiffré le coût exact (malheureusement), au moins commencent-elles à en prendre enfin conscience et à se sensibiliser à ce problème. Qui plus est, l'archivage donne rarement satisfaction à ses utilisateurs, et il est source de conditions de travail qui vont en se dégradant.

Certes, le papier est un support auquel nous sommes bien habitués et qui s'avère parfois très pratique par sa facilité de transport (en quantité limitée !). Néanmoins, le papier, et surtout la pâte à papier, sont considérés comme une matière première présentant bien des inconvénients :

— marché assez peu stable ;

— sources d'approvisionnement extérieures (deuxième déficit de la balance extérieure française après le pétrole) ;

— industrie très polluante ;

— industrie très grande consommatrice d'énergie (en seconde position après la production d'aluminium).

Aussi, certains futurologues prédisent un « choc du papier » comme nous avons connu un « choc pétrolier », et à terme, les technologies électroniques devraient tendre — sinon à supprimer complètement le papier — tout au moins à utiliser moins de papier.

3. Philippe COUEIGNOUX, « Le papier dans le bureau du futur », *Actes du Congrès bureautique 1980*, A.F.C.E.T., mars 1980.

Les moyens nouveaux d'archivage et d'accès aux informations envisagés ici font appel à diverses technologies sous-tendues par la micro-électronique :

— Archivage photographique et audiovisuel :

• archivage micrographique ;

• archivage et consultation à distance de documents par des moyens audiovisuels.

— Archivage électronique :

• archivage magnétique ;

• archivage électronique d'images de documents ;

• archivage opto-électronique : disques optiques numériques.

Au fur et à mesure de l'évolution technologique, le rapport coût/performance des différents supports de mémorisation évolue (voir. fig. 5.8).

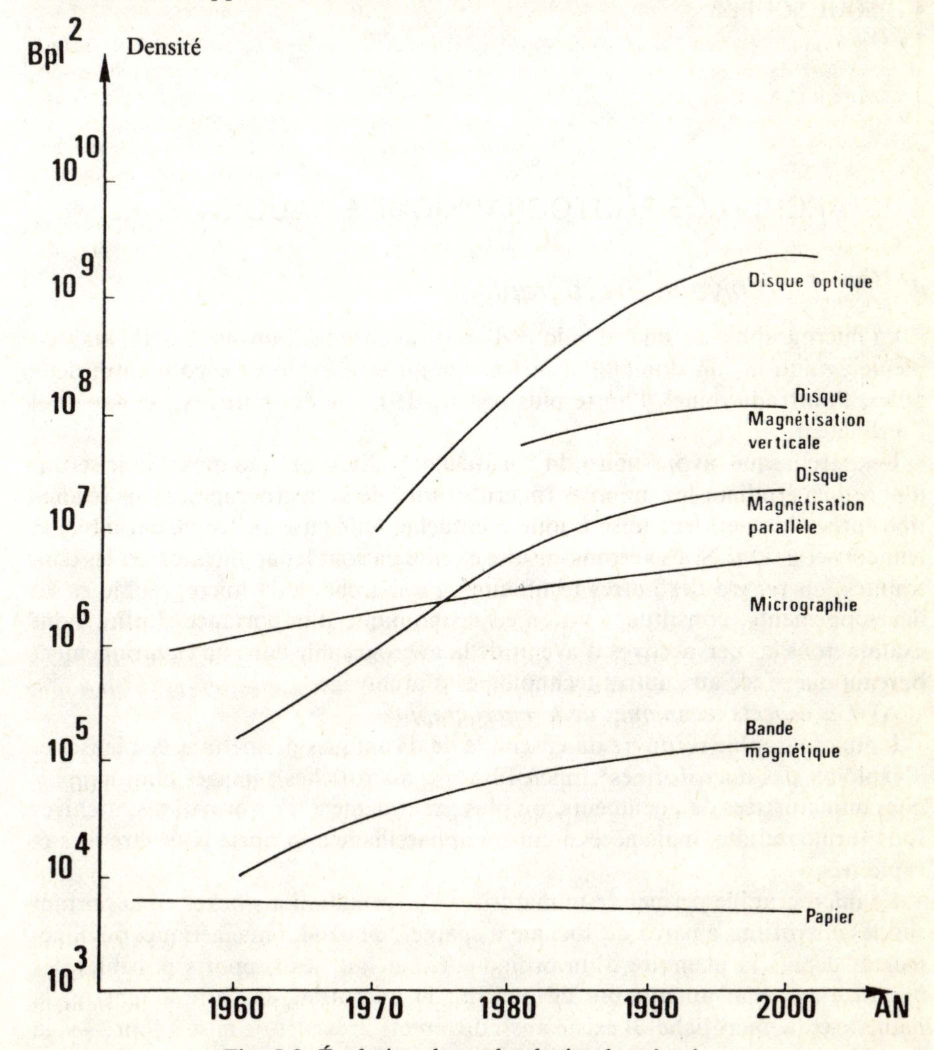

Fig. 5.8. Évolution des technologies de mémoire.

A titre d'information, le tableau 5.4 donne une échelle de grandeur de certaines capacités de mémoire.

Tableau 5.4. Échelle des capacités des mémoires (en bits).

• CERVEAU HUMAIN	10^{15}
• ARCHIVES NATIONALES AMÉRICAINES	10^{14}
• I.B.M. 3850	2.10^{12}
• ENREGISTREUR VERSABIT	5.10^{11}
• ENCYCLOPÉDIE BRITANNICA	10^{11}
• DISQUE OPTIQUE NUMÉRIQUE	10^{11}
• DISQUE MAGNÉTIQUE	10^{10}
• BANDE MAGNÉTIQUE	10^{9}
• DISQUE SOUPLE	2.10^{7}
• *LIVRE*	10^{7}

Source : R.C.A.

4.1. ARCHIVAGE PHOTOGRAPHIQUE ET AUDIOVISUEL

4.1.1. *L'archivage micrographique*

La micrographie est une technique d'archivage vieille d'un siècle déjà, mais en pleine évolution, un domaine à la fois connu et à explorer encore entre deux pôles, l'un traditionnel, l'autre plus récent, de la vie des bureaux : le papier et l'ordinateur.

Une technique avons-nous dit : laquelle ? C'est ce que nous préciserons d'abord en étudiant les supports (microformes) de la micrographie, leur réalisation (prise de vue), leur mise à jour éventuelle, leur mise en forme définitive et leur conservation. Nous verrons ensuite quelles en sont les applications et les contraintes, au regard des autres techniques. Le marché de la micrographie et ses développements, constituent un enjeu économique d'importance. Enfin, nous examinerons les perspectives d'avenir de la micrographie dans un environnement bureautique, face aux autres technologies d'archivage.

A) *Les aspects techniques de la micrographie*

La micrographie recouvre un ensemble de techniques permettant de réaliser et d'exploiter des microformes* (microfilms ou microfiches), images photographiques miniaturisées de documents, ou plus généralement d'informations, archivés sous forme réduite, mais nécessitant un appareillage approprié pour être lues et exploitées.

La micrographie permet de miniaturiser l'information à stocker en la portant sur des microfilms à partir de documents papier, de bandes magnétiques ou directement depuis la mémoire d'un ordinateur. En fait, les supports possibles des microformes sont au nombre de quatre : le microfilm, la carte à fenêtre, la jaquette et la microfiche. Il existe aussi différents procédés de mise à jour — si la nécessité s'en fait sentir à l'utilisateur —, de développement, de duplication des microformes (car ce sont des copies qui serviront le plus souvent, l'original étant destiné à la production de ces copies et à la conservation de l'information). Enfin le stockage des microformes répond à quelques règles et procédés particuliers [1].

Selon les caractéristiques des informations reprises, leur éventuelle mise à jour, l'usage qui en sera fait, on choisira l'un ou l'autre type de microformes : la prise de vues, le développement, la duplication, le stockage diffèreront.

Les films 16 ou 35 mm en bobine enregistrent une grande quantité d'informations à un coût relativement faible. L'inconvénient est que toutes ces données, en cas de consultation, sont immobilisées, et qu'elles courent le risque d'une détérioration rapide. Leur mise à jour est délicate (découpage, collage) et leur duplication partielle difficile. La prise de vues des films 16 mm est parfois très rapide, mais elle exclut les petits formats ; sur les films 35 mm elle est d'excellente qualité.

La carte à fenêtre, de type mécanographie, recèle une vue enregistrée sur un film 35 mm. Des indications, écrites ou par perforation, sont portées sur la carte et visibles à la lecture. La mise à jour (insertion de documents nouveaux) est aisée, la duplication, même partielle, également, mais les copies sont parfois moins nettes.

La jaquette, carte transparente, comporte plusieurs couloirs avec des films 16 ou 35 mm, et un espace laissé au titre. La mise à jour est plus délicate, la duplication assez facile, les copies moins nettes encore une fois ; en revanche elle est très maniable et les films sont mieux protégés.

La microfiche, rectangulaire, avec un espace laissé au titre, rassemble, disposées en rangées et en colonnes, de une à soixante-quatre vues en partition variable, trente ou soixante, quarante-neuf ou quatre-vingt-dix-huit en partition uniforme (selon le format des vues). Lorsqu'elles sont réalisées à partir de bandes magnétiques, leur nombre peut être plus important encore. La mise à jour est assez délicate pour les fiches multi-vues, mais elles sont faciles à classer, à retrouver, à diffuser — d'autant que la duplication est peu coûteuse. Seul le microfilm et surtout la microfiche, sont largement utilisés aujourd'hui. La carte à fenêtre et la jaquette ont tendance à disparaître progressivement des entreprises et administrations.

La prise de vues classique, à partir de documents papier, s'opère à l'aide d'une caméra. Mais elle peut aussi se faire à partir de bandes magnétiques ou directement depuis la mémoire d'un ordinateur.

Les caméras peuvent être cinétiques ou statiques. Les caméras cinétiques enregistrent rapidement des documents opaques, bien lisibles, séparés ou en accordéon et de format réduit. L'alimentation et l'exposition sont automatiques. Les caméras statiques donnent une image de meilleure qualité pour toutes sortes de documents, mais nécessairement la prise de vues prend un temps plus long.

Les C.O.M.* (Computer Output Microfilm), ultime développement de la micrographie, transfèrent sur des microformes les informations contenues dans des bandes magnétiques (C.O.M. off line) ou dans la mémoire d'un ordinateur (C.O.M. on line). Leur essor a suivi celui de l'informatique. Les C.O.M. « on line » sont des périphériques comme une imprimante ou un terminal. Les C.O.M. « off line » sont souvent reliés à un minicalculateur qui réalise le format-

1. Pour une synthèse des techniques et appareils micrographiques, voir notamment : Danièle LEJAIS, « Tout savoir sur les matériels micrographiques », *Bureau Gestion*, n° 15, juin-juillet 1979.

tage préalable à l'impression des données. Dans tous les cas, les informations lues sont transformées en images, puis filmées par la caméra du C.O.M. Certains C.O.M. possèdent aussi un mécanisme de développement incorporé. Avec l'électromicrographie d'autre part, la mise à jour (annulation ou substitution d'informations) est plus facile, mais elle est plus onéreuse [1].

Après la prise de vues, le développement se fait à l'extérieur ou directement, à l'aide d'une caméra ou d'un C.O.M. à développement intégré. Mais le film obtenu sera rarement utilisé tel quel : il sera dupliqué et on utilisera de manière courante les copies, non l'original. Divers procédés de traitement et de duplication existent, dont nous ne donnons pas le détail ici.

La micrographie est un domaine qui prend de plus en plus d'importance dans certaines organisations telles que les banques, les compagnies d'assurances, les administrations. La micrographie apporte des solutions parfaitement adaptées à certaines applications de stockage portant sur des volumes importants d'informations qui ne nécessitent pas le recours à des bases de données. Les systèmes de microfilms ou de microfiches peuvent facilement s'intégrer aux systèmes bureautiques notamment par l'insertion d'une table d'index. L'accès à cette table s'effectue à partir d'un terminal ce qui permet d'automatiser les recherches de documents micrographiés. Le document sélectionné est visualisé sur un lecteur qui peut éventuellement en fournir une copie sur papier.

B) *Les avantages et les servitudes de la micrographie*

La micrographie est donc un outil de stockage d'informations qui ne sont pas, ou peu, appelées à évoluer. Elle a un champ d'application bien précis, qui correspond à ses caractéristiques distinctives.

Microfiches et microfilms ont des *avantages* communs si on les compare au support papier.

— *le gain de place,* que l'on peut estimer à 98 %, en poids et en volume, par rapport à son équivalent papier : une banque qui utilisait auparavant 375 mètres carrés d'aire de stockage n'a plus besoin aujourd'hui que de quatre mètres carrés ;

— *le gain de temps,* lors de la recherche d'un document sur microfilm ou microfiche : recherche qui pourra être confiée à un mini-ordinateur spécialisé lorsque le stock de microformes devient trop important (systèmes semi-automatiques ou automatiques de recherche des vues) ;

— *la sécurité du classement* des microfiches et microfilms stockés, grâce à leur faible encombrement, dans des meubles ignifugés, et qui ferment à clé ;

— *la duplication est aisée* à partir de l'original. Les copies sont moins fragiles. De plus, il est possible d'obtenir une copie sur papier d'un document micrographié, à l'aide d'un lecteur-reproducteur-agrandisseur ;

— *la diffusion est facile et économique :* mille pages de listing (environ neuf kilos) peuvent être micrographiées sur quatre microfiches (d'un poids total inférieur à vingt grammes, donc à affranchir au tarif normal). Le gain de poids est de l'ordre de 99 % par rapport au support papier.

Les *servitudes* des microformes sont liées à l'exploitation de l'information miniaturisée, notamment :

1. Gérard ATAMNA, *La micrographie informatique : les systèmes C.O.M.*, Éditions S.O.D.I.P.E., Paris, 1981.

— la nécessité d'utiliser des appareils de lecture spécialisés avec les problèmes de choix que cela entraîne ;

— la difficulté de mise à jour des supports microphotographiques (en partie résolue par l'apparition relativement récente des microfiches avec mise à jour) ;

— la protection des microformes devant répondre à certaines conditions d'environnement (température, pureté de l'atmosphère, degré d'humidité, etc.).

Et surtout :

— le changement des habitudes de travail :

• consultation des vues sur écran de lecture, entraînant des modifications des conditions de travail (pénibilité, fatigue oculaire, ...) ;

• techniques nouvelles de classement et d'accès aux informations.

— les implications sur l'organisation de travail :

• la micrographie entraîne souvent une centralisation des documents, et

• de nouveaux circuits de circulation et de diffusion des informations.

La mise en place des applications de micrographie doit faire l'objet d'une étude approfondie. Le choix des informations à saisir (archives, documents modifiés, documents de consultation fréquente...) et la prévision des modifications de l'organisation du travail (service groupé, circuits de diffusion...) sont fondamentaux[1].

C) *Coûts - Bénéfices*

Un équipement de micrographie coûte en moyenne 120 000 F (caméra, développeuse duplicateur, lecteur reproducteur, 2 lecteurs simples, bacs de classement, etc.).

Un lecteur simple coûte de 100 F (lecteur de poche) à 10 000 F (lecteur de bureau), les lecteurs reproducteurs de 6 000 à 20 000 F, et les appareils à recherche automatisée de 5 000 à 300 000 F. Les systèmes C.O.M. peuvent atteindre 2 000 000 F.

Par rapport au support papier, il est couramment admis que la micrographie permet les gains suivants :

— coûts d'archivage divisés par 40 ;

— coûts des consommables divisés par 12 ;

— coûts d'impression de l'information divisés par 10 ;

— coûts de recherche de l'information divisés par 3.

D) *Les principaux domaines d'application de la micrographie*

La technique C.O.M. a considérablement élargi le champ d'application de la micrographie, en ajoutant, à tous les avantages précités, celui d'une sortie de l'information sous forme micrographiée directement depuis l'ordinateur[2]. En France les principaux utilisateurs en sont :

— les banques et la finance pour 40 % du marché ;

— l'administration pour 20 % ;

— le secteur industriel, le commerce, les services pour 30 %.

La banque est de toute évidence la branche la plus intéressée : 60 % des ban-

1. Voir notamment la monographie réalisée par le Service Central d'Organisation et Méthodes (S.C.O.M.), « *Méthodologie d'emploi de la micrographie* » 2e édition, 1978, diffusé par la Documentation Française. Cette monographie comporte également des éléments de bibliographie (technique et application).

2. Jacky TERRÉ, *Le microfilm et ses applications*, Éditions S.O.D.I.P.E., Paris, 1980.

ques utilisent un C.O.M. et 40 % des C.O.M. sont utilisés dans les banques. La micrographie, rappelons-le, leur permet de résoudre le problème du transfert de l'information en provenance ou à destination de leurs succursales, qui sans cela devrait s'effectuer par des listings encombrants et coûteux à transporter. Le microfilm est également utilisé dans les bureaux d'études (pour les plans et les dessins industriels), dans les compagnies d'assurances, les entreprises de transport, les hôpitaux, les bibliothèques, les centrales documentaires. Les catalogues, les tarifs, les manuels techniques, et notamment de maintenance d'ordinateurs et d'entretien du matériel de bureau, sont fréquemment microfilmés.

Les pouvoirs publics eux-mêmes assurent la promotion de la micrographie auprès du secteur public et nationalisé. Dans ce rôle ils sont conseillés par le C.N.R.S., gros utilisateur de cette technique. Articles, rapports, thèses, ouvrages scientifiques épuisés sont micrographiés au Centre de Documentation des Sciences Exactes. La bibliographie informatisée permet aux chercheurs de retrouver très rapidement les articles désirés, et de les obtenir soit sous forme miniaturisée, soit sous forme de photocopies.

La microédition est moins développée en France qu'aux États-Unis ou en Grande-Bretagne. Cependant la Bibliothèque Nationale, le C.N.R.S., le Journal Officiel, la librairie Hachette, l'I.N.S.E.R.M. et d'autres organismes encore éditent des microformes. L'obstacle qui demeure à l'adoption généralisée, et à l'extension ultérieure, de la micrographie est la non-reconnaissance de la valeur probante du microfilm devant les tribunaux. Situation qui commence à évoluer après l'adoption en France par les Assemblées de certains textes qui donnent à la reproduction micrographique des actes sous seing privé une valeur probante, sous réserve qu'elle soit fidèle, et l'information qu'elle contient durable.

En conclusion, quel avenir peut-on envisager pour la micrographie dans un environnement bureautique ? Est-elle condamnée à demeurer un support d'informations secondaires, volumineuses et évoluant peu ? En particulier, le fait qu'il soit difficile de transmettre des microformes autrement que par le courrier traditionnel, ne condamne-t-il pas la micrographie au déclin face aux développements des outils télématiques ? Les recherches menées actuellement permettent néanmoins d'envisager l'avenir de la micrographie avec optimisme :

— Les *C.I.M. (Computer Input Microfilm),* matériels lourds et onéreux jusqu'à présent, qui transfèrent sur bande magnétique des informations inscrites sur microfilm, ne sont vraisemblablement qu'une étape vers la numérisation des documents en entrée directe de systèmes bureautiques. Si ces recherches débouchent, la voie sera ouverte à la *télécopie directe de microformes* qui assurera en quelques dizaines de secondes la transmission à un ou plusieurs correspondants du contenu total ou sélectif de microfiches par exemple ;

— d'un autre côté, les matériels de *recherche automatique sur microfiches* les plus évolués ne permettent une gestion que d'environ 750 microfiches (soit 70 000 pages documentaires microphotographiées ou 280 000 pages informatiques (C.O.M.) en sortie d'ordinateur). Pour des stockages de masse plus volumineux, l'avenir semble plutôt du côté des techniques nouvelles comme la *vidéofiche* (Virtual Image Processing System-V.I.P.S. 2000) ou le *disque optique numérique* (voir plus loin) ;

— enfin, la *mise à jour des microformes* qui pose souvent des problèmes, trouve désormais des solutions avec l'*électromicrographie* pour la mise à jour de pages complètes que l'on peut annuler, effacer ou remplacer (système 200 de A.B. Dick Scott et procédé Microx de Bell et Howell par exemple).

4.1.2. *L'archivage et la consultation de documents à distance par des moyens audiovisuels : la vidéomation* [1]

La vidéomation est un procédé relativement récent qui permet la consultation à distance par télévision de toute information écrite à partir d'un document original ou microfilmé. Les équipements de vidéomation se composent :

— *de postes de consultation* à écran TV recevant par télévision en circuit fermé l'image des documents désirés grâce à un système de télécommande à distance de lecture, et

— d'*ensembles émetteurs* de ces documents (caméras TV + système de positionnement) installés dans les lieux de classement.

Sa particularité vient du fait que les documents archivés (papier ou microforme) peuvent être visualisés directement, sans traitement ou codification du texte consulté, à partir de l'image du support original, évitant ainsi les déplacements de personnes ou de documents entre services.

La visualisation se fait sans délai d'attente et globalement pour une page de format commercial.

La consultation d'un document se fait soit par une seule personne, soit par plusieurs à la fois, autorisant même une discussion à distance entre ces personnes, sans déplacer le document d'information de base ou les personnes le consultant (« vidéoconférence »).

Une copie sur papier de l'écran de consultation est possible dans le cas où la personne le souhaiterait pour l'étudier plus longuement, l'annoter ou obtenir une pièce justificative (vidéoreproduction).

Les documents consultés peuvent s'apparenter à différentes catégories :

— textes de toutes sortes ;
— plans, schémas, photos, etc. ;
— chèques.

Domaines d'utilisation :

— gestion documentaire ;
— gestion de stock, personnel, etc. ;
— services techniques ;
— banques (dossiers de crédit, chèques) ;
— hôpitaux (dossiers de malades, radiographies).

1. Pour davantage de détails, voir : E. DEBOURG, « La consultation à distance par vidéodoc d'informations stockées en l'état », *Actes du Congrès bureautique Afcet-Sicob. 81*, Afcet, mai 1981.

4.2. ARCHIVAGE ÉLECTRONIQUE

4.2.1. *L'archivage magnétique en bureautique*

Les premiers systèmes de bureautique étaient essentiellement des outils de traitement de texte et pouvaient se classer en deux catégories. La première catégorie était composée de systèmes autonomes disposant de petits mini-ordinateurs et ayant peu de capacité de mémorisation (essentiellement des cartes magnétiques ou des cassettes). Dans la seconde catégorie on trouvait de gros ordinateurs utilisés en temps partagé et disposant de grandes capacités de stockage. Chacune de ces approches avait des inconvénients. Par exemple, si un document assez long devait être préparé sur une petite machine autonome, on ne pouvait le « manipuler » dans sa totalité sans changer de carte ou de cassette. Par conséquent, si un paragraphe se trouvant à la fin du texte devait être déplacé au début, ce n'était possible qu'en le retapant complètement. Dans l'autre cas, si l'unité centrale — ou un quelconque élément de communication entre l'utilisateur et l'unité centrale — était en panne, aucun utilisateur ne pouvait continuer à travailler.

Maintenant que l'on dispose de microprocesseurs bon marché ainsi que de réseaux inter ou intra-organisations, il devient raisonnable d'envisager de répartir les capacités de traitement des systèmes de bureautique entre de nombreux processeurs. En fait, le « terminal » lui-même devrait normalement disposer d'une capacité autonome de traitement suffisante pour accomplir des fonctions de traitement de texte simples, ne serait-ce que pour préparer des « messages électroniques ». Un processeur central a pour fonction de relier ensemble les différents terminaux intelligents* et de les décharger de travaux qui ne peuvent être accomplis localement de façon simple.

De manière à pouvoir continuer de travailler quand l'ordinateur central n'est pas disponible, on peut doter les terminaux intelligents de supports magnétiques de stockage à accès direct. Il s'agit la plupart du temps de disques souples ayant une capacité de quelques millions de caractères (voir fig. 5.9). Il s'agit déjà parfois de disques rigides de plus grande capacité (technologie Winchester) qui devraient se généraliser, voire même de mémoires à bulles*. Une telle capacité est suffisante pour maintenir des dossiers personnels de lettres et de documents variés ainsi que quelques programmes. Si les disques sont amovibles, une garantie supplémentaire de confidentialité peut aussi être offerte aux utilisateurs.

Fig. 5.9. Exemple d'organisation d'archivage sur disquette dans un système bureautique.

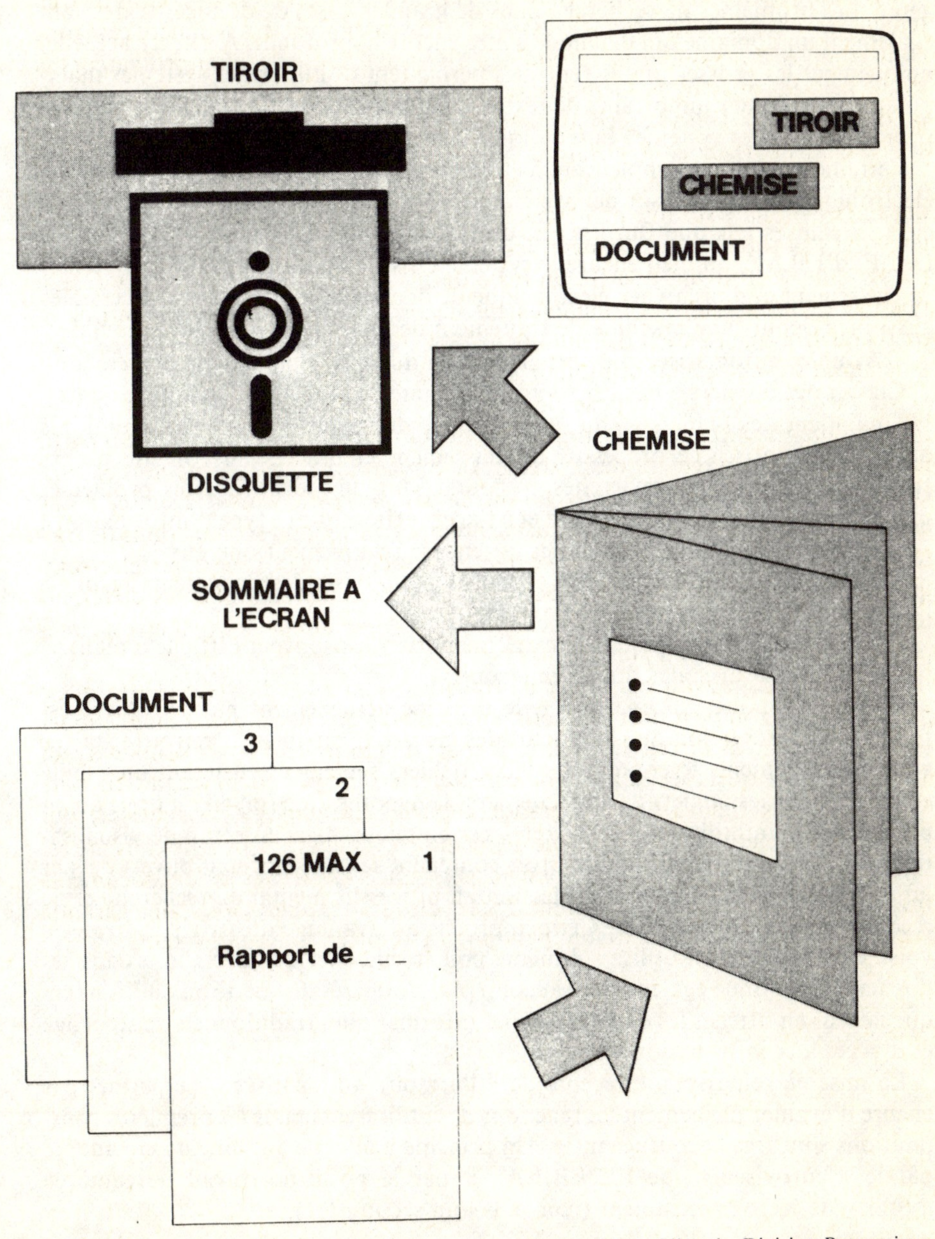

Source : Document Olivetti - Division Bureautique.

L'organisation et l'accès de ces « bases de données » individuelles ou collectives dans les bureaux posent des problèmes qui n'ont pas encore été bien abordés. La plupart des solutions actuelles utilisent une variante des systèmes de fichiers existant sur les ordinateurs fonctionnant en temps partagé. Cela rend les transferts de documents — entre cadres et secrétaires par exemple — très complexes à gérer. Les problèmes de recherche dans de grandes bases de données-textes sont également un domaine qui demande à être encore approfondi. A l'heure actuelle, uniquement les grosses unités centrales permettent d'utiliser des systèmes manipulant des volumes importants de texte. Cette puissance doit également être distribuée auprès des systèmes bureautiques dans le bureau automatisé de demain.

Certaines solutions commencent à être apportées à ce problème par l'archivage électronique de dossiers sur des systèmes informatiques de gestion avec des logiciels spécialisés tels que Burothèque de C.I.I. Honeywell Bull, ou Lice, Stairs, D.L.F. d'I.B.M., ou bien encore le système Ofisfile de Burroughs. Ces systèmes de classement et d'archivage électronique de documents sont souvent accessibles aussi bien depuis une machine de traitement de texte que depuis un terminal.

« Armoire automatisée » de rangement de dossiers (domaine de recherche).

Classer des dossiers est une activité importante de bureau car chaque responsable maintient des fichiers — au sens classique du terme — d'une sorte ou d'une autre. Automatiser ce processus de classement et d'accès au contenu de ces fichiers, est l'objet de recherches en cours. Morgan [1] identifie trois problèmes majeurs associés à la mémorisation et à l'accès efficace de ce type d'information :

— le stockage de textes en entier est encore relativement onéreux ;

— des coûts additionnels sont encourus pour saisir des documents reçus de l'extérieur sur support non informatique ;

— l'indexage automatique de textes mémorisés est souvent difficile à réaliser, particulièrement avec des documents courts.

Dans « l'armoire automatisée », le principe actuellement mis en œuvre est fondé sur l'observation que la plupart des gens sont capables de retrouver, assez vite, manuellement, le contenu de leurs fichiers seulement en jetant un rapide coup d'œil sur les onglets de leurs dossiers. L'hypothèse de travail est donc qu'en permettant à un utilisateur de « voir » ces en-têtes — sur un écran de visualisation par exemple — comme si le tiroir contenant ses dossiers était ouvert devant lui, on pourrait laisser faire la sélection au processus mental de recherche et de reconnaissance de l'individu. Cette approche a l'avantage d'offrir une stratégie voisine de celle qu'on utilise soi-même pour rechercher quelque chose dans ses dossiers. Elle donne également beaucoup plus de degrés de liberté aux utilisateurs que ne leur en offrent les divers systèmes informatiques traditionnels de stockage et d'accès aux informations...

La mise en œuvre toute récente de « l'armoire automatisée » ne permet pas encore d'évaluer pleinement les réactions des utilisateurs mais les premières constatations sont très encourageantes. Un principe analogue a d'ailleurs été adopté par le « buroviseur » de l'I.N.R.I.A. et par le poste de travail bureautique « Star » de Xerox récemment (voir plus loin section 6.1).

1. Howard MORGAN, « Research and Practice in Office Automation », Rapport de recherche, D.S.W.P. 80-03-12, Decision Sciences Department, The Wharton School, University of Pennsylvania, Philadelphie, mars 1980.

4.2.2. *L'archivage électronique d'images de documents*

Malgré les efforts de l'industrie informatique ou micrographique pour réduire le volume de papier circulant dans les organisations et simplifier les méthodes de travail, force est de constater que la grande majorité des informations échangées en entrée et en sortie l'est encore sous forme de papier. Bien sûr, ce papier est parfois pris en compte par l'ordinateur au moyen de l'encodage ou de la lecture optique, mais le système informatique ou bureautique perd ainsi le contact avec le document d'origine.

Dans le secteur tertiaire, le volume de documents-papier traité est souvent très important, et constitue un facteur-clé de la rentabilité de l'organisation, très sensible aux coûts de main-d'œuvre engendrés par la manipulation d'une grande masse de papier. Certes, le papier ou ses réductions sur microformes, demeure et demeurera pour de nombreuses années encore le support de base des communications inter et intra-entreprises. Le volume de papier s'accroît d'ailleurs constamment, indépendamment du degré d'informatisation ou de bureautisation.

Pourtant, il est clair que toute méthode visant à simplifier ou réduire le volume de papier manipulé aura un impact significatif sur les coûts et donc sur la rentabilité des entreprises. C'est dans cette optique qu'une nouvelle technique a été développée pour rendre le document dans sa forme originale partie intégrante du système informatique-bureautique [1]. Il s'agit d'un système informatisé combinant l'*archivage d'images de documents* sous forme magnétique et le traitement simultané de ces documents et de données informatiques : le système V.I.P.S. 2000 (Virtual Image Processing System) de la Société Correlative Systems International, filiale de C.I.I. Honeywell Bull.

Le principe du traitement de l'image est simple[2] (voir fig. 5.10). La « saisie » d'un document quelconque (textes, graphiques, etc.) s'opère par numérisation* des graphismes tracés sur la feuille de papier au moyen d'une caméra spéciale (scanner). Le document est découpé en un ensemble de points : les points blancs correspondent à des « zéros » binaires et les noirs correspondent à des « uns ». Les données numériques obtenues sont enregistrées sur des disques magnétiques par l'intermédiaire d'un ordinateur (Mini 6/43 de C.I.I. Honeywell Bull) qui assure également l'indexation des informations enregistrées pour accès direct ultérieur (à titre d'exemple, un disque de 300 Mo peut contenir jusqu'à 1 000 pages A4). Dans le même temps, les « images » provenant de la caméra peuvent être enregistrées sur bandes vidéo par magnétoscope pour assurer l'archivage de masse des documents ne demandant pas de consultation fréquente (capacité de stockage de 100 000 pages de format A4). La consultation des documents stockés sur disques se fait par recherche en accès direct en quelques fractions de seconde et par affichage de l'image du document demandé sur l'écran d'un terminal graphique, à partir duquel il est possible d'obtenir éventuellement une copie... sur du papier !

1. J.-L. DELOBEL, « Archivage électronique de dossiers », *Actes du Congrès bureautique 80*, A.F.C.E.T., mars 1980.
2. Maxime BONNET, « Le traitement de l'image : étape décisive vers une bureautique sans papier », *La Jaune et la Rouge*, n° 367 (numéro spécial sur la bureautique), octobre 1981.

Une des principales caractéristiques de ce système — en dehors de la numérisation des images de documents — est qu'il permet de *mettre à jour ces images* à partir du clavier-écran. Des données nouvelles introduites viennent alors s'insérer sur l'image et sont également mémorisées [1].

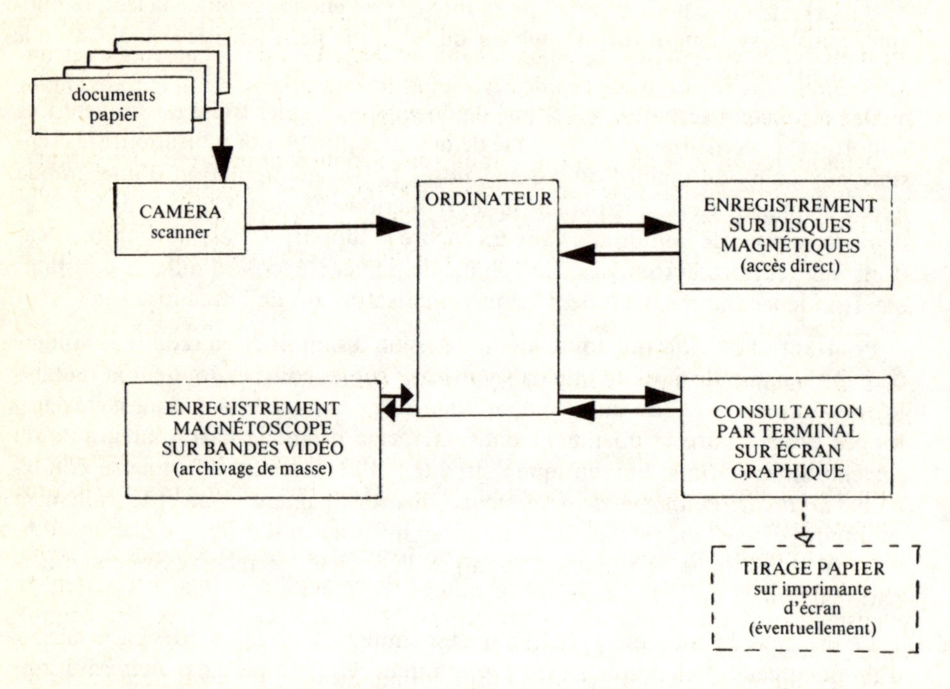

Fig. 5.10. Schéma de principe du fonctionnement de l'archivage électronique d'images de documents V.I.P.S. 2000.

Naturellement, les images enregistrées peuvent être communiquées à distance, à condition de pouvoir disposer de lignes de télécommunications à bandes très larges (400 Kbit/s minimum), sinon les temps de communication et donc d'affichage sur l'écran des documents seraient trop longs et incompatibles pour l'environnement opérationnel des bureaux. Ces performances de communication exigées pour l'accès instantané sur de longues distances, ne seront disponibles que par l'utilisation de canaux rapides par transmission satellite.

Ce système d'archivage et de « traitement d'images » de documents paraît être le précurseur d'une nouvelle génération de « systèmes d'archivage intelligent ». Les utilisations en sont multiples : vérifications de documents, consultation de divers documents légaux dans les banques, les compagnies d'assurances, les administrations, etc.

1. Pour davantage de détails techniques, voir notamment : Guy VEZIAN, « L'image virtuelle ou la bureautique sans papier », *Le Monde informatique*, n° 18, 8 juin 1981.

Bien que le système V.I.P.S. 2000 commercialisé actuellement par C.S.I. (C.I.I. Honeywell Bull) soit encore réservé aux grands organismes car il est trop onéreux pour être installé dans tous les bureaux (environ 1 000 000 F dans sa configuration minimale), on peut espérer que son coût baissera dans les années à venir par suite de la baisse des coûts des composants électroniques et des périphériques (écrans graphiques, imprimantes d'images, etc.). On peut ainsi envisager — qu'à terme — une P.M.E. puisse mémoriser tous ses dossiers et les traiter sur un matériel de ce type, en accédant ainsi à 50 000 pages de documents quelconques (images de textes avec graphiques, signatures, tampons, etc.), et pouvant les mettre à jour à partir d'un clavier-écran graphique.

Demain, les disques magnétiques traditionnels pourront peut-être être remplacés par des disques optiques numériques de 100 000 pages de capacité avec lecture par laser pour un coût de l'ordre de 50 F par disque ! Alors seulement ce type de système sera suffisamment compétitif pour commencer à remplacer les archives-papier.

4.2.3. *L'archivage électronique sur disques optiques numériques*

Parmi les supports d'archivage que nous avons examiné jusqu'à présent — supports magnétiques et photographiques —, il faut bien reconnaître qu'ils présentent certains inconvénients :

— les supports magnétiques (disques ou bandes) sont bien adaptés à l'archivage de données structurées du type « chaîne de caractères », mais nécessitent la « saisie informatique » de ces informations. Dès que la capacité devient importante, l'archivage devient coûteux ;

— les supports photographiques (microfilms ou microfiches), nécessitent de photographier et de développer les films ou fiches. D'autre part, leur temps d'accès est relativement lent.

Par suite des développements accomplis depuis une douzaine d'années pour mettre sur le marché grand public des vidéodisques, le monde des professionnels va bientôt disposer d'un nouveau support de mémorisation : les *disques optiques numériques.*

Il s'agit de disques réalisés par un sandwich de plastique dans lequel est déposée une couche spéciale thermo-sensible, généralement d'un diamètre de 30 cm [1] (voir fig. 5.11). Les deux faces du disque sont utilisées pour enregistrer directement l'information au moyen d'un faisceau laser employé comme un stylet optique pour enfermer cette information (données numériques, images vidéo ou sons) dans des trous minuscules successifs (de l'ordre du micron). L'information est alors immédiatement lisible à nouveau à travers la même tête optique par un faisceau laser (nécessitant d'ailleurs moins de puissance que pour l'« écriture »).

1. Le coût d'un disque optique numérique (support seul) serait de l'ordre de la centaine de francs.

Fig. 5.11. Disque optique numérique.

Source : Document Thomson-C.S.F.

Cette technique est assez voisine de celle utilisée pour la fabrication des vidéodisques, avec lesquels il ne faut pas confondre les disques optiques numériques (voir tableau 5.5). Les premiers enregistrent des signaux analogiques* alors que les seconds enregistrent des signaux numériques*. Une autre différence importante vient du fait que les vidéodisques sont la plupart du temps préenregistrés « en usine » avec des images vidéo (du type télévision) qu'il n'est possible que de « relire » sur un lecteur approprié. Les disques numériques, en revanche, autorisent l'*enregistrement et la lecture* en temps réel de données numériques permettant divers types d'archivage :

— *archivage de texte* ou encyclopédie textuelle (par enregistrement caractère par caractère des textes) ;

— *archivage informatique* (par enregistrement de caractères provenant directement d'ordinateur) ;

— *archivage documentaire* (par numérisation des caractères, signes ou graphiques selon un procédé de scanner identique à celui utilisé dans les télécopieurs) ;

— *archivage vidéo* (par numérisation des images ; procédé bien moins performant que celui utilisé par les vidéodisques, car le codage numérique des images vidéo « consomme » énormément de place sur le disque optique numérique, mais c'est possible) ;

— *archivage audio* (par numérisation des signaux sonores).

(Voir tableau 5.6 des performances du disque optique numérique en fonction du type d'archivage.)

Ce qu'il faut bien voir, c'est la très grande quantité d'information qu'il est possible d'enregistrer sur les deux faces d'un seul disque optique numérique de 30 cm : 2×10^{10} bits (capacité potentielle), disponibles en accès direct avec un temps de lecture/écriture compris entre 100 et 500 ms, un débit compris entre 5 et 10 Mbit/s, et une durée de vie du support estimée supérieure à 10 ans sans copie d'entretien [1].

Tableau 5.5. Les principales familles de vidéodisques et disques optiques.

Mode	Analogique				Numérique	
Dénomination	Vidéodisque				Disque Optique Numérique (D.O.N.)	Digital Audio Disk (D.A.D.)
Marché	Grand public		Institutionnel		Professionnel	Grand public
Technologie	Capacitif		Optique		Optique numérique	Optique numérique
Types	mécanique	asservi	transmission	réflexion	réflexion/transmission	—
Principaux constructeurs	R.C.A.	J.V.C.	Thomson	Philips	Thomson Philips divers japonais	Philips et divers japonais
Caractéristiques	Lecteur de disques préalablement enregistrés en images de télévision		Disques préalablement enregistrés en images de télévision et lecteurs programmables avec accès direct aux images		Enregistreur/Lecteur de disques en temps réel de données numériques	Lecteur de disques préalablement enregistrés en codage numérique
Performances	Stockage de 45 000 images de télévision (vidéo) par face soit 90 000 images				— 4 à 5 000 images de télévision (vidéo), ou — 20 000 pages de documents graphiques numérisés (scanner), ou — 500 000 pages de caractères provenant d'ordinateur (codage numérique)	n.c.
Principales applications	Vidéo grand public		Vidéo pour enseignement, assistance, etc.		Informatique, bureautique	Haute-fidélité sonore

1. Pour davantage de détails techniques, voir notamment : Pierre LEPETIT, « Le disque optique numérique », et Jean de PANAFIEU, « Le disque optique numérique », *Actes du Congrès bureautique Afcet-Sicob 81,* Afcet, mai 1981.

Tableau 5.6. Capacités d'enregistrement du disque optique numérique en fonction du type d'archivage recherché.

Type d'archivage	Ordres de grandeur des capacités d'archivage par comparaison avec certains supports existants
Archivage de texte	• 800 livres de 500 pages (format 25 × 17 cm), soit 24 mètres de rayonnage.
Archivage informatique	• 500 000 à 650 000 feuillets A4 (4 m³ de papier) ; • 35 bandes magnétiques (1 600 bpi — 2 400 pieds) ; • 9 disques magnétiques (discpacks de 300 Mo) ; • 3 200 microfiches C.O.M.
Archivage documentaire	• 40 000 pages de documents, numérisées selon une définition de 8 points au mm en vertical et en horizontal (norme C.C.I.T.T. télécopieurs numériques du groupe III).
Archivage vidéo	• 4 000 à 5 000 images vidéo (film, diapositives, télévision).
Archivage audio	• 230 heures de conversations téléphoniques (en modulation delta à 24 Kbits/s) ; • 2 300 heures de messages audio à partir d'une banque de données vocales ; • 4,5 heures d'écoute de musique hi-fi (modulation par impulsions codées).

Les disques optiques numériques devraient être disponibles commercialement aux alentours de 1985. Par leur grande capacité d'archivage et d'accès à des documents de diverses natures, ils ouvrent des perspectives d'application nombreuses et variées, notamment en informatique et en bureautique.

En informatique classique, ces disques pourront se connecter aux ordinateurs comme d'autres périphériques de mémorisation de masse pour l'archivage de fichiers historiques, banques de données à faible temps d'accès, diffusion de logiciels, etc.

Dans le domaine bureautique, les disques optiques numériques devraient permettre de réaliser l'archivage, la recherche, le traitement et la transmission de données, d'images ou d'informations vocales. Il est parfaitement concevable d'imaginer par exemple, qu'une machine de traitement de texte ait accès à un de ces disques, véritable armoire d'archivage électronique, pour mémoriser, rappeler, traiter à nouveau ou imprimer les textes (au lieu du classement des copies-papier et/ou des disquettes correspondantes qui commencent à poser des problèmes de classement dans les bureaux équipés en traitement de texte depuis un certain temps). En outre, des normes internationales telles que celles relatives au télétex (voir chap. IV.4.3.3), permettront de transmettre ces informations directement d'un système à un autre par « courrier électronique ». En association avec un poste de travail multifonctions, incluant une imprimante électronique [1], le disque optique numérique permettra de réaliser la synthèse de plusieurs services

1. Cette imprimante électronique — également appelée « copieur intelligent » —, pourrait même se comporter comme un « scanner » pour la saisie et l'entrée de documents, de la même manière qu'un télécopieur numérise les documents à transmettre.

assurés jusqu'à présent par des équipements séparés et souvent incompatibles : traitement de texte numérique et graphique, classement et archivage électronique de documents, messagerie alphanumérique et graphique, etc. (voir fig. 5.12).

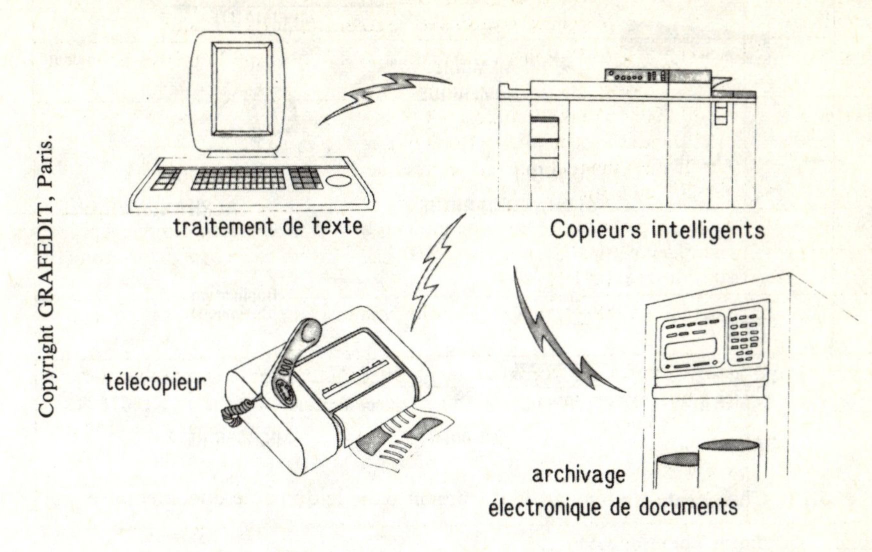

Fig. 5.12. Archivage et transferts électroniques de documents dans un environnement bureautique.

D'autres applications des disques optiques numériques sont envisageables dans des domaines tels que la documentation (diffusion d'encyclopédies spécialisées par domaines) (voif fig. 5.13), les applications militaires (cartgographie numérisée), spatiales (informations en provenance de satellites), médicales (radiographies numérisées), etc.

En conclusion, on peut dire que les disques optiques numériques représentent une nouvelle technique d'archivage de documents aux perspectives d'avenir prometteuses compte tenu des avantages qu'elle apporte par rapport aux méthodes traditionnelles :

— diminution importante de volume ;
— pérennité qui peut être quasi infinie (disques métalliques) ;
— accès rapide aux documents ;
— inter-relations entre différentes archives par voie électronique ;
— etc.

Néanmoins, son développement devra passer non seulement par des améliorations techniques mais aussi par des baisses de prix en ce qui concerne la visualisation dynamique des documents (baisse des coûts des écrans graphiques de haute définition), la numérisation et l'impression électronique des documents (baisse des coûts des « copieurs intelligents »), et enfin l'amélioration des méthodes d'indexation [1].

1. Pierre LEPETIT, « L'archivage électronique : une solution à l'invasion du papier », *La Jaune et la Rouge*, n° 367 (numéro spécial sur la bureautique), octobre 1981.

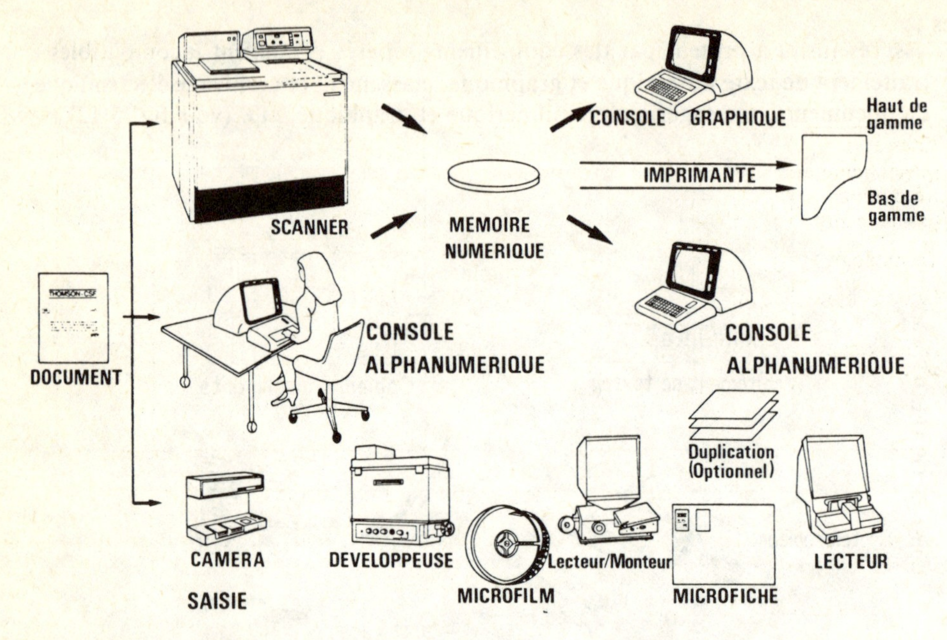

Fig. 5.13. Chaînes de traitement de document dans le domaine documentaire

Source : Document Thomson-CSF.

3. Vers l'intégration des services d'archivage électronique

Dans le bureau de demain, chaque support d'information qu'il soit papier, microforme, support magnétique ou autre, trouvera sa place (voir fig. 5.14)[1]. Il est bien connu que même les technologies anciennes — largement dépassées par les innovations les plus récentes — trouvent toujours un « créneau » d'utilisation où elles sont parfaitement adaptées et économiquement rentables.

C'est ainsi que le papier conservera son attrait par sa souplesse d'utilisation (annotations et exploitation d'information limitée en volume). Les microformes demeureront non seulement des supports de consultation, mais deviendront également des supports de saisie, d'impression et de communication de l'information compatibles avec toutes les autres technologies d'archivage. Les supports magnétiques trouveront également une « niche » où leur souplesse d'enregistrement et d'accès sera appréciée, parfois en combinaison avec d'autres supports : microformes pour des banques d'informations de volumes intermédiaires, ou supports électroniques (disques optiques numériques) pour l'archivage d'informations de masse.

En fait, l'électronique doit permettre à terme de réaliser un gain quantitatif et qualitatif important en matière d'archivage. L'archivage électronique se caracté-

1. D'après Jean MARTINEAU, « Micrographie et système d'information », *Bureau Gestion*, n° 26/27, août-septembre 1980.

rise par l'abandon (progressif) du papier ou de la pellicule photographique pour conserver des images. Ils seront remplacés par des supports magnétiques et optiques après codage des images sous forme analogique ou numérique.

Fig. 5.14. La place des différents supports d'archivage dans le système d'information.

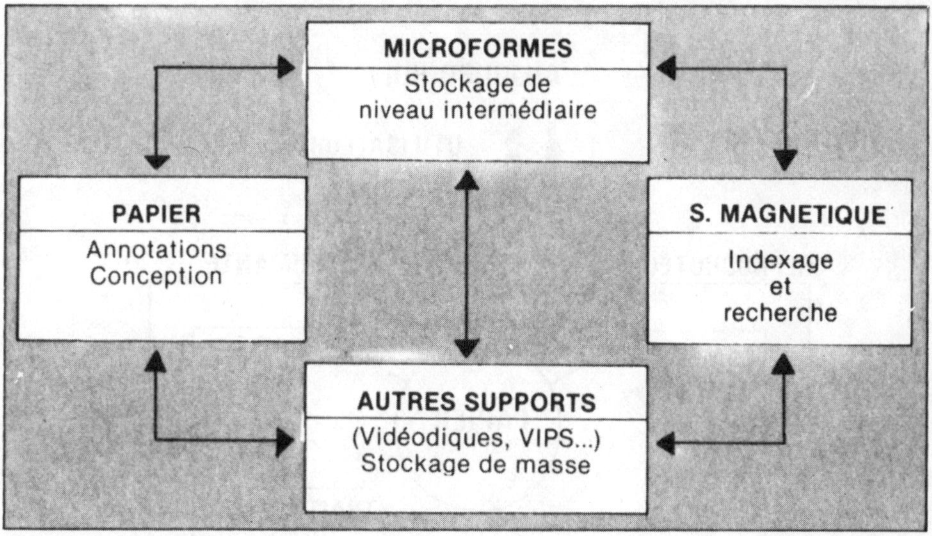

MICROFORMES
Stockage de niveau intermédiaire

PAPIER
Annotations
Conception

S. MAGNETIQUE
Indexage et recherche

AUTRES SUPPORTS
(Vidéodiques, VIPS...)
Stockage de masse

Source : Bureau Gestion.

Dans un avenir plus ou moins lointain (et probablement plus que moins), l'ensemble des documents rédactionnels seront créés sur des machines à écrire électroniques ou sur des systèmes de traitement de texte, et chaque caractère frappé sur le clavier sera codé sous forme binaire. De la même manière, l'ensemble des dessins, schémas ou plans seront réalisés à partir de machines de conception assistée par ordinateur* (C.A.O.) qui coderont numériquement chaque trait de ces graphiques.

Mais aujourd'hui, et pour longtemps encore probablement, une grande masse de documents existe déjà et se crée chaque jour sur du papier sans codage numérique. Même si d'autres supports sont utilisés, les archives-papier représentent 95 % de l'archivage total en France (3 % pour les supports magnétiques et 2 % pour les microformes), et tous convergent vers le papier (voir fig. 5.15). Il faut donc partir de cette masse de documents papier et la transformer progressivement en information codée électroniquement — ce qui aura également comme avantage de pouvoir utiliser les moyens de la télébureautique pour la transmettre à distance. Que cette convergence se fasse demain non plus vers le papier mais vers la mémoire optique numérique (voir fig. 5.16), ce n'est pas encore certain, mais ce qui est sûr c'est que cela se fera de toute façon vers des supports numériques.

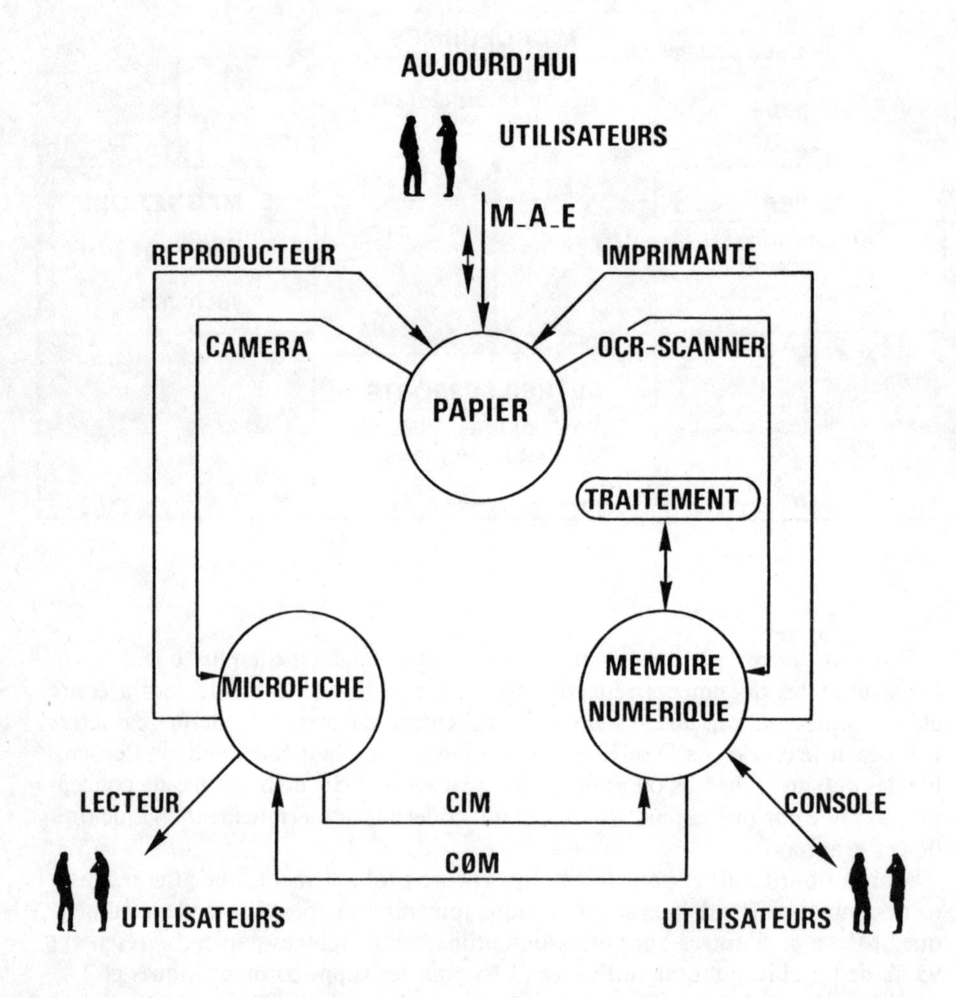

Fig. 5.15. Communication par des échanges support à support souvent coûteux et incompatibles.

Source : Document Thomson-C.S.F.

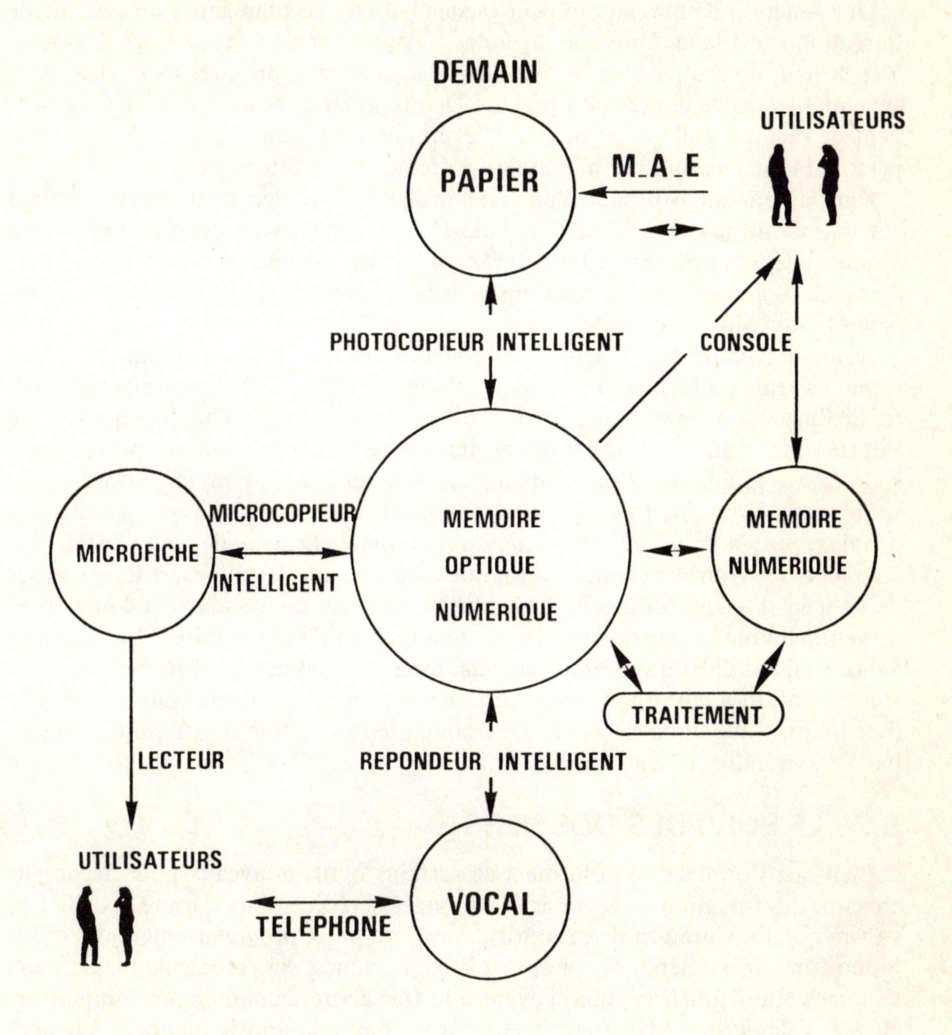

Fig. 5.16. Le disque optique numérique va enfin permettre la convergence des supports de stockage.

Source : Document Thomson-C.S.F.

5. Les aides aux activités de bureau

5.1. LES AGENDAS ÉLECTRONIQUES ET LA GESTION DU TEMPS

Une fonction de bureau qui peut facilement être accomplie par un système de bureautique est le maintien des agendas. D'après certaines études, les responsables de haut niveau passent 50 % de leur temps en réunions prévues et 20 à 35 % en réunions ou déjeuners non prévus. De nombreuses réunions prévues se tiennent de façon régulière, or préparer les horaires de réunions avec plus de deux personnes est une opération coûteuse en temps et en effort.

Dans un bureau disposant d'un système de bureautique, chaque personne tient son agenda sur le système. Au C.E.S.A.-H.E.C., nous avons des modules de programmes spécialisés permettant l'examen de nos agendas et suggérant — à la demande — les horaires de réunions possibles pour un groupe particulier de personnes (voir plus loin Encadré 2).

Ici aussi, comme dans beaucoup de fonctions de bureau assistées par la bureautique, les vrais problèmes ne sont pas techniques. Faisons confiance aux spécialistes de l'ingéniérie de systèmes pour résoudre les problèmes techniques qui sont en fait très importants dans le cas des agendas et de leur coordination : présentation sous forme graphique d'une semaine entière, mise à jour rapide, consultation simple, etc. Il ne s'agit pas que sous le couvert d'un « système » on en arrive à pénaliser une secrétaire... qui ira plus vite manuellement de toute façon. En revanche, les vrais problèmes sont à nouveau humains. A quoi sert-il de réaliser un système d'agenda électronique le plus performant du monde quand un patron ne veut déjà même pas donner son agenda manuel à sa secrétaire ? La Wharton School qui a utilisé un système d'agendas électroniques depuis 1976 reconnaît que son utilisation a été progressivement abandonnée précisément pour des raisons d'ordre psychologique et pratique : crainte d'être contrôlé et difficulté d'emploi par les secrétaires et leurs patrons.

5.2. LE SUIVI DES DOSSIERS

Bien que l'on dispose désormais de certains outils nouveaux pour accomplir chacune des fonctions de secrétariat envisagées précédemment, toute la difficulté va venir de l'intégration de ces outils. Ainsi, on passe progressivement des outils mono-fonctions (téléphone, photocopieur, machine à écrire, calculette, etc.) aux systèmes multi-fonctions qui peuvent à la fois écrire, communiquer, dupliquer, classer, calculer, etc. Un fournisseur n'a-t-il pas déjà appelé humoristiquement son système « la machine qui facturécricalculédite »... Ces outils-systèmes représentent une technologie particulièrement « dérangeante » car sans doute plus complexe à appréhender, ayant le potentiel de remettre en cause les conditions de travail, les qualifications et l'emploi des personnels concernés — autant de facteurs favorisant les résistances au changement et le rejet de ces technologies.

Il convient donc de développer une meilleure compréhension des activités de bureau et des processus qui y prennent place. Quelques systèmes prototypes de bureautique ont déjà abordé ce domaine en s'intéressant au suivi de dossiers ou de processus dans certains bureaux. Cette catégorie de systèmes permet de décrire les types d'événements pouvant se dérouler dans le bureau considéré ainsi que les actions correspondantes à entreprendre, ce qui implique généralement la création de certains documents tout au long de la durée du processus. Des procédures relativement bien structurées et s'étalant sur une période de temps assez longue, se prêtent bien au « suivi automatisé de dossier » : règlements de sinistres dans les compagnies d'assurances, instruction d'une demande de prêt dans les banques, liquidation d'une retraite dans les organismes sociaux, etc. A chaque étape de l'instruction du dossier, des courriers peuvent être automatiquement générés en fonction des pièces reçues et du calendrier. Le système bureautique peut les émettre et « attendre » les réponses pour déclencher l'opération suivante du processus au fur et à mesure de leurs réceptions.

D'autre part, le fait que l'ensemble de la procédure de suivi du dossier soit centralisée au niveau du système bureautique permet de prendre plus rapidement des décisions que lorsque cette responsabilité était répartie sur plusieurs personnes. Comme l'ont bien identifié S. Nora et A. Minc dans leur rapport sur l'*Informatisation de la Société,* les systèmes bureautiques « dessinent un nouveau type de secrétariat dont les tâches seront davantage de surveillance que d'exécution ».

Le point important à retenir est de bien se rendre compte que les processus de bureau — au sens large — sont beaucoup plus structurés qu'on ne le pense généralement, mais qu'ils se déroulent sur une échelle de temps assez longue. Alors que la plupart des transactions rencontrées en informatique classique peuvent être complètement traitées et abandonnées au bout d'une période assez courte — à la fin du mois en général, une lettre qui sort d'un bureau peut ne pas recevoir la réponse qui convient avant plusieurs mois. Il faut donc que le système puisse se rendre compte qu'il est en attente de cette réponse et qu'il prenne des actions appropriées pour solliciter éventuellement cette réponse. Ce suivi de dossiers ou « d'affaires en cours » est souvent accompli par les employés les plus compétents d'un bureau, mais pratiquement toute la connaissance des dossiers « en cours » se trouve dans leur tête. Lorsqu'ils sont absents — temporairement ou définitivement — le travail du bureau en souffre considérablement. Le système bureautique décrit précédemment est un exemple de l'effort qui peut être fait pour assister concrètement la « gestion » d'un bureau et non pas seulement sa « production ».

5.3. L'AIDE A LA DÉCISION

Par opposition à l'informatique administrative classique (paie, comptabilité, facturation, etc.) les systèmes interactifs d'aide à la décision visent à utiliser l'ordinateur dans des situations caractérisées par :
— un problème mal structuré : les objectifs à atteindre étant clairement exprimés, mais sans que l'on connaisse d'algorithme de solution ;
— des méthodes d'approche multiples et souvent dépendantes du décideur dans la mesure où l'intuition, le jugement et l'expérience jouent un rôle important dans la solution ;
— la nécessité de prendre une décision en temps limité.

Pour résoudre de tels problèmes, on est amené à fournir aux utilisateurs des systèmes qui donnent un langage spécialisé pour :
— définir des bases de données ;
— manipuler les données ;
— définir les modèles ;
— définir la présentation des informations (graphiques, rapports).

Il existe des systèmes d'aide à la décision (S.I.A.D.) dans de nombreux domaines : financier, commercial, production, etc. Les modèles formalisant les processus à appliquer sur des données contenues dans des bases de données, peuvent être du type simulation, programmation linéaire, statistiques diverses, etc. La plupart du temps, un S.I.A.D. implique l'utilisation de ces modèles sur des bases de données selon le mode conversationnel, le décideur pouvant ainsi tester plusieurs hypothèses du genre « qu'est-ce qui se passerait si... » et obtenir des réponses quasi immédiates sous forme de tableaux de chiffres ou de graphiques. Aucun langage spécialisé (du type Cobol ou Fortran) n'est à connaître, les commandes utilisées étant le plus souvent très simples (voisines du français ou de l'anglais). Parmi les S.I.A.D. les plus connus citons : Brandaid (marketing), Finsim (finance). Depuis quelques années, on voit apparaître des logiciels de développement des S.I.A.D. : Express, As, Optrans...

Un système informatisé d'aide à la décision permet donc d'accéder à la base de données d'une organisation de façon à assister les prises de décision en mode interactif. Par exemple, il peut avoir des *dispositifs « d'alerte »* pour déclencher automatiquement une prise de décision. Une unité de réponse vocale connectée, peut « alerter » oralement le décideur lorsque quelque chose ne se passe pas selon les prévisions, comme un solde négatif, une rupture de stock ou un excédent dans une certaine zone (gestion « par exceptions »).

D'autre part, un système d'aide à la *planification interactive* peut mettre à la disposition du décideur des logiciels de modélisation, d'analyse de données et de préparation de documents dans un contexte de planning.

Enfin, un système de *budgétisation* intéresse ceux qui ont des soucis de préparation de budgets. Par son utilisation, un décideur peut se laisser guider pas à pas pour budgéter un projet particulier, préparer les calculs et présenter les résultats sous forme d'un texte ou de graphiques prêts à s'insérer dans les pages réservées au budget d'une proposition de contrat par exemple. Des logiciels interactifs du type *Visicalc* et *Visiplot* sont déjà très souvent utilisés pour ce genre d'application dans l'aide à la décision sur de petits matériels individuels (micro-ordinateurs et postes bureautiques multifonctions)[1].

---

1. Thérèse RIEUL, « Visicalc : une nouvelle race de logiciel », *Bureau Gestion*, n° 39, novembre-décembre 1981.

5.4. QUELQUES DOMAINES DE RECHERCHE DANS L'AIDE AUX ACTIVITÉS DE BUREAU

5.4.1. *Les aides à la communication individuelle*

Comme on l'a vu, une des fonctions principales d'un système de bureautique est d'apporter une assistance dans la communication entre les personnes évoluant dans le monde des bureaux. Si l'on reconnaît cette tendance, on peut raisonnablement envisager que les systèmes futurs vont intégrer les divers modes de communication en une seule interface*. Dans cette optique, un chercheur de la Wharton School estime que les « touches de fonctions » qu'il souhaiterait le plus avoir sur son terminal ne sont pas « lire le courrier », « trier », « chercher », etc. Il souhaiterait plutôt pouvoir disposer de touches intitulées « secrétaire », « Dupont », « Durand », « épouse », etc., c'est-à-dire les gens avec lesquels il communique le plus fréquemment. Dans son idée, le système devrait être capable d'examiner leurs agendas et d'autres informations, et d'utiliser les technologies appropriées pour les connecter à son terminal. Selon le cas, il peut s'agir de courrier électronique, de messages téléphoniques ou même de liaison vidéo. Puisque d'ores et déjà on sait numériser* la voix et l'image, il devrait être relativement facile de les coupler avec les autres systèmes informatisés. Il est bien clair, malgré tout, qu'essayer de relier les services réglementés du téléphone avec l'industrie informatique qui, elle, n'est pas réglementée de la même manière ne va pas sans poser un certain nombre de problèmes délicats dont on examinera quelques implications [1].

5.4.2. *Intelligence artificielle*

Un groupe de recherche au M.I.T. de Boston utilise des techniques d'intelligence artificielle dans le développement d'un logiciel appelé « Assistants Personnels » et destiné à aider certains responsables dans la préparation d'un horaire « optimal ». Ces assistants devraient leur permettre de gérer leurs propres emplois du temps hebdomadaires en prenant en compe d'un côté les préférences des individus et de l'autre les données du processus d'agencement des horaires ainsi que diverses contraintes.

Un effort dans cette direction a été développé dans O.A.P. [2] avec le système « Processus Publications ». Son objectif est d'assister certains responsables chargés de sélectionner des articles scientifiques pour publication. Ces tâches sont relativement complexes parce qu'elles mettent en jeu des processus mentaux d'association de sujets et de sélection d'experts chargés de donner leur avis sur les articles soumis, et des procédures administratives relativement définies (respecter les dates limites, générer les lettres correspondant à chaque étape, mettre à jour la base de données et contrôler le processus dans son ensemble).

1. Cf. J.-P. de BLASIS, « *Les enjeux-clés de la bureautique* », Les Éditions d'Organisation, 1982.
2. Michael ZISMAN, « Office Automation Project : A Representation for Office Processes », Rapport de recherche, D.S.W.P. 76-10-03, The Wharton School, Université de Pennsylvanie, Philadelphie, octobre 1976.

5.4.3. *L'amélioration des interactions avec les utilisateurs*

Le principal obstacle, voire même la principale raison de quelques échecs avec des systèmes de bureautique actuels, est étroitement lié aux problèmes soulevés par le couplage de différentes technologies. Cet obstacle majeur concerne le problème des interactions entre les outils bureautiques et les utilisateurs qui sont dans la plupart des cas des secrétaires ou des cadres. Les utilisateurs ne sont donc pas des personnels particulièrement rompus aux techniques informatiques. Les interfaces requises avec les systèmes de bureautique doivent être simples, utiles, « amicales et peu dérangeantes » et garder toujours un même format. Il est rare que de telles qualités d'interface se retrouvent dans un seul des systèmes actuels.

Parmi les dispositifs améliorant l'aspect convivial des systèmes de bureautique, on peut citer à titre d'exemple :

— un correcteur automatique de fautes de frappe de sorte que l'habileté dactylographique des utilisateurs paraisse moins primordiale ;

— la possibilité d'annuler une ou plusieurs commandes passées précédemment de sorte que de petites erreurs ne prennent pas des proportions désastreuses ;

— les commandes vocales passées directement au système par l'utilisateur ;

— la prise en compte des « profils » des différents utilisateurs de sorte que le système « se souvienne » des caractéristiques et des besoins de chaque utilisateur en particulier, de façon à faciliter les interactions avec le système ;

— etc.

Une interface « utile » est celle qui peut fournir le meilleur niveau d'information et d'aide à l'utilisateur dans son interaction avec le système pratiquement à tout moment. Par exemple, il est important de pouvoir disposer d'une aide sous forme de message pouvant aller de l'impression du manuel complet d'utilisation jusqu'à une ligne ou deux chaque fois que le système attend une réponse de l'utilisateur. Cette aide doit décrire les différents types de réponses possibles en termes d'ordre de grandeur, de formats autorisés, etc. et même donner quelques exemples.

Enfin, les interfaces communes à tous les dispositifs devraient être de forme semblable. Il est clair qu'un système sera peu utilisé si une secrétaire doit se souvenir de quatre ou cinq ensembles de conventions différentes pour entrer un nom de client par exemple. C'est pourtant le cas dans certains systèmes de bureautique où différents logiciels ont été écrits par différents programmeurs.

1. Jean-Paul de BLASIS, « O.A.S.I.S. : Organisation et Assistance d'un Système Informatisé de Secrétariat », *Informatique et Gestion,* n° 86, avril 1977.

6. L'intégration des technologies

Pour certains, le « bureau du futur » fait penser à un monde de robots, de lasers, de lampes qui clignotent et d'autres gadgets mystérieux qui vont « déshumaniser » nos bureaux. Qu'ils se rassurent, une conversion brusque de nos bureaux en un monde robotisé, contrôlé par ordinateur est pratiquement inconcevable dans le futur prévisible. Les équipements de bureaux que nous allons utiliser dans les années 80 existent déjà pour une large part, ou sont en train d'être mis au point dans les laboratoires des constructeurs, de sorte que nous savons à peu près à quoi nous attendre. On peut parier sans risque de se tromper que les activités du tertiaire continueront à se dérouler dans des bureaux avec murs, planchers et plafonds, que le mobilier, l'éclairage et les machines à café seront toujours là, et que le personnel de bureau sera encore plus nombreux dans la décennie qui s'amorce.

En revanche, la façon dont il travaille, les fonctions qu'il accomplit et les équipements qu'il utilise vont évoluer au fur et à mesure que nous nous avançons dans l'ère de l'informatisation et que la révolution technologique progresse. De plus en plus de tâches manuelles seront accomplies par des machines sophistiquées. Les « terminaux intelligents » dotés de puissants microprocesseurs seront de plus en plus familiers dans le paysage des bureaux.

Nous pouvons nous attendre à manipuler des dossiers électroniques, des imprimantes rapides et des « copieurs intelligents » à laser, des ordinateurs à réponse orale, voire même des machines à commandes vocales, et des systèmes de télécommunications transmettant non seulement la voix, mais aussi des images et des informations numériques entre ordinateurs.

Des machines de traitement de texte qui écrivent, corrigent, archivent et retrouvent des documents rédactionnels vont devenir des équipements d'un prix accessible par nombre de bureaux, même de très petits. Dans quelques années le bureau avec sa machine à écrire sera remplacé par des postes de travail intégrés combinant à la fois informatique et traitement de texte, archivage électronique de dossiers et équipements de télécommunication avancée. On transmettra des documents entiers avec textes et graphiques sur des réseaux de fibres optiques. Certains systèmes seront capables de traduire des messages vocaux en signaux numériques et de les reproduire dans l'autre sens en messages vocaux synthétisés, et tout le domaine des télécommunications connaîtra une expansion rapide. Certains travailleront même à domicile ou tout au moins près de chez eux, utilisant pour cela des terminaux individuels qui les relieront aux informations dont ils ont besoin.

Le tableau 5.7. présente la convergence des différents équipements bureautique dans le temps, et permet de faire la part des choses entre ce qui est déjà réalisé et ce qui reste à venir.

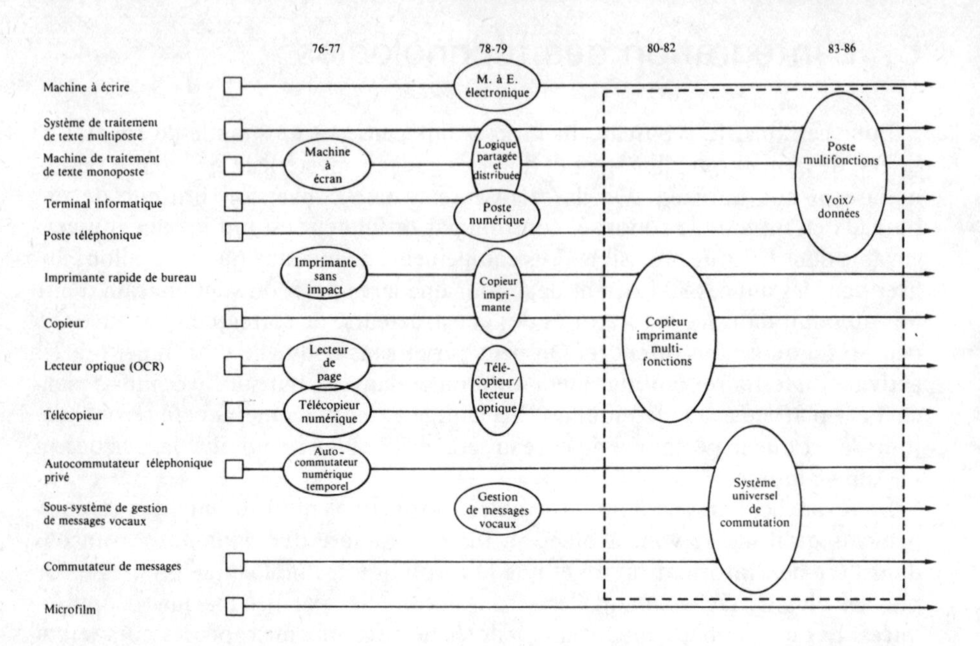

Tableau 5.7. Synthèse de l'évolution des différentes lignes de produits bureautiques.

Source : D. BELLANGER (DIELI) d'après une étude de SEMA-CONSULTRONIQUE.

6.1. LES POSTES DE TRAVAIL BUREAUTIQUES INTÉGRÉS

Le *poste de travail multifonctions* permet de travailler sur des textes, des données, des graphiques et la voix avec des possibilités importantes de traitement et de stockage locaux d'informations sous ces différentes formes. Il s'agit essentiellement d'un poste de travail individuel et modulaire dont les divers éléments (clavier, écran, imprimante, combiné téléphonique, mémoires, etc.) sont adaptés aux besoins de l'utilisateur selon la fonction qu'il exerce (secrétaire, employé administratif, ingénieur d'étude ou cadre). L'examen de l'activité de ces catégories d'utilisateurs fait apparaître de notables différences dans la nature de leurs besoins respectifs mais également de nombreux besoins communs, notamment en matière de communications (voir tableau 5.8).

Le schéma de la fig. 5.17 est celui d'une station de travail bureautique où toutes les fonctions actuellement prévisibles se trouvent intégrées, notamment la prise en compte de documents numérisés graphiques ainsi que la possibilité de permettre des visas/signatures aux responsables. De tels postes de travail sont à l'étude chez plusieurs constructeurs de premier plan. Certains sont même déjà commercialisés (voir notre ouvrage « *Les enjeux-clés de la bureautique* », aux Éditions d'Organisation, 1985).

Tableau 5.8. Poste multifonctions voix/données.
Principales fonctions par classe d'utilisateurs[1].

Secrétariat	Administration	Étude	Encadrement
• Affichage sur écran : — courrier et messages.	• Affichage sur écran : — courrier et messages.	• Affichage sur écran : — courrier et messages ; — rapports, dossier et données.	• Affichage sur écran : — courrier et messages ; — rapports et dossiers.
• Impression sur support papier de projets. Documents définitifs sur demande seulement.	• Impression sur support papier de messages, instructions, etc. relatifs au travail à exécuter.	• Impression sur support papier de documents de volume réduit.	
• Dactylographie (sous dictée). • Transmission électronique des lettres, mémos, etc. • Recherche de documents (base de texte).	• Entrée de données. • Révision sur écran. • Transmission électronique de données et de messages. • Recherche de documents (base de texte). • Consultation de base de données.	• Entrée de données ou de texte. • Révision sur écran. • Transmission électronique de lettres, mémos et rapports. • Recherche de documents (base de texte). • Dictée. • Consultation de base de données.	• Annotation de documents. • Autorisation d'accès aux lettres, mémos et rapports confidentiels. • Recherche de documents (base de texte). • Dictée. • Consultation de base de données.

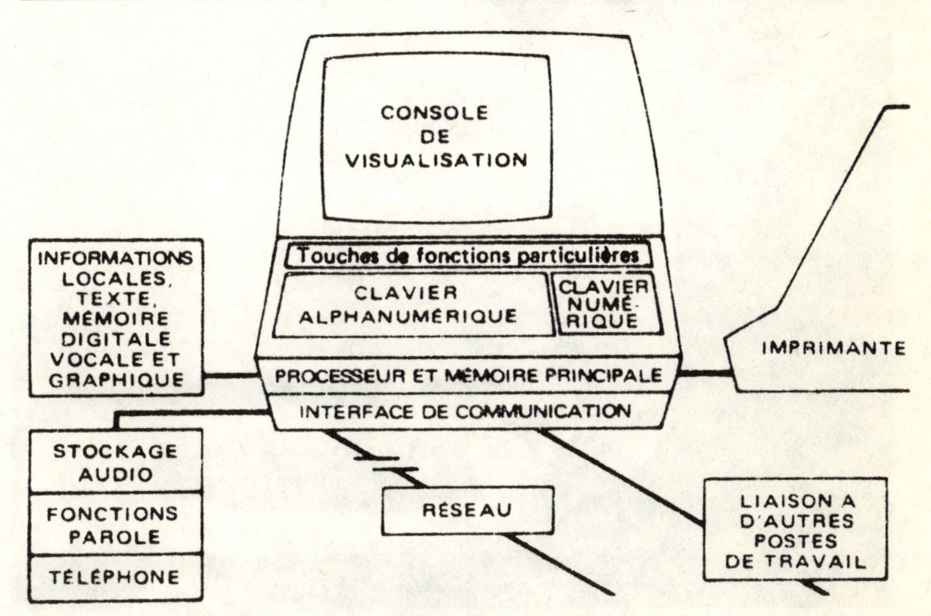

Fig. 5.17. Station de travail entièrement intégrée.

Source : Quantum Sciences Inc.

1. D. BELLANGER (DIELI), d'après une étude de SEMA-CONSULTRONIQUE.

6.2. LES SYSTÈMES INTÉGRÉS DE BUREAUTIQUE

D'autre part, de véritables *systèmes intégrés de bureautique* sont déjà commercialisés par quelques constructeurs et le marché devrait en accueillir d'autres bientôt. Ces systèmes ont la particularité de viser à la fois les activités des secrétaires et *celles des cadres*. En effet, dans les années 80, l'accent sera résolument placé sur l'accroissement de la productivité des cadres administratifs ou techniques œuvrant dans les bureaux. L'objectif de ces « systèmes » est radicalement différent de ceux proposés pour les secrétaires jusqu'alors avec le traitement de texte essentiellement. Il s'agit plutôt d'équipements qui permettent toutes sortes de manipulations d'information comprenant données, textes, graphiques et voix (voir encadré 3). On commence à réaliser que les cadres passent une grande partie de leur temps (environ 75 %) en communications diverses (réunions, téléphone, visites, etc.), ainsi qu'à manipuler des papiers entre un bac « arrivée » et un bac « départ ». Ils étudient messages, dossiers, courriers qui arrivent, les annotent, créent à leur tour des messages qui sont ventilés, délégués vers des collaborateurs. Ces activités, communiquer, ventiler et suivre les affaires en cours sont désormais assistées par des systèmes bureautiques spécialement conçus pour eux.

Photo : Doc. Rank-Xerox

XEROX 8010 STAR INFORMATION SYSTEM

L'information créée sur l'écran peut être ensuite reproduite instantanément par une imprimante à laser, localement ou à distance.

Des Sociétés telles que Micom, N.B.I., C.P.T., Lanier, Lexitron, I.B.M., Fourphase Systems, Syntrex, Xerox, Datapoint, Prime, Axxa (Olivetti 90 en France) ont présenté récemment de tels systèmes dont les logiciels assurent diverses fonctions telles que :

— messagerie avec boîte à lettres électronique (envois et réceptions de messages via un réseau de télécommunications) ;
— traitement de texte évolué (notamment avec dictionnaires) ;
— agendas électroniques (carnets de rendez-vous) ;
— coordination d'agendas (pour établir une réunion) ;
— coordination de déplacements (voyages) ;
— aides-mémoire (« à faire » ce jour-là) ;
— suivis des appels téléphoniques reçus (« en votre absence ») ;
— répertoire des personnels de l'entreprise ;
— listes de références personnelles et de contacts professionnels ;
— préparation de pré-imprimés ;
— création et mise à jour d'organigrammes (dessins) ;
— diagrammes de suivis de projets et d'affaires en cours ;
— archivage de dossiers avec accès par index et références croisées ;
— distribution électronique de documents par appels téléphoniques automatiques sur une liste de destinataires préenregistrée ;
— accès aux bases de données informatisées ;
— accès à un langage de programmation (du type B.A.S.I.C.) ;
— calculs arithmétiques (pour la comptabilité, par exemple).

Certains des matériels supportant ces logiciels supposent une architecture en « système à ressources partagées » avec au moins un poste de travail « secrétaire » et plusieurs postes « cadres ».

Un exemple caractéristique de ce type de système bureautique intégré est celui réalisé par le Département des Transports aux États-Unis. Le système conçu comme un projet pilote a pour objet de transformer un bureau manuel traditionnel en un bureau électronique intégré avec accès immédiat aux informations requises pour le management du service du secrétariat général administratif (7 départements et 800 employés). Le système T.A.O.S. (Transportation Automated Office System) a été mis au point sur un mini-ordinateur avec des logiciels systèmes développés par Bell Laboratories et des logiciels d'application par le Département des Transports. En 1981, plus d'une centaine de postes de travail pour directeurs, cadres et secrétaires sont utilisés et il est prévu de porter ce nombre à un millier de postes d'ici 1983. Les principaux outils bureautiques mis en œuvre concernent les cinq rubriques suivantes : assistance aux directeurs, messagerie électronique, traitement de texte, gestion de correspondances, gestion des informations.

L'ensemble des ressources bureautiques dont nous disposons aujourd'hui et celles dont nous disposerons demain peut nous laisser rêveurs... Il serait pourtant dangereux que nous n'y prêtions pas suffisamment attention car leur impact potentiel sur nos modes de travail, nos relations sociales et notre société tout entière est loin d'être négligeable. Au-delà de la panoplie technologique qui nous attend, il faut rester vigilant car un patron plus passionné par les matériels que par les ressources humaines risque de se retrouver avec une organisation chèrement équipée mais inefficiente. Ne serait-il pas tout de même ironique si demain le « bureau du futur » nous permettait de communiquer instantanément à l'autre bout de la planète et rendait plus difficile le dialogue avec la personne de l'autre côté du bureau...

Glossaire

Les mots clés de la bureautique et des domaines connexes

Avertissement

Ce glossaire rassemble les principaux termes « à la mode » qu'il est de bon ton de connaître aujourd'hui lorsque l'on évoque les domaines bureautique, télématique, informatique, privatique, etc. dont les techniques, appareils ou services associés, — souvent voisins —, ont donné naissance à toute une terminologie, source de nombreuses confusions.

Ce glossaire n'a nullement la prétention d'être exhaustif, tout au plus signale-t-il à l'attention une centaine de termes d'usage de plus en plus courant dont il convient de connaître la signification lorsqu'on s'intéresse à ces domaines.

L'intention n'a pas été de rechercher à tout prix ni les définitions les plus précises ni les plus concises possibles telles que l'on pourrait les trouver dans un dictionnaire. En revanche, lorsque les termes le nécessitent, des explications complémentaires et des exemples ont été donnés pour en faciliter la compréhension.

Les termes faisant l'objet d'une explication sont repérés par un + *dans les textes,* le lecteur est invité à s'y reporter.

Chaque fois que cela est possible, le terme équivalent en anglais est donné en italique à côté du terme en français (les noms propres et les noms de marque de produits ou services ne peuvent être traduits).

Pour davantage de détails, le lecteur est invité à se reporter aux ouvrages cités en référence à la fin de ce glossaire.

A

Analogique. *(Analog.)*

(Voir numérique.)

Annuaire électronique. *(Electronic [telephone] directory).*

Service public des PTT permettant de trouver rapidement et simplement les coordonnées d'un correspondant par consultation d'un serveur + spécialisé (constamment mis à jour). Se substituant à l'annuaire papier, l'annuaire électronique est accessible au moyen d'un minitel + couplé au téléphone en composant le 11.

Antiope *(—)*

(Acquisition Numérique et Télévisualisation d'Images Organisées en Pages d'Écriture.)

Service développé en France par le C.C.E.T.T. (Centre Commun d'Études de Télévision et Télécommunication) implanté à Rennes et géré par T.D.F. (Télévision de France).

Il vise la diffusion de pages d'informations au moyen de la télévision (réseau hertzien et antenne, ou câble) où l'utilisateur a la possibilité de sélectionner celles qui l'intéresse pour les visualiser sur son écran. Il comprend, d'une part, une station centrale qui mémorise l'information, l'organise en pages et la diffuse, d'autre part, un réseau de diffusion à large bande (télévision) et enfin, chez l'utilisateur un décodeur et un organe de sélection de pages (clavier de type calculette) connecté au réseau et associé à un récepteur de télévision. Services offerts : Antiope-météo, Antiope-bourse, Antiope-routes, Antiope-Antenne 2, etc. Ce service fait partie de la classe des systèmes de « *vidéotex* + *diffusé* » par opposition aux systèmes de « *vidéotex* + *interactif* » de type TELETEL +.

Attention :

Le terme Antiope désigne également la « norme » ou « système » (procédé technique) commune au mode diffusé et au mode interactif.

Archivage électronique. *(Electronic filing.)*

Ce terme désigne l'ensemble des matériels et procédés permettant de mémoriser et rendre accessibles des documents de toutes natures (feuilles de papier imprimé ou manuscrit, graphiques, dessins, photographies, films, enregistrements sonores,...) après les avoir préalablement enregistrés sous forme analogique + ou numérique + sur des supports magnétiques ou optiques. L'archivage sur papier et sur support photographique (microformes +) est donc exclu ici.

L'archivage électronique peut être réalisé sur différents supports, tels que disques magnétiques, bandes de magnétoscope, vidéodisques +, ou bien sur disques optiques numériques + via un ordinateur après « numérisation + » du document permettant l'enregistrement des caractères alphanumériques aussi bien que des graphiques, dessins, signatures, et demain sans doute en couleur.

En bureautique, un système de classement et d'archivage électronique individuel doit permettre à l'utilisateur de stocker un volume de documents équivalent à une armoire à dossiers suspendus, et d'accéder à tout document qu'elle contient dans un délai de quelques secondes.

Audio conférence. *(Audioconferencing.)*

(Voir téléconférence +.)

Autocommutateur. *(Electronic switch board.)*

Appareil assurant de façon automatique la commutation, c'est-à-dire les connexions nécessaires entre deux circuits pour l'établissement d'une communication (téléphonique le plus souvent).

Les autocommutateurs électroniques privés (en anglais P.A.B.X. : Private Automatic Branch Exchange) sont de véritables ordinateurs pouvant assurer non seulement la gestion des communications téléphoniques internes d'une entreprise, mais aussi diverses autres fonctions : collecte de données à partir de terminaux à claviers multifréquences, surveillance et sécurité de locaux, gestion des horaires variables, etc.

La commutation électronique moderne (dite « temporelle ») autorise les communications de signaux numériques + (entre matériels informatisés, ouvrant ainsi la voie à l'interconnexion de divers équipements bureautiques (téléphone numérique, système de traitement de texte, imprimantes, ordinateurs, etc.).

Automatique (L'). *(Automatics.)*

Désigne la science qui s'intéresse à l'étude et à la réalisation des mécanismes et des systèmes capables de réaliser certaines fonctions avec régularité et *sans* intervention humaine.

Le « contrôle de processus », « l'informatique de process », la robotique +, sont des termes associés à l'automatique.

B

Banque de données. *(Databank.)*

Ensemble de références appartenant à un même domaine de connaissances et la plupart du temps accessible à distance via des réseaux de télécommunications moyennant le paiement d'une redevance pour le service rendu. En France, c'est le cas des banques de données accessibles via Transpac + sur le serveur Questel-Télésystèmes situé à Valbonne près de Nice (domaines de la chimie, biologie, sciences et techniques, économie, etc.). Par exemple, le coût moyen d'une heure d'interrogation de Noriane (Normes Afnor) est de 500 F (voir aussi base de données).

Base de données. *(Database.)*

Ensemble de données logiquement reliées entre elles et accessibles au moyen d'un logiciel spécialisé appelé Système de Gestion de Base de Données + (S.G.B.D.). Généralement, on considère qu'une base de données est propre à une entreprise pour y mémoriser ses données relatives par exemple à ses clients, fournisseurs, commandes, stocks, personnels, etc. C'est là, la principale différence entre base et banque de données, les deux expressions étant très voisines.

Une autre différence que font certains est de considérer que, dans l'optique de l'accessibilité à des informations, une base de données est un ensemble de références réalisé à partir de documents bibiiographiques qui ont été indexés et souvent résumés, alors que la banque de données fournit directement l'information demandée. Ainsi, par exemple, une banque de données d'actualités donnera l'extrait complet d'un arrêté paru au « Journal Officiel » alors que la base de données ne fournira que le numéro de l'arrêté, la date de la publication et éventuellement quelques autres renseignements (résumé, par exemple).

Baud. *(Baud.)*

Unité de vitesse de transmission de données correspondante à un intervalle unitaire par seconde (bit par seconde ou bps).

Bureautique. *(Office automation-« bureautics » [?])*

Terme forgé en France par P. BERGER, J.-P. de BLASIS et L. NAUGES fin 1976-début 1977 pour traduire l'expression anglo-saxonne « Office automation ». La bureautique désigne l'assistance aux travaux de bureau procurée par des moyens et des procédures faisant appel aux techniques de l'électronique, de l'informatique, des télécommunications et de l'organisation administrative. Plus généralement, on peut dire que la bureautique intéresse le *système individuel d'information* de toute personne exerçant une activité de bureau, sans exiger d'elle d'autres connaissances que celles de son savoir-faire professionnel (définition retenue par le Collège de Bureautique de l'Afcet). Le rapport Nora/Minc sur « l'informatisation de la société » a consacré le terme en définissant la bureautique comme « l'ensemble des techniques et des procédés visant à faire exécuter par des matériels tout ou partie des tâches de bureau ».

De son côté le *Journal Officiel* du 17 janvier 1982 propose la définition de la bureautique suivante : « Ensemble des techniques et des moyens tendant à automatiser les activités de bureau relatives principalement au traitement et à la communication de la parole, de l'écrit et de l'image.

La bureautique recouvre les équipements et activités de traitement de texte ⁺, courrier électronique ⁺, télédiffusion ⁺, archivage électronique ⁺, etc.

C

Caducée.

Réseau français à commutation de circuits, spécifique pour la transmission de données (2 400 à 9 600 bits/s et en bande de base à 72 K bit/s dans un rayon de 30 km autour d'un autocommutateur), ouvert depuis 1972. Caducée est également utilisé pour l'audioconférence ⁺.

Carte à mémoire. *(Memory card - Microcircuit card - « Smart card ».)*

Il s'agit d'une carte en plastique (format « carte de crédit ») dans laquelle a été inséré un circuit intégré de 10 mm^2 environ et d'une épaisseur d'1/4 de mm pouvant contenir des informations confidentielles et inaltérables. Peut servir de « chéquier électronique », de « porte-monnaie électronique », de « signature électronique », etc., et notamment d'autorisation en cas de télépaiement ⁺ (sécurité des transactions) ou chez les commerçants équipés de terminaux point de vente.

C.C.M.B. (Centre de Commutation de Messages Bancaires). *(—)*

(Voir Transfert électronique de fonds.)

Classement électronique. *(Electronic filing.)*

(Voir Archivage électronique).

Colisée. *(—)*

Centre de transit pour liaisons spécialisées permettant l'interconnexion automatique des autocommutateurs ⁺ téléphoniques privés desservant les différents établissements d'une même société. Ce centre offre aux entreprises des facilités pour leur réseau privé téléphonique, notamment en ce qui concerne la cohérence du plan de numérotage.

C.O.M. *(Computer Output Microfilm.)*

(Voir Micrographie.)

COMCET. *(—)*

Maquette d'un service de Commutation de Courrier Électronique et de Télécopie développé par le C.N.E.T. (Centre National d'Études des Télécommunications) : communication de documents, archivage et banque de messages électroniques... COMCET n'est pas commercialisé.

Commutation. *(Switching.)*

Action de fermer, d'ouvrir ou de modifier les connexions d'un circuit électrique. En téléinformatique $^{+}$, on distingue plusieurs types de commutation :

Commutation de circuits : technique de mise en connexion de deux circuits avant le début d'une communication ;

Commutation de messages : technique consistant à recevoir un message, à le garder en mémoire jusqu'à ce que le circuit de sortie approprié soit libre, puis à le retransmettre ;

Commutation de paquets : technique de transmission de données consistant à regrouper plusieurs flux d'information sur une même liaison, découpés en petits tronçons (paquets) et identifiés par des données complémentaires sur l'expéditeur et le destinataire. L'aiguillage des paquets est assuré par des ordinateurs situés aux « nœuds » du réseau (voir Transpac).

Techniquement, il convient de distinguer la commutation électromécanique de la *commutation électronique* (commutation spatiale ou temporelle).

La commutation est assurée par un appareil (commutateur), permettant de modifier les connexions ou les chemins. S'il est automatique, il prend le nom d'*autocommutateur* (voir ce mot).

Conception Assistée par Ordinateur (C.A.O.). *(Computer Aided Design - C.A.D.)*

Le terme C.A.O. désigne l'ensemble des activités et équipements dans lesquels l'action de création par l'homme se trouve facilitée par l'utilisation de matériels informatiques interactifs spécialisés : écrans graphiques, photostyles, tables traçantes automatiques, etc., reliés à un ordinateur déchargeant l'être humain de calculs et de dessins volumineux, répétitifs et fastidieux. La productivité de l'opération de conception se trouve ainsi démultipliée dans des proportions souvent spectaculaires de l'ordre de plusieurs centaines de pourcents. De tels résultats ont été obtenus notamment dans les domaines de l'ingénierie (conception de pièces mécaniques, aéronautiques, électroniques,...) et de l'architecture (conception de plans, de tracés de routes, etc.), domaines dans lesquels de nombreux calculs sont nécessaires pour l'élaboration de dessins et graphiques ou plans, réalisés automatiquement à grande vitesse par des machines à dessiner spécialisées. On parle volontiers alors de Dessin Assisté par Ordinateur (D.A.O.). L'intégration d'un système de C.A.O. aux machines-outils à commandes numériques permet de commander directement la fabrication de l'objet à partir des instructions de fabrication définies en temps réel par le système de C.A.O. On parle alors de Fabrication Assistée par Ordinateur (F.A.O.).

Copieur « intelligent ». *(Smart copier.)*

(Voir Imprimante électronique.)

Courrier électronique. *(Electronic mail.)*

Cette expression désigne l'ensemble des services de transmission à distance de tout document entre des appareils (numériques $^{+}$) sans le recours au support physique du papier.

Pour l'Administration des P.T.T., il semble que font partie du courrier électronique, les services de Télex , de Télécopie + et de Télétex +, à l'exclusion des applications de Messagerie électronique qui permettent l'échange de messages plus ou moins informels et qui ne nécessitent pas la mise en forme conventionnelle d'un document papier.

D

Dessin assisté par ordinateur. *(—)*

(Voir Conception Assistée par Ordinateur.)

Didacticiel. *(—)*

(Voir Enseignement Assisté par Ordinateur.)

Disque optique. *(Optical disk.)*

« Disque où sont enregistrées des données lisibles par un procédé optique. » (*Journal Officiel* du 17 janvier 1982.)

Disque Optique Numérique (D.O.N.). *(Digital optical disk - Write Once Optical Disk [W.O.O.D.].)*

Il s'agit d'un disque de 30 cm de diamètre permettant d'enregistrer environ 30 000 images de documents au moyen d'un laser piloté par microprocesseur. Chaque image peut comporter des caractères numériques + en provenance d'un système informatique pour mémoriser données, textes, graphiques et voix. L'accès à chaque image est direct (quelques millisecondes) comme sur disque magnétique informatique. Ce système a été récemment mis au point par Thomson et sera bientôt commercialisé. Le coût du D.O.N. serait faible (de l'ordre de 100 F), le lecteur également (environ 5 000 F) mais l'enregistreur serait relativement onéreux. Utilisations possibles : banques de données, mémoire de masse, archivage électronique +, archivage vocal, enseignement assisté +, etc.

Disquette. *(Disquette - Floppy disk.)*

Disque magnétique souple, de dimension et de capacité d'enregistrement réduites, par opposition aux disques magnétiques rigides (ou « durs ») des ensembles informatiques traditionnels. Les disquettes sont de plus en plus fréquemment utilisées dans les ensembles individuels (systèmes de traitement de texte +, ordinateurs individuels +, terminaux intelligents +, etc.) pour l'enregistrement des informations.

E

Éducatique. *(Computer aided education.)*

(Voir E.A.O.)

Enseignement Assisté par Ordinateur (E.A.O.). *(Computer aided education.)*

Désigne les systèmes et activités de formation où l'enseignement se fait à l'aide de moyens informatiques (ordinateur, terminaux spécialisés et logiciels interactifs d'enseignement). Les logiciels spécialisés, appelés « didacticiels », comportent des programmes (analyse de linguistique, par exemple) et des données (textes classiques par exemple). le professeur est remplacé par la machine et l'élève interagit directement avec le système qui le guide pas à pas dans la formation, s'adaptant à son rythme d'apprentissage, lui permettant de revenir en arrière pour revoir des notions pas assez assimilées.

Pour l'instant l'E.A.O. vise surtout la formation de jeunes enfants (arithmétique, langues...) tel le système PLATO développé aux USA par Control Data.

D'aucuns ont lancé le terme « Éducatique » pour désigner plus généralement l'introduction de moyens informatiques à l'école.

Ergonomie. *(Ergonomics.)*

Désignant littéralement la « science de l'homme au travail », l'ergonomie peut se définir comme étant « l'ensemble des études et des recherches sur l'organisation méthodique du travail et l'aménagement de l'équipement en fonction des possibilités de l'homme » (Larousse, 1980).

Dans les domaines qui nous concernent, l'ergonomie s'intéresse à deux types de problèmes :

— la meilleure *adéquation physique* possible entre les équipements et leurs usagers (matériels à visu *, claviers, éclairage, bruit, mobiliers de bureau, etc. et de manière générale tous les équipements de l'environnement du travail) ;

— la meilleure *adéquation « intellectuelle »* possible entre la *conception du poste de travail* et l'individu occupant ce poste (flux des travaux, charge mentale, cadence, degré d'autonomie, responsabilité, etc.).

La prise en compte de la composante ergonomique est un facteur clé de l'acceptation par les usagers et donc du succès des applications informatiques, bureautiques, télématiques, etc.

Eurosignal. *(—)*

Nom du service public d'appel de personnes en déplacement, permettant de recevoir sur un récepteur portatif, par voie radioélectrique, un signal sonore et lumineux déclenché par un appel téléphonique d'un poste standard. En cas de réception du signal, qui doit avoir une signification convenue d'avance, l'abonné sait qu'il doit appeler tel ou tel correspondant à partir d'un poste téléphonique public par exemple. Le service est offert sur tout le territoire français et la RFA.

F

Fabrication Assistée par Ordinateur (F.A.O.). *(Computer aided manufacturing.)*

(Voir Conception Assistée par Ordinateur.)

Fibre optique. *(Optical fiber.)*

Il s'agit d'un support de télécommunication réalisée avec des fils souples en fibre de verre, de faible diamètre, entourés d'une armature d'indice optique différent. Un rayon de lumière convenablement modulé à l'émission se propage par réflexion à l'intérieur de la fibre. L'utilisation de ce support permet en particulier de réaliser des transmissions de données à très grande vitesse, de grande capacité de débits (16 fois la capacité d'un câble coaxial, 70 fois celle d'un câble téléphonique contenant 672 paires de fils en cuivre), d'un encombrement très réduit et surtout, peu sensibles aux perturbations extérieures (tels que les interférences électriques, ou « parasites » pour le transport du son, de l'image et des données. L'inconvénient est qu'elles semblent plus difficiles à utiliser que les fils de cuivre traditionnels. D'autre part, les fibres optiques semblent être bien adaptées aux transmissions dans des zones géographiques restreintes (ville par exemple). Les domaines d'utilisation sont prometteurs : transmission de données numériques, télévision par câble, téléphonie, visiophonie ⁺, bureautique ⁺, etc.

I

Imprimante électronique. *(Electronic printer - « smart copier ».)*

Il s'agit d'un équipement piloté par microprocesseurs permettant l'impression sur papier de données numérisées ⁺ (textes, grahiques ou images) en provenance de matériels informatisés. Les imprimantes informatiques traditionnelles n'entrent généralement pas dans cette catégorie car leurs systèmes d'impression (caractère par caractère ou ligne par ligne) n'autorisent pas la restitution d'images complètes avec une fidélité suffisante. Diverses techniques d'impression peuvent être utilisées : photographie d'écran cathodique sur papier sensible (assez bon marché mais de qualité médiocre) ; traceur de courbes ou table traçante électrostatique (assez bonne qualité, mais lent et d'un coût élevé) ; jet d'encre ou impression à micro-pointes (lent et de qualité moyenne) ; et enfin, l'impression magnétique et l'impression à laser.

Actuellement, la technique la plus avantageuse est celle de la photocopie à laser sur papier normal (procédé xérographique), rendue compatible avec un environnement informatique. Ce type d'imprimante électronique de faible encombrement, dispose généralement d'une grande variété de polices de caractères et réalise automatiquement toutes les écritures et les graphismes souhaités à des vitesses d'impression de l'ordre de 10 à 20 pages à la minute. Le coût de ces imprimantes électroniques devant baisser dans les années prochaines, on s'attend à ce qu'elles remplacent progressivement les photocopieurs d'étage traditionnels. Elles deviendront ainsi les « serveurs d'impression » des divers terminaux et autres machines bureautiques répartis dans les bureaux, évitant à chaque poste de travail d'avoir sa propre imprimante électromécanique (de type « marguerite » par exemple), source de bruit, de manipulations fastidieuses et de... pannes ! Parmi les constructeurs proposant actuellement des modèles d'imprimantes électroniques citons Hewlett-Packard, I.B.M., Olivetti, Rank Xerox, Wang... et des japonais bien sûr (Ricoh en tête).

Infographie. *(—)*

Désigne l'ensemble des matériels et procédés liés à la production de dessins et graphiques au moyen de périphériques spécialisés d'ordinateur après traitement informatique : tables traçantes, imprimantes électrostatiques, imprimantes à laser, imprimantes à jet d'encre. Des développements sont à attendre dans ce domaine, notamment avec l'arrivée de la couleur. Terme associé à C.A.O. ⁺ - D.A.O. ⁺.

Autre définition : « Application de l'informatique à la représentation graphique et au traitement de l'image » (*Journal Officiel* du 17 janvier 1982).

Informatique individuelle. *(Microcomputing.)*

Avec l'apparition des micro-ordinateurs ou ordinateurs individuels, s'est développé un domaine où l'informatique n'est plus réservée aux seuls professionnels spécialistes. D'utilisation relativement simple et d'un coût abordable pour le particulier (quelques milliers de francs), les ordinateurs individuels sont utilisés à la maison (jeux, éducation, comptabilité de ménage, etc.) et au bureau par des professionnels (simulation, comptabilité, gestion de fichiers, etc.). Informatique individuelle et bureautique sont des domaines très voisins, surtout séparés par les prix des matériels et leur capacité d'interconnexion et d'extensibilité. Toutefois, les deux créneaux de marchés séparés pourraient à terme n'en faire plus qu'un seul.

(Terme associé : Privatique.)

Interface. *(Interface.)*

Une interface représente la connexion physique ou la convention de programmation entre deux équipements, deux programmes, deux systèmes. Par extension, une interface désigne souvent la « boîte noire » (« matériel ou logiciel ») réalisée pour assurer la compatibilité entre deux unités non compatibles initialement.

L

Lecteur optique. *(Optical reader.)*
Lecture optique. *(Optical reading.)*

Machine ou dispositif permettant de lire automatiquement, par un procédé optique (cellules photoélectriques ou laser), des caractères et des signes imprimés ou manuscrits tracés sur un support papier. La « lecture » consiste à transformer chaque caractère reconnu en signaux numériques + utilisables par des équipements informatisés pour les mémoriser sur des supports magnétiques ou optiques, les transmettre à distance, etc.

En bureautique, la plupart des lecteurs optiques reconnaissant divers styles de textes dactylographiés (élite, pica, etc.), et certains arrivent même maintenant à « lire » des textes de journaux ou de livres imprimés selon pratiquement n'importe quelle police de caractères !

Logiciel. *(Software.)*

Ensemble des programmes, procédés et règles, relatifs au fonctionnement d'un équipement informatisé (ordinateur, machine de traitement de texte, etc.) ; par extension, le logiciel peut comprendre la documentation relative à ces équipements. On distingue généralement les « logiciels-systèmes » (programmes servant au fonctionnement interne des machines), des « logiciels d'application » (programmes destinés à résoudre les problèmes spécifiques des utilisateurs).

M

Mémoire à bulles. *(Bubble memory.)*

Il s'agit d'une technologie de mémorisation commercialisée récemment après avoir été longtemps du domaine de la recherche. Les « bulles » sont de petits « domaines magnétiques » dont l'aimantation est de sens contraire à celle du matériau magnétique (appelé

« grenat ») dans lesquels elles sont contenues (on obtient une bulle en appliquant à une lame aimantée positivement, un champ magnétique bref et localisé). Un « 1 » ou un « 0 » sera mémorisé par la présence ou l'absence de bulles. Contrairement aux disques magnétiques, le support des mémoires à bulles est fixe ; c'est l'information qui défile, les bulles se déplaçant à l'intérieur du support. Densité de mémorisation : 20 000 bits sur 5 mm^2 ; temps d'accès : 10 microsecondes. Les mémoires à bulles se situent donc entre la mémoire centrale et les mémoires de masse.

On s'attend à un développement du marché des mémoires à bulles dans des domaines tels que : les télécommunications, les terminaux points de vente, les terminaux graphiques, les ordinateurs portables et le contrôle numérique du matériel industriel. Parmi les avantages des mémoires à bulles, on peut noter : la fiabilité, la possibilité de fonctionner dans des environnements difficiles, la facilité de l'entretien, ce qui devrait leur donner des débouchés importants dans le bureau du futur.

Messagerie électronique. *(Electronic message system.)*

Terme désignant les services de transmission de messages (généralement courts) à distance entre terminaux avec la possibilité de stockage de ces messages dans une « boîte aux lettres électronique » au niveau d'un ordinateur central, ou dans des serveurs répartis. La communication est alors « différée » ; l'expéditeur et le destinataire n'ayant pas besoin d'être présents simultanément lors de la transmission. Le destinataire peut prendre connaissance des messages reçus en son absence par consultation de sa « boîte aux lettres » et ceci éventuellement, avec des clés d'accès, à partir de n'importe quel terminal, y compris à distance (voyages, déplacements).

Selon la nature des messages échangés, il convient de distinguer la *messagerie électronique textuelle* et la *messagerie électronique vocale.*

Micrographie. *(Micrographics.)*

Techniques et méthodes utilisées pour transcrire, reproduire et exploiter des documents sur un support microphotographique (photographie à une échelle réduite) par microfilmage.

Les *microformes* désignent l'ensemble de ces supports microphotographiques : microfilms, microfiches, jaquettes, etc. Pour être exploitée, une microforme doit être visualisée avec un projecteur spécial (lecteur ou lecteur/reproducteur). Un film peut contenir 2 500 vues, une microfiche entre 30 et 270 vues selon la réduction.

Si les microformes sont directement produites en sortie d'ordinateur, on parle alors *d'imprimante C.O.M.* (Computer Output Microfilm). Ces imprimantes permettent d'éditer des états d'ordinateur sur des microfilms à partir de bandes magnétiques. Ce sont des matériels professionnels, d'un coût élevé (entre 250 000 F et 800 000 F) qui ne se justifient que pour des applications de masse.

Pour l'exploitation des microformes (recherche d'une vue et visualisation), certains matériels récents utilisent les microprocesseurs pour la *recherche automatique.* D'autres enfin, autorisent même la *mise à jour* des supports par adjonction de nouvelles vues et noircissement des vues périmées (par procédé xérographique notamment).

Micro-informatique. *(Micro computing.)*

Depuis quelques années sont apparus les circuits intégrés et les microprocesseurs. Ils tendent à être employés en grand nombre dans les matériels les plus divers au même titre qu'un simple composant, compte tenu de leur faible coût (quelques dizaines de francs). Ils permettent de réaliser des micro-ordinateurs présentés généralement sous forme d'une ou plusieurs « cartes » de circuits imprimés.

Ces micro-ordinateurs qui commencent à être équipés de petits périphériques et de logiciels peuvent avoir de très nombreuses applications : ordinateurs individuels pour les professionnels ou les particuliers, biens d'équipements, automobile, électroménager, photographie, hifi, etc.). La micro-informatique constitue donc un immense domaine d'applications potentielles (d'après Nora/Minc).

Mini-informatique. *(Minicomputing.)*

Au début des années 60 sont apparus les « mini-ordinateurs ». Ces matériels de milieu de gamme, bâtis autour d'une unité centrale miniaturisée à structure relativement simple, étaient dotés d'un logiciel sommaire et s'adressaient essentiellement aux domaines du calcul scientifique, de l'instrumentation, du contrôle de processus, des systèmes militaires, etc.

Depuis le début des années 70, les « minis » ont pris un essor considérable, en raison notamment de la baisse de leurs coûts liés à la miniaturisation extrême des composants, mais aussi en raison du développement remarquable de leurs logiciels. Ils sont désormais dotés de périphériques variés, de logiciels leur permettant de s'adresser à un marché beaucoup plus vaste. Ils offrent maintenant des gammes très complètes dont les modèles les plus performants peuvent rivaliser (en termes de prix/services rendus) avec les ordinateurs les plus puissants.

Micro-ordinateur. *(Microcomputer.)*

(Voir ordinateur individuel.)

Minitel. *(Personal information terminal).*

Terminal vidéotex + de petit format avec écran de visualisation noir et blanc, associé à un clavier alphanumérique et couplé à un combiné téléphonique. Il est destiné à fournir notamment aux usagers du téléphone les renseignements téléphoniques, se substituant ainsi à l'annuaire papier. D'un coût peu élevé (70 F/mois en location), il permet l'accès à des serveurs + de banques de données, de messagerie électronique, etc.

Microprocesseur. *(Microprocessor.)*

Un microprocesseur est constitué d'un circuit intégré permettant de réaliser sur une seule « puce de silicium » une unité centrale d'ordinateur (ou processeur) se présentant sous la forme d'un petit boîtier de quelques centimètres de côté. L'ensemble des circuits, également intégrés chacun sur une puce (mémoires mortes, mémoires vives, processeurs d'entrée-sortie) connectables à ce microprocesseur, forment la « famille » de ce microprocesseur. On appelle quelquefois « carte-microprocesseur » un circuit imprimé support du microprocesseur, ainsi que les mémoires et circuits d'accompagnement qui lui sont associés pour des applications simples. Les microprocesseurs 8 bits les plus connus sont l'Intel 8080, le Zilog Z80, le Motorola 6800,... largement utilisés à la fin des années 70. Aujourd'hui, les microprocesseurs 16 bits font leur apparition et vers 1982-83 on maîtrisera probablement la technologie des microprocesseurs 32 bits, permettant ainsi de réaliser des machines très puissantes sous un faible volume.

Autre définition : « Processeur miniaturisé dont tous les éléments sont en principe, rassemblés en un seul circuit intégré ». (*Journal Officiel* du 17 janvier 1982.)

Mode conversationnel (ou interactif). *(Interactive computing.)*

Procédure de travail entre un équipement terminal, généralement distant et un ordinateur central par lequel l'utilisateur peut faire progresser son travail (ou application) par une suite de questions et de réponses alternées constituant une sorte de dialogue avec la machine. Ce mode de travail s'oppose au mode de « traitement par lots » (en anglais : « Batch »), où l'opérateur prépare d'avance une série de travaux (lots) dont il obtiendra les résultats globalement en une seule fois et en différé, l'obligeant ainsi à recommencer éventuellement l'ensemble de l'opération en cas d'erreur.

Modem. *(Modem.)*

Mot formé de la contraction de MODulateur et DEModulateur : appareil combiné assurant les fonctions de transmission de données informatiques (signaux numériques +) par modulation dans un sens pour transport sur un réseau de transmission de type téléphonique (signaux analogiques) et démodulation dans l'autre sens. Un modem permet par exemple la communication entre un terminal + distant et un ordinateur en utilisant une ligne téléphonique simple (réseau commuté) en vue de télétraitement +.

N

Novotique. *(—)*

Néologisme formé en janvier 1981 par la Confédération Générale des Cadres pour désigner l'addition de quatre disciplines nouvelles : informatique + bureautique + robotique + télématique. Dans un rapport consacrant le terme la C.G.C. énonce 43 propositions pour accéder à l'indépendance de l'industrie novotique et réussir le développement de la novotique par la démythification, la concertation et la formation, car ces technologies « ne doivent en aucune manière devenir, aux mains des tenants d'une idéologie quelconque, les instruments d'un monopole agressif ».

Numérique. *(Digital.)*

Terme qui désigne la représentation des informations au moyen de nombres ; on emploie aussi parfois le terme de « digital », dérivé de l'anglais. Cette représentation par une suite de nombres s'oppose à la représentation « analogique » dans laquelle les données sont transformées en valeurs physiques continues (intensité, tension, chaleur, etc.). Se dit aussi des matériels employant ce mode de représentation. Ces matériels fondés sur l'informatique et les microprocesseurs + (en particulier les machines de traitement de texte +, ordinateurs individuels +, imprimantes électroniques +, etc.) utilisent cette représentation numérique des informations (codage binaire : 0 ou 1), autorisant ainsi diverses « manipulations électroniques » : mémorisation, traitement, transmission, visualisation sur écran, impression, etc.

Numérisation. *(Digitization.)*

La numérisation d'un document consiste à transformer les inscriptions qu'il comporte (textes, dessins, images ou sons) — et ses « blancs » — en une suite de nombres par codage. Une fois cette transformation accomplie, les données numériques obtenues peuvent être prises en compte par des équipements « numériques + » pour être traitées, mémorisées, transmises, etc. Les caractéristiques de la numérisation de documents dépendent de la fidélité et de la vitesse du codage effectué (nombre d'éléments binaires (ou bits) nécesssaires pour représenter le document et débit en bits/seconde).

O

Ordinateur individuel. *(Microcomputer.)*

Micro-ordinateur complet construit autour d'un (ou plusieurs) microprocesseur et d'une mémoire. Il comporte un clavier de type machine à écrire et, généralement, un écran de visualisation et un lecteur/enregistreur de cassettes ou de disquettes + magnétiques. Le plus souvent, il utilise le BASIC comme langage de programmation. (Voir aussi informatique individuelle et micro-informatique.)

P

Péri-informatique. *(—)*

Terme initialement introduit pour désigner un groupement d'industriels français produisant des mini-ordinateurs et des périphériques. Par extension, il est souvent utilisé pour désigner l'ensemble des équipements auxiliaires utilisés autour d'un ordinateur (connectés ou autonomes) : périphériques, terminaux, équipements divers.

Phonex. *(—)*

Nom du système expérimental de « poste restante téléphonique » développé par le C.N.E.T. (Centre National d'Études des Télécommunications) à Rennes et utilisant une « boîte postale vocale » pour y déposer des messages enregistrés sous forme numérique + que l'abonné autorisé peut écouter en différé.

Photocomposeuse. *(Photocomposer.)*
Photocomposition. *(Photocomposition.)*

Appareil et procédé de composition de textes obtenue par voie photographique, à partir d'images optiques ou de programmes informatiques de lettres, chiffres, signes et symboles, en vue de leur reproduction pour cliché typographique, plaque offset ou cylindre d'héliogravure. Procédé ancien (1896) qui connaît une transformation rapide depuis l'introduction des microprocesseurs + et surtout du laser pour « dessiner » des caractères. Par suite de la miniaturisation et de la simplification d'emploi, certaines petites photocomposeuses modernes sont devenues de véritables équipements bureautiques. Elles peuvent être utilisées directement dans des bureaux par des personnels non spécialistes de la composition pour satisfaire aux besoins internes de production de documents de haute qualité d'une entreprise (plaquettes commerciales, tarifs, annuaires internes, etc.), souvent en liaison avec un système de traitement de texte + compatible en amont.

Privatique. *(—)*

Mot conçu par B. LUSSATO par réaction à télématique +.

La privatique est le royaume des petits systèmes autonomes et indépendants des vastes réseaux de télématique promus par les P.T.T. +. Par ce terme, B. LUSSATO dénonce la « société câblée », « aliénée aux grandes puissances des monopoles » (I.B.M. ou P.T.T.) dans laquelle toute information sera pré-digérée, fichée, voire censurée au détriment de la convivialité, de l'autonomie enrichissante...

P.T.T. *(P.T.T.)*

Sigle bien connu, tirant son origine de la contraction de Postes, Télégraphes et Téléphone — intitulé tombé en désuétude depuis longtemps. Seul, le sigle est resté. En effet, à partir de 1959, le Ministère prend le titre de « Postes et Télécommunications » mais depuis 1980, le sigle P.T.T. signifie « Postes, Télécommunications et *Télédiffusion* ». Le saviez-vous ?

R

Reconnaissance vocale. *(Voice Recognition - Speech Analysis.)*

Système permettant à un ordinateur de « reconnaître » et d'interpréter les mots isolés prononcés par un ou plusieurs opérateurs au moyen d'un micro et d'une analyse des fréquences vocales émises, comparées à une série de mots déjà enregistrés en machine (quelques centaines maximum à l'heure actuelle dans des systèmes commercialisés).

Applications actuelles : traitement de commandes, gestion de stocks, opérations bancaires de change, laboratoire d'analyse médicale... On prévoit qu'avant la fin de ce siècle, l'ordinateur sera alors capable de reconnaître non plus des mots isolés mais des phrases et du texte libre permettant de dicter et l'on verra le texte s'imprimer automatiquement sur une machine à écrire... sans intermédiaire !

Reprographie. *(Reprographics.)*

Ensemble des procédés visant à la reproduction de documents, la reprographie permet d'obtenir quelques copies en nombre limité d'un original. On parle plutôt de *duplication* lorsqu'il s'agit de réaliser un nombre important d'exemplaires. Les procédés utilisés en reprographie sont nombreux : diazoregrographie, duplireprographie (ou « offset »), photoreprographie, etc. et photocopie sur papier sensible ou sur papier ordinaire (par « électroscopie directe » ou procédé « xérographique »).

Réseau local. *(Local area network.)*

Un réseau local de transmission de données est un système de communication entre divers équipements (ordinateur, terminaux informatiques, machines de traitement de texte ⁺, télécopieurs ⁺, etc.), limité à une zone géographique restreinte de quelques kilomètres (immeuble de bureaux, par exemple).

Un réseau local peut être physiquement réalisé au moyen d'un *câble coaxial* (réseau décentralisé en bus de type Ethernet (Rank Xerox) ou Wangnet (Wang) par exemple, ou au moyen de *fils électriques classiques* (réseau hiérarchique en étoile de type ordinateur avec terminaux), ou bien encore au moyen de *fils téléphoniques* reliés à un autocommutateur ⁺ (réseau étoilé de type P.A.B.X. chez Thomson ou C.G.E.-Alcatel, par exemple), et sans doute demain au moyen de *fibres optiques.*

Pour l'Administration des P.T.T., il semblerait que le terme « réseau local » désigne la portion de réseau (téléphonique ou autre) entre l'équipement terminal de l'abonné et le commutateur public auquel il est rattaché.

Restitution vocale. *(Voice synthesis.)*

Dispositif permettant de recomposer la voix à partir de données numériques ⁺ en provenance d'un ordinateur, la plupart du temps par assemblage des phonèmes composant notre langue. Systèmes désormais bien au point et commercialisés pour diverses applications : alerteurs, machines à écrire pour non voyants, boîte aux lettres vocale, renseignements téléphoniques, etc.

Robotique. *(Robotics.)*

Ensemble des études et des techniques tendant à concevoir des systèmes — incluant ou non des logiciels ou des mécanismes — capables de se substituer à l'homme dans ses fonctions motrices, sensorielles et intellectuelles, et agissant, soit de façon déterminée a priori, soit par apprentissage. Terme associé : Automatique (d'après Nora/Minc).

Autre définition : « Ensemble des études et des techniques de conception et de mise en œuvre des robots effectuant des tâches déterminées et s'adaptant à leur environnement. » (*Journal Officiel* du 17 janvier 1982.)

Des exemples de systèmes de robotique se trouvent notamment dans les chaînes de construction automobile où des robots pilotés par calculateurs coupent, assemblent, soudent, peignent, déplacent tout seuls les éléments de tôlerie ou de mécanique.

S

Serveur. *(Server.)*

« Organisme exploitant un système informatique permettant à un demandeur la consultation et l'utilisation directes d'une ou plusieurs banques de données [+]. (*Journal Officiel* du 17 janvier 1982.)

En dehors de l'organisme offrant ce service, on désigne également comme « serveur », l'équipement dont les usagers se partagent les ressources, généralement par l'intermédiaire d'un réseau de communication : par exemple, un serveur de communication, un serveur d'archivage électronique, un serveur d'impression, etc.

Société de service et d'ingénierie en informatique (S.S.I.I.). *(Sofware house — Consulting firm — Service bureau — ...)*

Sociétés de « matière grise en sous-traitance » comme on les appelle quelquefois, les S.S.I.I. françaises occupent le premier rang en Europe et le second dans le monde après les États-Unis. Il en existe un millier en France ayant réalisé un C.A. de plus de 6 milliards de francs en 1979.

Les S.S.I.I. ont plusieurs activités, notamment :
— des prestations intellectuelles d'assistance, d'achats et de conseils ;
— des prestations « machine » en service bureau.

Synthèse de la parole. *(Voice synthesis.)*

(Voir Restitution vocale.)

Systèmes de gestion de base de données (S.G.B.D.). *(Data base management systems (D.B.M.S.).)*

Logiciel spécialisé ayant pour objet de prendre en charge un certain nombre d'opérations concernant une base de données : enregistrement et mise à jour des données, restitution et mise en forme des résultats, etc. Tout S.G.B.D. comprend : un langage de définition de données (D.D.L.) permettant de structurer les données dans la base, et un langage de manipulation des données (D.M.L.) permettant d'accéder aux données. On trouve également souvent un langage d'interrogation de la base relativement simple à utiliser (Query language) et un langage permettant de générer des rapports (Report Writer). Les S.G.B.D. disponibles sur le marché se classent en trois catégories selon le mode de structuration des données adopté, correspondant à trois modèles différents :

1. Modèle « hiérarchique » (du type I.M.S./D.L.1. d'I.B.M.) ;
2. Modèle « réseau » (du type D.B.T.G. : Total, D.B.M.S., ...) ;
3. Modèle « relationnel » (du type Codd : Magnum, ...).

Les modèles les plus répandus actuellement sont le « hiérarchique » et le « réseau », le modèle relationnel étant encore plus ou moins au stade du développement et des tests.

Les objectifs principaux de tous les S.G.B.D. sont de réaliser l'indépendance entre les données et les programmes qui les utilisent, de réduire la redondance des données, et donc de réduire les problèmes de mise à jour et de cohérence des données.

Les S.G.B.D. sont des logiciels puissants, compatibles avec des langages de programmation classiques tel que Cobol, mais demandant de moins en moins d'efforts de programmation, l'utilisateur ayant accès aux données stockées dans la base par le D.M.L., sans programme très compliqué à écrire. Il n'en reste pas moins qu'ils nécessitent pour la plupart des capacités-machine encore relativement importantes (notamment en mémoire centrale) et que, par conséquent, ils sont encore assez onéreux.

Systèmes interactifs d'aide à la décision (S.I.A.D.). *(Decision support systems (D.S.S.) - Decision aiding systems.)*

Logiciels spécialisés visant à assister l'utilisateur dans la résolution de problèmes mal ou peu structurés, en vue d'une prise de décision en temps limité. Ils mettent en œuvre des modèles informatisés (simulation, programmation linéaire, statistiques, etc.). La plupart du temps, un S.I.A.D. implique l'utilisation de ces modèles sur des bases de données selon le mode conversationnel *, le décideur pouvant ainsi tester plusieurs hypothèses et obtenir des réponses quasi-immédiates sous formes de tableaux de chiffres ou de graphiques. Parmi les S.I.A.D. les plus connus, citons : Brandaid (Marketing), Finsim (Finance). Depuis quelques années, on voit apparaître des logiciels de développement des S.I.A.D. : Express, As, Optrans, etc.

T

Télé... *(Télé...)*

Préfixe connaissant ces dernières années un succès certain, notamment par l'annonce régulière de *nouveaux services* offerts par les P.T.T., et incluant ce préfixe dans leur désignation... (Voir ce qui suit.)

Téléalarme. *(—)*

Appareil de surveillance disposé dans les lieux distants du site principal de surveillance. Ce dispositif permet de surveiller à distance des locaux particuliers (chambres fortes, bureaux, etc.). Technique mise à disposition par les P.T.T. chez des personnes âgées pour rompre leur isolement, au moyen d'un contacteur relié au poste téléphonique composant automatiquement le numéro d'un centre de veille à utiliser en cas de danger, malaise, agression, etc.

Télécentre. *(—)*

(Voir Téléconférence.)

Télécom 1. *(Telecom 1 - Business satellite.)*

Premier satellite français de télécommunication * dont le lancement devrait intervenir en juillet 1983... si la fusée Ariane le veut bien. Deux missions principales lui seront assignées : une mission télématique destinée aux entreprises et une mission de télécommunications classiques (trafic téléphonique et télévision entre métropole et départements français d'outre-mer).

Télécommunication. *(Telecommunication.)*

Il s'agit de « toute transmission, émission ou réception de signes, de signaux, d'écrits, d'images, de sons, ou de renseignements de toute nature, par fil, optique, radioélectricité ou autres systèmes électromagnétiques » (article L32 du Code P.T.T.). Les télécommunications recouvrent l'ensemble des techniques de transmission à distance, quel qu'en soit le support.

Téléconférence. *(Teleconferencing.)*

Procédé permettant à des personnes distantes les unes des autres de participer à des réunions de travail (conférences), évitant donc les déplacements. Les services de téléconférence proposés par les P.T.T. comportent l'utilisation de studios équipés de moyens audiovisuels divers (micros, haut-parleurs, caméras, écrans TV, tablettes de téléécriture*, télécopieurs*, ...) facilitant les communications vocales, visuelles et écrites.

La téléconférence est proposée par les P.T.T. sous deux formes : *audioconférence* (ou téléconférence audiographique) et *visioconférence** (voir ce mot). *L'audioconférence* consiste en un réseau de studios publics ou privés spécialement aménagés (appelés « Télécentres ») permettant de réunir quatre groupes de six personnes au maximum. Les participants s'installent autour d'une table hexagonale équipée de micros, d'un haut-parleur et d'un tableau de voyants lumineux destinés à identifier l'interlocuteur distant qui prend la parole. Les participants communiquent librement, sans aucune contrainte ni manipulation. Les liaisons, établies entre les différents studios par les lignes de transmission spéciales (réseau Caducée), procurent un son d'une très grande qualité, et permettent d'échanger des documents (par télécopieur), des croquis rapides (par téléécriture), ou de contacter d'autres personnes par téléphone. Il existe actuellement une soixantaine de studios publics, répartis en France, et bien davantage de studios privés installés dans les entreprises ou organismes qui le désirent. Le coût horaire moyen entre deux télécentres est de l'ordre de 500 F.

Téléconférence assistée par ordinateur - Téléconférence informatisée. *(Computer conferencing.)*

Il s'agit d'un système de communication « différée » par lequel divers participants à un travail collectif peuvent se laisser des messages les uns les autres dans une « boîte électronique » (voir Messagerie électronique*), établie dans un ordinateur central. Les messages sont créés à partir de terminaux* qui peuvent être répartis sur plusieurs continents. La « conférence » peut donc être organisée avec des participants très éloignés les uns des autres, et travaillant selon des modes horaires différents (U.S.A., Europe, Japon), sans avoir besoin d'être connectés au système tous en même temps. Les participants peuvent donc travailler à leur propre rythme et prendre connaissance de l'évolution des travaux à leur convenance. Exemples de systèmes de téléconférence informatisée : Agora (I.N.R.I.A.), Planet et Blocnote (Infomédia), Missive (France Câbles et Radio), etc.

Télécopie - Télécopieur. *(Facsimile - Telecopier.)*

Technique et appareil permettant la transmission de documents-papier entre deux points distants. L'appareil assure une lecture et un codage du document à transmettre sur la ligne ; l'appareil récepteur décode et imprime le document transmis. Cette technique s'apparente à la « photocopie à distance », permettant de transmettre un document manuscrit, dactylographié, comportant des graphes, tableaux, schémas ou photos.

Un nouveau produit, appelé *Télécopieur Grande Diffusion* (T.G.D.) doit être lancé en 1982 par les P.T.T. et visera essentiellement les entreprises. Trois constructeurs ont été retenus par les P.T.T. : Matra, Thomson et Sagem, le coût prévu à l'origine étant d'environ 2 000 F à la production ; le T.G.D. transmettra des feuillets standards A4 (21 × 29,7 cm) en deux minutes environ. L'envoi des feuillets sera taxé comme une communication téléphonique ordinaire, la réception se faisant automatiquement sans opérateur à l'arrivée. Il pourra servir d'imprimante de base pour le futur Télétex*, de terminal de recopie d'écran pour le terminal Télétel* et pourra servir localement de photocopieur individuel.

Un service public de télécopie appelé Téléfax* a été lancé par les P.T.T en 1978 (le nom Téléfax a été abandonné en septembre 1981). D'autre part, un service de télécopie professionnelle rapide est expérimenté depuis mars 1981 sous le nom de Transfax*.

Télédiffusion.

Désormais, le troisième T du sigle P.T.T., la télédiffusion, désigne l'ensemble des procédés visant à diffuser à distance des services d'informations aux abonnés (par exemple, les services de Vidéotex⁺, vidéotransmission⁺, etc.).

Téléécriture. *(« Telewriting ».)*

Système de transmission à distance de graphiques simples, notes manuscrites, croquis rapides dessinés sur une tablette spéciale au moyen d'un stylo relié par liaisons téléphoniques à un écran de télévision où s'affiche instantanément (en deux couleurs : rouge et vert) les signes manuscrits. Système d'appoint utilisé dans les studios de téléconférence⁺ pour renforcer un exposé oral.

Téléfax. *(—)*

Nom donné au service public de télécopie lancé par les P.T.T. en novembre 1978 (paraissant abandonné sous ce sigle depuis septembre 1981, l'Administration ne parlant plus que de « la Télécopie »), et qui vise à mettre à la disposition du public, des entreprises et des administrations, un outil efficace et rapide, par la transmission à distance, de textes, dessins, graphiques, etc. L'appareil utilisé est le modèle Secré 360, transmettant une page A4 en 3 minutes. Prix d'achat en 1981 : environ 25 000 F, ou location-entretien environ 10 000 F/mois. Redevances : 470 F de taxe forfaitaire d'accès au réseau + coût des communications téléphoniques normales.

Voir aussi : Transfax ⁺ : service de messagerie en *télécopie professionnelle.*

Téléimprimeur. *(Teletype.)*

(Voir Télétype)

Téléinformatique. *(Telecomputing.)*

« Exploitation automatisée de systèmes informatiques utilisant des réseaux de télécommunications . » (*Journal Officiel* du 17 janvier 1982.) A ne pas confondre avec télématique .

Télélocal. *(—)*

(Voir Télétravail.)

Télémaintenance. *(Telemaintenance.)*

Procédure permettant la localisation des pannes et les diagnostics en découlant, à partir d'un centre éloigné de celui testé. Cette technique est utilisée par certains constructeurs pour analyser les pannes (par exemple, le centre de télémaintenance I.B.M. à Montpellier). Cette technique est appelée à se développer comme moyen pour les constructeurs (et les utilisateurs) de limiter les dépenses dues aux déplacements des ingénieurs et techniciens spécialisés lors des dépannages de systèmes informatiques et autres.

Télématique. *(« Telematics ».) (?)*

Néologisme consacré dans le rapport Nora/Minc (1978), exprimant que les télécommunications sont à la base de la plus grande diffusion de nouvelles techniques. Conceptuellement plus large que la téléinformatique ⁺, désignant l'informatique à distance, la télématique regroupe l'ensemble des services utilisant les télécommunications (télé) et l'informatique (matique).

Le *Journal Officiel* du 17 janvier 1982 en a donné la définition suivante : « Ensemble des services de nature ou d'origine informatique pouvant être fournis à travers un réseau de télécommunications ».

Télépaiement. *(Telepayment.)*

En France, le télépaiement ou paiement à distance, peut se présenter sous deux formes :
1. A domicile, c'est un service complémentaire (et facultatif) du système français Télétel + auquel peut être adjoint. Pour des raisons de sécurité, et surtout de commodité d'emploi, un lecteur de carte personnelle autorise le règlement de factures et d'autres transactions (consultation du solde d'un compte, virements, etc.).
2. Chez les commerçants, deux services sont expérimentés à partir de « terminaux point de vente » :
— en « temps réel » avec une carte magnétique (Saint-Étienne en 1982) ;
— « en temps différé » avec une carte à mémoire dotée d'un pouvoir d'achat personnalisé (diverses expériences en cours).

Téléphone « de confort ». *(Electronic telephone.)*

Nouveaux postes téléphoniques électroniques comprenant certaines aides pour l'usager (clavier à touches, amplificateur sonore, sonnerie variable, composition automatique de numéros, mémoires, affichage des numéros appelés et des taxes, « mains libres », etc.) préfigurant les combinés de demain. Le T83, poste téléphonique de 1983 — diffusé dès 1981-82 — comporte certaines de ces fonctions. Il en existe quatre modèles proposés par : T.R.T., C.I.T. Alcatel, Thomson et Matra. Outre les chiffres, ils comportent des lettres A, B, C, D, et des touches spéciales *, #, ↑, etc. pour les fonctions « télématiques » de demain...

Téléréunion. *(« Telemeeting ».)*

Service téléphonique de communication à distance entre plusieurs abonnés (une dizaine, par exemple) dont les postes téléphoniques sont reliés ensemble momentanément, le temps de la conversation.

En 1981, un service public de téléréunion a été ouvert à Montpellier et un autre à Marseille.

Télétel. *(Teletel.)*

Nom commercial donné par les P.T.T. au projet français de Vidéotex + interactif. Ce système permet d'offrir à domicile (ou au bureau), le terminal + d'accès à un réseau de serveurs + d'informations. Ce terminal est constitué d'un poste de télévision classique ou d'un écran spécifique, couplé au téléphone au moyen d'un appareil de transmission (modem) auquel on adjoint un clavier de type machine à écrire, permettant de réaliser un terminal bon marché, ouvrant ainsi la voie à des possibilités considérables. La manipulation en est très simple, l'usager n'ayant qu'à se laisser guider par les instructions sur l'écran pour obtenir le renseignement souhaité (par exemple, auprès d'Air France, la S.N.C.F., diverses banques et compagnies d'assurances, La Redoute, les Trois Suisses, la F.N.A.C., ou de certains ministères ou collectivités locales...). Avant de décider de la suite à donner à ce service sur le plan national, le système est expérimenté en vraie grandeur dans la zone de Vélizy (depuis la mi-1981 pour une durée de 18 mois) sur 2 500 foyers volontaires (expérience Télétel-3 V : Versailles, Vélizy, Val-de-Bièvre). Un service de messagerie électronique + est proposé : les utilisateurs peuvent échanger des messages, soit entre eux, soit avec la centaine de prestataires de services prévus grâce à des « boîtes aux lettres électroniques » (dont l'utilisation n'est pas si simple...).

Télétex. *(Teletex.)*

Ce service, appelé aussi parfois « télétraitement de texte », consiste en la transmission entre deux équipements terminaux de documents de type dactylographique, page par page. La transmission s'effectue en raccordant des systèmes de traitement de texte par des réseaux de communications pour transmettre à distance des textes d'une machine à une autre (de mémoire à mémoire) autorisant des vitesses élevées (entre 2,4 et 48 K bits par seconde) et totalement indépendantes des équipements d'impression utilisés. Au moyen du réseau téléphonique (ou d'autres réseaux — Transpac + en particulier) la transmission d'une page de texte de format A4 (vertical) ou A4L (horizontal) ne dure que quelques secondes. Arrivé dans la mémoire de la machine destinataire, le texte peut ensuite être éventuellement imprimé par cette machine de traitement de texte. C'est un système de messagerie électronique + plus rapide et plus souple que le télex.

Le service Télétex, en cours de définition (« norme Télétex »), sera néanmoins compatible avec le réseau télex, et bénéficiera, dès sa mise en service, de la desserte mondiale du réseau télex.

A ne pas confondre avec Télétexte +, service de Vidéotex + diffusé.

Télétexte. *(Teletext.)*

Système permettant, à la demande de l'utilisateur, la visualisation sur un écran de télévision, de pages d'informations alphanumériques (lettres et chiffres) et graphiques, organisées en magazines et transmises sous forme codée par le réseau de télévision. Il s'agit donc ici du service de vidéotex + « diffusé » (dénommé Antiope + en France) dans lequel les informations arrivent par le canal du réseau de télévision, informations qui peuvent être émises en même temps que le programme normal, mais n'apparaissant qu'aux utilisateurs dont le récepteur TV a été muni d'un décodeur spécial. Si l'information arrive par le réseau téléphonique, permettant ainsi d'établir un dialogue entre l'abonné doté d'un clavier alphanumérique et d'une banque de données, on parlera de vidéotex « interactif » (dénommé Télétel +).

Télétraitement. *(Teleprocessing.)*

Traitement de l'information comportant des opérations de transmissions de données à distance par le moyen de voies de communications (entre ordinateur et/ou entre ordinateurs et terminaux +).

Télétravail. *(Telecommuting - « Electronic cottage ».)*

Il s'agit du travail à distance tel qu'il peut s'effectuer au moyen de terminaux décentralisés, notamment bureautiques.

Le principe est qu'il devient parfaitement possible d'utiliser par exemple un système de traitement de texte relié au réseau téléphonique (Télétex +) sans avoir besoin d'être physiquement installé dans un bureau du siège d'une organisation. Cadres ou employés peuvent donc rester carrément chez eux (télétravail à domicile) ou près de chez eux (télétravail de voisinage), et donc éviter de se déplacer chaque jour en allers-retours entre leur lieu de résidence et leur lieu de travail au siège. Dans les zones fortement urbanisées, on en perçoit facilement les avantages : gain de temps par réduction des déplacements, diminution de la consommation d'énergie, meilleure « qualité de vie », etc.

Inconvénients : risque d'isolement des travailleurs dans le cas du travail à domicile, réaction des syndicats, etc. Le véritable travail à domicile a donc peu de chance de se généraliser un jour ; en revanche, des expériences de télétravail sont déjà conduites par les P.T.T. (notamment à Rennes, à Montpellier et entre la Corse et le continent).

Télétype. *(Teletype.)*

En français, Téléimprimeur.

Marque déposée à la Compagnie américaine « Teletype », qui désigne généralement un appareil permettant, par l'utilisation d'un clavier, de transmettre ou de recevoir des informations imprimées ou perforées sur une bande de papier. L'exemple classique de télétype est le terminal + télex +.

S'emploie abusivement et par extension pour désigner l'ensemble clavier-imprimante connecté à un ordinateur, même quand cette machine est raccordée à faible distance.

On appelle souvent « Console Télétype » un visuel + composé d'un clavier et d'un écran simple offrant les mêmes fonctions qu'un téléimprimeur et pouvant se raccorder de façon identique et compatible.

Télex (nouveaux télex). *(Telex.)*

Le télex est un réseau public de transmission télégraphique à basse vitesse (5 ou 20 caractères/seconde) et est utilisé dans les transmissions de message à trace écrite et dans certaines applications de téléinformatique ⁺. L'appareil utilisé le plus souvent s'appelle un télescripteur ou téléimprimeur ⁺, appareil de conception ancienne, assez bruyant. Récemment sont apparus des « nouveaux télex », beaucoup plus silencieux, et tirant parti d'innovations technologiques provenant de l'informatique (claviers à contacts souples, écrans permettant de visualiser les messages pour corrections et mise en forme avant envoi, touches de fonctions, etc.). Deux modèles sont commercialisés avec écrans incorporés, ceux de SINTRA et de SAGEM, véritables petits systèmes de traitement de texte spécialisés pour le télex.

Terminal. *(Terminal.)*

Appareil permettant l'accès à distance à un système informatique. Il s'agit d'un poste d'entrée ou de sortie relié à un ordinateur par une transmission de données quelconque (par fils si la liaison est locale ou par réseau téléphonique ou autre si la liaison est lointaine). Un terminal permet l'émission et/ou la réception de messages. Il peut être de conception du type machine à écrire (ou télescripteur) ou de type clavier-écran comme on en rencontre le plus souvent. Le terminal simple n'étant qu'un appareil de liaison, il n'a en principe aucune possibilité de traitement local qui lui soit propre.

Terminal intelligent. *(Smart terminal.)*

Terminal ⁺ regroupant non seulement des organes d'entrée et de sortie, mais également des organes de traitement en propre (logique programmable). Il permet donc d'effectuer des échanges avec un ordinateur, mais aussi d'assurer la décentralisation de certaines tâches localement. Un terminal intelligent renferme généralement un ou plusieurs microprocesseurs, un clavier, un écran de visualisation, une unité de mémorisation amovible (disquette, cassette) et un modem de transmission vers l'ordinateur central.

Terminal point de vente. *(Point of sale-Terminal P.O.S..)*

(Voir Télépaiement.)

Tirage ou Fac-sim. *(Hard-copy.)*

« Document graphique résultant du transfert sur un support permanent d'une image présentée sur une visu. » (*Journal Officiel* du 17 janvier 1982.)

Le plus souvent, le tirage consiste à obtenir une « copie-papier » des informations présentées sur un écran de visualisation (ou visu ⁺ ou visuel ⁺).

Traitement de texte. *(Text processing - Word processing.)*

Terme employé indifféremment pour désigner le concept ou la technique d'automatisation des travaux de dactylographie depuis la création d'un texte jusqu'à sa diffusion. Le traitement de texte concerne donc toutes les opérations de saisie, corrections, manipulations, mise en forme, mémorisation, édition et transmission de toutes sortes de documents : lettres, mémos, contrats, rapports, devis, notices et manuels techniques, tableaux chiffrés, articles, livres, etc.

A ces fonctions élémentaires s'ajoutent, et prendront progressivement un rôle de plus en plus important, des fonctions « linguistiques » et « intelligentes » ; dictionnaires de correction de l'orthographe, programmes spécialisés de césure des mots en bout de lignes, traduction automatique (ou du moins « assistée par ordinateur »), passage de l'écrit à l'oral et réciproquement, programmes de recherche documentaire, photocomposition ⁺, etc.

L'objectif visé est essentiellement d'accroître la productivité dactylographique en recourant à ce que l'on appelle *un système de traitement de texte* qui comporte : un clavier, un écran de dimensions variées où s'inscrit le texte tapé, une unité de mémorisation (disquettes amovibles le plus souvent), et une imprimante de qualité « courrier », le tout étant piloté par microprocesseur(s) ⁺. Plusieurs types de matériels existent : *monopostes* et *multipostes.* Prix : entre 30 000 et 120 000 F pour les monopostes. En bas de gamme, *les machines à écrire électroniques* disposent désormais de certaines fonctions limitées de traitement de texte. Prix : à partir d'environ 8 000 F. En haut de gamme, il est courant de trouver également des possibilités d'archivage et de gestion des fichiers, ainsi que des ordinateurs puissants utilisés pour du traitement de texte.

Transfert électronique de fonds. *(Electronic fund transfer systems.)*

Système particulier de messagerie électronique ⁺, permettant aux organismes bancaires d'échanger des informations, et surtout des transactions financières (débits et crédits de comptes) au moyen de terminaux reliés à un réseau spécialisé, par exemple le réseau privé international S.W.I.F.T. (Society for Worldwide Interbank Financial Telecommunication), complété sur le territoire français par le commutateur C.C.M.B. (Centre de Commutation de Messages Bancaires). On parle parfois de « chambre de compensation électronique ». Le C.C.M.B. n'aurait pas encore de « clients », les banques françaises étant directement reliées au réseau S.W.I.F.T.

Transfax. *(Transfax.)*

Service de *télécopie ⁺ professionnelle à grande vitesse,* obtenu à partir d'un réseau spécialisé constitué de centres de commutation de messages, reliés par des liaisons numériques rapides (64 K bit/s), et utilisant des télécopieurs rapides à imprimante à laser sur papier ordinaire, transmettant une page A4 en 5 secondes. Les centres de commutation autorisent l'échange de télécopie entre matériels incompatibles, notamment entre télécopieurs rapides et T.G.D. ⁺.

Service expérimental depuis mars 1981, Transfax devrait être officialisé début 1984.

Transpac *(Transpac)*

Nom donné au réseau public français de transmission de données informatiques « par paquets ». Selon cette technique, les séquences de données provenant de terminaux ou d'ordinateurs sont découpées en ensembles assez courts, appelés paquets, accompagnés d'informations d'identification de l'expéditeur et du destinataire permettant ainsi leur acheminement. Service public des P.T.T., Transpac offre une vaste gamme d'applications : interrogations ou mise à jour de fichiers à distance, saisie de données, messagerie électronique ⁺, etc. Ce réseau, normalisé, autorise la connexion de matériels informatiques en provenance de très nombreux constructeurs, ainsi que l'accès à des réseaux similaires étrangers Euronet (Europe), Tymnet (U.S.A.), Datapac (Canada).

La tarification de Transpac est originale en ce sens que, contrairement aux communications téléphoniques, la facturation est indépendante de la distance, le coût étant fondé sur le volume des données transmises. Toutes les entreprises françaises, notamment les P.M.E./P.M.I.de province, quelles que soient leurs situations géographiques, sont donc mises sur un pied d'égalité en ce qui concerne leurs possibilités d'utilisation de moyens informatiques à distance.

Transplex. *(Transplex.)*

Service de location de canaux destinés à la transmission de données numériques ⁺ à basse ou moyenne vitesse (de 50 à 1 200 bit/s).

Ouvert en 1977, le service Transplex ne prend plus de nouvel abandonné depuis le 1er janvier 1981, ce service devant être abandonné en 1983.

V

Vidéodisque. *(Videodisc.)*

Support de grande capacité permettant l'enregistrement d'images et de sons, mais pas de données numériques informatiques. Comme une bande de magnétoscope, il peut servir à l'enregistrement de films ou d'images fixes (diapos) pour un coût relativement faible (une centaine de francs). Très utile pour toutes sortes d'applications visuelles, le vidéodique est un support essentiellement « analogique ⁺ » et ne permet donc pas le stockage d'informations « numériques ⁺ » associées aux images (telles que : index, chaînage, etc.) pour y accéder par microprocesseur.

Pour le stockage de documents dans les applications de bureautique (archivage électronique ⁺), il est donc remplacé par le Disque Optique Numérique ⁺.

Vidéographie. *(—)*

Procédé de télécommunication permettant de transmettre sous forme codée des messages alphanumériques ou graphiques destinés essentiellement à être affichés sur une visu ⁺ (ou un visuel ⁺). (Commission de terminologie de l'informatique, juin 1981.)

Il semble que le terme de voisin de *VIDÉOTEX* ⁺ soit préféré à Vidéographie.

Vidéotel. *(Vidéotel.)*

Premier serveur ⁺ ouvert en service bureau, Vidéotel est un service proposé par les P.T.T. donnant accès à des banques de données ⁺ et à des services d'exécution. Vidéotel sera accessible à toute personne possédant un terminal Vidéotex ⁺ et qui s'abonnera à ce serveur.

Vidéotel est accessible depuis le milieu de l'année 1981 aux usagers de Télétel ⁺.

Vidéotex. *(Vidéotex.)*

Terme désignant les systèmes et services de terminaux utilisant un clavier alphanumérique et un récepteur de télévision pour obtenir l'affichage de « pages » d'informations organisées en magazine.

En France, on distingue deux services de vidéotex, utilisant tous les deux la norme Antiope :

— le service vidéotex « télédiffusé », ou télétexte ⁺ baptisé Antiope ;

— le service vidéotex « interactif » baptisé Télétel ⁺ en France (voir ces termes).

Noms des normes et des services actuels de Vidéotex :

PAYS	en mode diffusé		en mode interactif	
	Nom de la norme	Nom du service (Organisme exploitant)	Nom de la norme	Nom du service (Organisme exploitant)
FRANCE	ANTIOPE	ANTIOPE-SERVICES (T.D.F.)	ANTIOPE	TÉLÉTEL (P.T.T.-D.G.T)
GRANDE-BRETAGNE	TELETEXT	CEEFAX (B.B.C.) ORACLE (I.B.A.)	VIEWDATA	PRESTEL (British Post Office)
R.F.A.	TELETEXT (modifiée)	VIDEOTEXT (A.R.D.-Z.D.F.)	(VIEWDATA) (modifiée)	BILD-SCHIRMTEXT (Deutche Bundespost)
CANADA	TELIDON	—	—	VISTA (Bell Canada)
SUÈDE	TELETEXT (modifiée)	TV-TEXT	—	—
JAPON	—	—	CAPTAIN	—

Il règne souvent une grande confusion dans le public (et chez les experts...) à propos de la terminologie employée en matière de Vidéotex.

En effet, les noms des normes de Vidéotex sont parfois employés, soit comme noms génériques (désignant un type de service : vidéotex, télétexte...) soit comme des titres de services existants (Antiope-bourse, Télétel, etc.). Le tableau précédent permet de clarifier la situation.

Vidéotex professionnel. *(« Professional Vidéotex ».)*

Utilisation d'un système de vidéotex par un groupe fermé d'utilisateurs professionnels, qui disposeront ainsi d'un terminal + téléinformatique de coût réduit (au sein d'une entreprise ou d'un organisme par exemple).

Vidéotransmission. *(« Videobroadcasting ».)*

Système consistant, à partir de prises de vues spécifiques, à transmettre selon les normes de la télévision, un programme ou un événement vers une ou plusieurs salles équipées de projecteurs, sur grand écran, avec possibilité de dialogue (au moyen d'une voie de retour-son, et image éventuellement).

Utilisations types : retransmissions d'événements publics (sportifs, culturels, etc.) ou privés (conventions, présentations publicitaires, etc.) simultanément en divers points d'un territoire.

Visioconférence. *(Visioconferencing.)*

Par rapport à la téléconférence +, la visioconférence apporte l'avantage (?) de voir l'image des interlocuteurs se trouvant dans un studio distant. Il peut y avoir quatre participants maximum par studio équipé de postes visiophoniques. Un *visiophone* + est constitué d'un écran + caméra + micro et haut-parleur. Dès la prise de parole, l'intervenant est détecté par une régie automatique, et son image est transmise à tous les autres participants, tandis que lui-même conserve l'image du précédent interlocuteur. Il est également possible de visualiser un texte, un graphique, etc. en glissant le document à l'endroit prévu sous le visiophone. Il existe un réseau expérimental de visioconférence en France, notamment entre les villes suivantes : Paris-Rennes-Nantes-Lyon. Un studio se loue aux environs de 200 F par heure + 800 F de communication par heure.

Visiophone. *(Visiophone.)*

Appareil assurant une double fonction : transmission de la parole, et visualisation des correspondants. Certaines études de marché aux U.S.A. auraient montré que le public n'est pas prêt à accepter l'image du visiophone, et que le téléphone — par lequel on communique sans se voir — suffit dans la grande majorité des cas (voir aussi Visioconférence +).

Visu *(DISPLAY DEVICE*
ou *C.R.T. : Cathode Ray Tube*
Visuel *V.D.U. : Visual Display Unit.)*

« Appareil permettant la présentation visuelle et non permanente d'information » (*Journal Officiel* du 17 janvier 1982). Terme s'appliquant essentiellement aux appareils disposant d'un écran de visualisation (cathodique, à plasma ou à cristaux liquides) : terminaux, écran-clavier en informatique, machine de traitement de texte + à écran, terminaux annuaires électroniques +, terminaux bancaires, etc.

Références

1. G. Delamarre, « *Le dictionnaire des réseaux* », Éditions Informatique et Gestion, 1980.

2. L'Expansion, « *Encyclopédie de l'informatique, télématique, bureautique* », 19 septembre - 2 octobre 1980, pp. 117-215.

3. I.B.M., « *Terminologie du traitement de l'information* », Édition 1980.

4. *Journal Officiel* du 12 janvier 1974, *Journal Officiel* du 7 décembre 1980 et *Journal Officiel* du 17 janvier 1982, rapport de la Commission de terminologie de l'informatique.

5. S.C.O.M., « *Terminologie de l'informatique de gestion* », 6e édition, 1981.

6. Simon Nora et Alain Minc, « *L'informatisation de la société* », La Documentation Française, janvier 1978.

7. *Traitement de texte,* revue mensuelle publiant un « glossaire du traitement de texte », Paris 1981-82.

Où se renseigner ?

Comment se tenir informé ?
Comment se perfectionner ?

ORGANISMES OFFICIELS

A.D.I. (Agence de l'Informatique),
Tour Fiat,
92084 Paris-La-Défense, Cedex 16.

C.N.E.T. (Centre National d'Études des Télécommunications),
38-40, rue du Général-Leclerc,
92131 Issy-les-Moulineaux.

D.I.E.L.I. (Direction des Industries Électroniques et de l'Informatique),
Ministère de l'Industrie,
120, rue du Cherche-Midi,
75006 Paris.

I.N.R.I.A. (Institut National de Recherche en Informatique et Automatique),
B.P. 105, Rocquencourt,
78150 Le Chesnay.

Ministère des P.T.T.
Direction générale des Télécommunications,
D.A.C.T./Service de la Télématique,
20, avenue de Ségur,
75700 Paris.

Ministère des P.T.T.,
Direction générale des Télécommunications,
D.A.I.I. (Direction des Affaires Industrielles et Internationales),
38-40, rue du Général-Leclerc,
92131 Issy-les-Moulineaux, France.

Ministère des P.T.T.
Direction générale des Télécommunications,
SG-A3
Tour Maine-Montparnasse,
33, avenue du Maine
75755 Paris Cedex 15.

S.C.O.M. (Service Central d'Organisation et Méthodes),
Ministère du Budget,
20, rue Notre-Dame-des-Victoires,
75002 Paris.

T.D.F. (Télédiffusion de France),
Division des affaires commerciales,
21-27, rue Barbès,
B.P. 518,
92542 Montrouge Cedex.

ORGANISMES ET ASSOCIATIONS PROFESSIONNELS

A.F.C.E.T. (Association Française pour la Cybernétique Économique et Technique),
Collège de bureautique,
156, Boulevard Péreire,
75017 Paris.

A.F.N.O.R. (Association Française de Normalisation),
Tour Europe,
92080 Paris-La-Défense Cedex 7.

A.N.A.C.T. (Agence Nationale pour l'Amélioration des Conditions de Travail),
16 à 20, rue Barbès,
92120 Montrouge.

C.A.P.A. (Centre d'Amélioration de la Productivité des Assurances),
17, rue Lafayette,
75009 Paris.

C.I.G.R.E.F. (Club Informatique des Grandes Entreprises Françaises),
21, avenue de Messine,
75008 Paris.

C.I.M.E.F. (Club Informatique des Moyennes Entreprises Françaises),
9, rue de Port-Mahon,
75002 Paris.

CLUB SYMSO,
28, avenue Hoche,
75008 Paris.

CITEL,
B.P. 58
06220 Vallauris, France.

CONVENTION INFORMATIQUE,
6, place de Valois,
75001 Paris.

F.I.C.O.B. (Fédération des syndicats de l'Informatique, la télématique, la Communication, la bureautique et l'Organisation du Bureau),
6, place de Valois,
75001 Paris.

I.R.E.S.T. (Institut de Recherche Économique et Sociale sur les Télécommunications),
48, rue de la Procession,
75015 Paris.

AUTRES SOURCES DE DOCUMENTATION

C.E.S.A. (Centre d'Enseignement Supérieur des Affaires - H.E.C., I.S.A., C.F.C.),
1, rue de la Libération,
78350 Jouy-en-Josas.

DOCUMENTATION FRANÇAISE,
29, quai Voltaire,
75340 Paris Cedex 07.

E.D.F. (Électricité de France),
Direction des études et recherches,
Département Systèmes d'information et de documentation,
1, avenue du Général-de-Gaulle,
92141 Clamart.

I.M.A.G. (Institut de Mathématiques Appliquées de Grenoble),
Université scientifique et médicale,
Domaine universitaire,
B.P. 53,
38041 Grenoble Cedex.

INSTITUT RÉMY-GENTON,
11, rue Royale
75008 Paris

I.R.I.S. (Institut de Recherche et d'Information Socio-économique),
Université de Paris IX-Dauphine,
Place du Maréchal-de-Lattre-de-Tassigny,
75016 Paris.

PRESSE SPÉCIALISÉE

BUREAU GESTION,
5, place du Colonel-Fabien,
75491 Paris Cedex 10.
Tél. : (1) 4240.22.01

BUREAUX DE FRANCE,
40, rue du Colisée,
75381 Paris Cedex 08.
Tél. : (1) 4296.12.85.

BUREAU ET INFORMATIQUE,
14, rue du Champ-de-Mars,
75007 Paris.
Tél. : (1) 4551.75.34.

COM'7
71, boulevard Richard-Lenoir,
75011 Paris.
Tél. : (1) 4805.10.19.

L'ÉCHO DES RECHERCHES,
(C.N.E.T.-E.N.S.T.),
38-40, rue du Général-Leclerc,
92131 Issy-les-Moulineaux.
Tél. : (1) 4638.49.69.

INFORMATIQUE ET GESTION,
41, rue de la Grange-aux-Belles,
75483 Paris Cedex 10.
Tél. : (1) 4238.66.10.

JOURNAL DE LA TÉLÉMATIQUE,
71, boulevard Richard-Lenoir,
75011 Paris.
Tél. : (1) 4355.39.05.

LE MONDE INFORMATIQUE,
185, av. Charles-de Gaulle,
92200 Neuilly-sur-Seine.
Tél. : (1) 4747.12.72.

REVUE FRANÇAISE DES TÉLÉCOMMUNICATIONS,
Tour Maine-Montparnasse,
Boîte 41,
33, avenue du Maine,
75755 Paris Cedex 15.
Tél. : (1) 4538.23.30.

SECRÉTAIRES D'AUJOURD'HUI,
21, rue Croulebarbe,
75013 Paris.
Tél. : (1) 4337.61.30.

TÉLÉCOM 2000,
P.T.T.-D.G.T.
Tour Maine-Montparnasse,
33, avenue du Maine,
75755 Paris Cedex 15.
Tél. : (1) 4538.23.74.

TEMPS RÉEL,
40, rue du Colisée,
75381 Paris Cedex 08.
Tél. : (1) 4562.12.85.

TRAITEMENT DE TEXTE,
35, rue Saint-Georges,
75009 Paris.
Tél. : (1) 4282.03.17.

ZÉRO-UN INFORMATIQUE,
5, place du Colonel-Fabien,
75491 Paris Cedex 10.
Tél. : (1) 4240.22.01.

Achevé d'imprimer en juillet 1985
par Corlet, Imprimeur, S.A.
14110 Condé-sur-Noireau

N° d'Éditeur : 511
N° d'Imprimeur : 6288
Dépôt légal : juillet 1985
Précédent dépôt : mai 1984

Imprimé en France